U0549023

马克思主义政治经济学青年论丛

Marxist Political Economy
Youth Theory

逆全球化的发生机制与新型经济全球化研究

葛浩阳 著

中国财经出版传媒集团
经济科学出版社
Economic Science Press

总序

党的十八大以来，习近平总书记高度重视马克思主义政治经济学的学习、研究和运用，提出一系列新理念、新思想、新战略，在理论上不断拓展新视野、作出新概括、形成新学说。2020年8月24日，习近平总书记在经济社会领域专家座谈会上强调，"面对错综复杂的国内外经济形势，面对形形色色的经济现象，学习领会马克思主义政治经济学基本原理和方法论，有利于我们掌握科学的经济分析方法，认识经济运动过程，把握经济发展规律，提高驾驭社会主义市场经济能力，准确回答我国经济发展的理论和实践问题"。把握这一重要讲话的精神实质和深刻内涵，需要深入思考领悟习近平总书记治国理政新理念、新思想、新战略，以改革发展进程中的重大问题为导向，不断进行理论观点、学科体系和研究方法的创新与发展，不断产出体现继承性和民族性、原创性和时代性、系统性和专业性的经济研究成果，不断形成充分体现中国特色、中国风格、中国气派的中国经济学理论体系。

这就需要我们坚持从中国实际出发，坚持马克思主义的基本立场、观点和方法，吸收和借鉴人类一切优秀文明成果，坚持以人民为中心的发展思想，坚持落实新发展理念，坚持和完善社会主义基本经济制度，坚持社会主义市场经济改革和对外开放基本国策，提炼和总结我国经济发展实践的规律性成果，把实践经验上升为系统化的经济学说。以新时代为逻辑起点，开展百年未有之大变局下的重大理论和实践问题研究。系统研究当代马克思主义经济学中国化的最新成果和独创性观点；系统梳理中国特色社会主义政治经济学的思想来源、理论进程和阶段特征；系统提炼中国特色社会主义政治经济学的内涵属性、逻辑主线、方法原则、理论结构，从而不断推进马克思主义政治经济学的中国化，不断书写中国特色社会主义政治经济学的新篇章，不断开拓当代中国马克思主义政治经济学新境界。

政治经济学是西南财经大学的传统优势学科。西南财经大学政治经济学团队一直瞄准国家重大需求，着力推动重大理论创新、重大决策研究、高层次人才培养、话语传播和国际交流，着力构建具有"中国气派、西部特色、西财风格"的中国特色社会主义政治经济学理论体系和话语体系。为了大力推进当代马克思主义政治经济学的发展与创新，西南财经大学全国中国特色社会主义政治经济研究中心组织了一批政治经济学青年学者聚焦研究马克思主义政治经济学的基本理论，以及城市化、农村土地问题、产融结合、贸易摩擦和新型经济全球化等重大理论问题和重大现实问题，陆续产出了一批重要研究成果，形成"马克思主义政治经济学青年学者论丛"系列丛书，由经济科学出版社陆续出版。

刘诗白
庚子年九月于光华园

前言

进入21世纪,特别是2008年世界金融危机爆发以来,世界范围出现了一轮明显的逆经济全球化潮流。与逆经济全球化相对应的表现是近年来西方一些国家愈演愈烈的民粹主义现象,具体表现为将国内经济的发展问题归因为外来移民和经济全球化等因素,并试图借助政治层面的政策调整,通过阻止经济全球化来解决国内面临的问题。因此,和此轮逆经济全球化相伴随的,是政治层面的西方民主制度失灵和民粹主义的普遍化。正是在这一背景下,经济问题和政治问题交织在一起,构成了我们必须面对的逆经济全球化发生逻辑的两个主要方面。

如何认识和对待21世纪初叶出现的这种逆经济全球化潮流,面对这种潮流,我国应采取怎样的方略,做好自己的事情,并为世界的健康发展贡献中国智慧?这是本书要回答的重大课题。

本书主要研究的是"逆经济全球化"这一现象,基本的思路是:运用马克思主义政治经济学的基本立场、观点和方法,借鉴世界其他国家的一些研究成果,从历史与现实的结合、理论与实践的结合上,考察逆经济全球化发生的机制、可能产生的后果、治理的途径措施和发展趋势。

本书由以下章节构成。

第1章,导论。主要是对基本范畴的界定,即本书研究背景、思路、意义和主要方法,以及拟实现的创新和需要进一步研究的问题等。

第2章,研究现状和文献综述。集中综述了国内外理论界对逆经济全球化思潮的解读和研究，以便为本书研究的展开奠定基础。

第3章，第一次经济全球化的兴衰及反经济全球化运动。一般认为，经济全球化萌芽虽然很早，但是随着资本主义的发展、世界市场的形成而快速发展的。由于从一开始就与资本主义制度联系在一起，打上了资本主义的烙印，所以经济全球化在推动世界范围生产力发展的同时，也产生了许多负效应。这就不可避免地会产生对经济全球化的逆反。从历史来考察，逆经济全球化的浪潮大致发生了两次，两次的背景、起因、后果几乎完全不同。第一次浪潮是社会主义革命的发生和一批社会主义国家的建立。这实际是社会主义对发展到帝国主义阶段的资本主义独霸世界的一次革命，革命的结果是打破了资本主义对经济全球化的垄断。第二次浪潮开始于21世纪初，目前正在延续。与第一次完全不同，第二次浪潮的发动者、"领头羊"不是后发的国家和民众，而是历次经济全球化中的主导者、获益者。所以，对这一轮逆经济全球化的研究是本书的重中之重。另外，"反经济全球化"运动自20世纪末在一些国家出现之后，逐渐成为一种越来越普遍的现象。

第4章，经济全球化与逆经济全球化的政治经济学分析。马克思主义经济学者对经济全球化与逆经济全球化的分析，包括最早的马克思、恩格斯的世界市场和世界历史理论，后来列宁的帝国主义论，以及世界研究马克思主义学者的世界体系理论、依附理论、中心—外围结构理论、不平等交换理论等。在马克思主义经济学看来，经济全球化是生产力在世界范围内取得进步的必然要求。但现实地看，资本主义所主导的经济全球化过程是在一个非平等的结构中展开的，由于这一结构中各方利益暂时无法调和而出现逆经济全球化现象不可避免。经济全球化涉及的主体主要包括跨国企业、主权国家和本国工人，这三者构成了经济全球化的"不可能三角"，而经济全球化和逆经济全球化也正是在这三者的利益博弈下呈现出进退往复的现象。

第5章，21世纪初叶逆经济全球化的发生机制：基于西方民主制度与资本主义关系的视角。本章从西方主要发达国家的民主制度与资本主义关系的视角，对此轮逆经济全球化发生机制作进一步考察。新自由主义经济全球化的积累模式使西方国家的跨国资本大受其利，而本国工人的利益却受到严重挤压，这种后果首先是在政治层面上呈现出一种逆经济全球化的强烈诉求，本国工人试图通过民主制度来改变自身的境遇，而积弊日久的新自由主义模式使得这种改变困难重重，在实践中资本主义国家往往会继续对资本利益予以容忍，并通过形式上将民主诉求导向右翼的民粹主义来俘获民众，这也正是此轮逆经济全球化近年来总是交织着民粹主义的原因所在。

第6章，引领经济全球化的"中国方案"。自我国提出"一带一路"、构建"人类命运共同体"倡议以来，全球治理的"中国声音""中国方案"不断出现在世界舆论视野中。随着亚洲基础设施投资银行（以下简称"亚投行"）、丝路基金的逐步落实，新经济全球化的中国方案在国际范围内取得了越来越多的共识。与新自由主义经济全球化不同，中国方案的经济全球化是一个更加包容、更加平等、互利共赢的新型经济全球化。

第7章，经济全球化的未来展望：构建新型经济全球化。由于资本主义自身的天然固有弊病，资本主义主导的经济全球化越来越陷入难以克服的三大困境——国内社会困境、全球生态困境和国际治理困境，如果不对其加以改革，必然会导致未来生态和社会的双重灾难。而改革的方向，则是构建以包容、普惠、平衡、共赢、平等为特征的新型经济全球化。在这一过程中，中国应该而且能够为新型经济全球化做出重要的积极贡献。

本书拟实现的创新包括以下几个方面。第一，通过借鉴、拓展、细化世界经济的"不可能三角"理论，丰富马克思主义政治经济学关于经济全球化的认识和理论解读，并通过对西方民主制度与资本主义关系的深入分析，为目前逆经济全球化的发生提供了一个制度上的解释。第二，通过一个更为全面的研究视角，将经济与政治、本国与他国、历史与现实等多方面的维度纳入对逆经济全球化现象的分析中，在认识和把握问题的视野上有所拓展。第三，提出新型经济全球化范畴，并对推动新型经济全球化的"中国方案"进行深入阐释，以期为引领经济全球化健康发展贡献中国智慧。

目 录
CONTENTS

第1章 导论 ·· **001**
    1.1 研究背景及研究对象 / 001
    1.2 研究思路及研究意义 / 008
    1.3 研究方法、拟实现的创新与需要进一步研究的问题 / 010

第2章 研究现状和文献综述 ·· **015**
    2.1 国外研究现状 / 015
    2.2 国内研究现状 / 019

第3章 第一次经济全球化的兴衰及反经济全球化运动 ·············· **027**
    3.1 第一次经济全球化的兴衰 / 028
    3.2 反经济全球化运动的原因及启示 / 043

第4章 经济全球化与逆经济全球化的政治经济学分析 ············· **055**
    4.1 马克思主义经济学关于经济全球化的理论 / 056
    4.2 马克思主义经济学关于逆经济全球化发生机制的分析 / 069
    4.3 马克思主义经济学视野中的逆经济全球化现象 / 080

第5章 21世纪初叶逆经济全球化的发生机制：基于西方民主制度与资本主义关系的视角 ··· **087**
    5.1 西方民主制度与资本主义关系的考察 / 088
    5.2 西方民主制度与资本主义的矛盾演变：资本积累过程中的民主政治角色 / 094

5.3 新自由主义全球化的危机：民主制度的失灵和债务国家的兴起 / 100

5.4 西方民主制度对新自由主义全球化的反击：西方民粹主义现象的兴起 / 109

5.5 美国对外政策转向的经济根源及未来可能性走向分析 / 113

第6章 引领经济全球化的"中国方案" ……………… 127

6.1 引领经济全球化：中国何以可能 / 128

6.2 引领经济全球化的"中国方案" / 142

第7章 经济全球化的未来展望：构建新型经济全球化 ………… 157

7.1 资本主义主导经济全球化的必然困境 / 157

7.2 新型经济全球化的可能性探索 / 160

7.3 余论：马克思主义国际政治经济学的发展 / 169

参考文献 / 187

第 1 章

导 论

经济全球化是在人类经济社会发展中,随着生产力的发展而在世界范围内出现的经济现象。在长期的发展中,经济全球化曾经极大加深了各国各地区的经济联系,促进了资源在世界范围内的配置和世界经济的发展。但由于种种原因,经济全球化也出现了一些负效应。所以在不同的时期,不同的国家、不同的人群对经济全球化的看法从来也没有完全相同过。经济全球化是不以人的意志为转移的发展潮流,但进入 21 世纪后,特别是 2008 年世界金融危机爆发之后,逆经济全球化的声音渐高,似有要扭转经济全球化潮流之势。如何看待和应对这种逆经济全球化趋势?如何引导经济全球化健康发展?这是关系人类发展前途的大事。本书拟以马克思主义政治经济学的基本立场观点方法对这一问题进行研究。

1.1 研究背景及研究对象

1.1.1 研究背景

近年来,逆经济全球化现象在西方发达国家有逐步抬头的趋势。美国特朗普政府执政之后,提出"美国优先"战略,实施贸易保护主义,在美国和墨西哥边境修筑边境墙,并且陆续退出跨太平洋伙伴关系协定(TPP)、《巴黎气候变化协定》、联合国教科文组织等多个全球性合作协定和组织,甚至不惜挑起对中国和多个国家的贸易摩擦。这些举措无疑对经济全球化的进程造成了严重的冲击。与此同时,英国公投"脱欧"、移民政策收紧等都为经济全球化注入了更多不确定的因素。世界贸易组织(WTO)的一项统计研究表明,2008年全球金融危机以来,其成员方已经推出了2100多项限制贸易的措施,其中美国尤为明显,2015年实施贸易保护措施共计624项,数量为2009年的9倍。① 这些现象的出现,使逆经济全球化成了世界范围关注的话题。

从经济全球化的数据指标来看,逆经济全球化在一定程度上也确实是正在发生的事实。通常衡量经济全球化程度的一个重要指标是世界进出口贸易额占GDP的比重,根据世界银行(WB)的统计数据显示,世界进出口贸易额占GDP比重从20世纪90年代以来不断提高,从1990年的31%提高到2008年的顶峰51.86%,而到2015年则又下降到44.9%,倒退回21世纪初的水平。② 另外,根据《全球贸易增长报告》显示,全球国际贸易增长在1990~2007年为6.9%,2008~2015年平均增长约为3.1%,2016年全球贸易的增长率不仅低于全球GDP的增长率,而且只有后者的80%。如此低迷的全球贸易增速在过去50年里只遇到过5次,而现在则是连续4年低于3%的水平。国际货币基金组织(IMF)的一项测算表明,20世纪90年代,全球经济每增长1%能为贸易带来2.5%的增长,而近年来,同样的经济增长则只能带来0.7%的贸易增长。③ 种种数据和迹象表明,逆经济全球化从现象层面看的确是正在发生的事实,值得引起我们从理论和实践两个层面去对其进行分析研究。

不过,如果我们要对目前出现的问题作出全面科学的分析,就不能仅仅从目前来看待目前,而应该将目前的趋势置于更为广阔的历史背景之中。美国特朗普政府于2017年的上台,以及在其上台之后所推行的"美国优先"的逆经济全球化战略,并不是某一国家的某一政客一时兴起之举,在其背后有着更为深刻的背景。

---

① ③ 张茉楠. "特朗普主义"下的逆全球化冲击与新的全球化机遇 [N]. 中国经济时报, 2017-02-16 (005).

② 胡鞍钢, 王蔚. 从"逆全球化"到"新全球化":中国角色与世界作用 [J]. 学术界, 2017 (3): 5-17.

而这一背景,大致可分为四个部分:其一,2008年全球金融危机以来西方主要国家经济复苏的乏力;其二,更为长远的,此轮经济全球化始于20世纪80年代末,当前的逆经济全球化现象可以看作此轮经济全球化浪潮的尾声;其三,此次逆经济全球化现象的另一个背景是以中国为代表的新兴国家和经济体的迅速发展,新兴国家在逆经济全球化的势头中表现出色,在一定程度上正在承担起新一轮经济全球化的重任,这个背景也是本书研究的一个重要切入点;其四,世界政治经济的主旋律虽然还是和平与发展,但是在局部地区一些不稳定局面正在加剧,这些局面有的本身就属于逆经济全球化现象的一部分,有的则对逆经济全球化产生着重要的影响,研究逆经济全球化,这个背景同样不容忽视。

以上所阐述的当前逆经济全球化的趋势及其背后更为广阔的历史成因一起,构成了本书的研究背景。这意味着,本书不仅要从当前的、局部的事实考察经济全球化所面临的问题,而且要把其置于更为深远和广阔的视野中去考察经济全球化和逆经济全球化的关系、经济和政治之间的关系、发达国家和新兴国家之间的关系等诸多与逆经济全球化密切相关的议题。

1.1.2 范畴界定、研究对象及主要内容

1. 范畴界定

在本书的研究开始之前,有必要对以下几个概念作一简要的界定。

(1) 全球化。关于全球化的定义和界定,一直存在不同的争议。研究全球化的英国学者简·阿特·斯图尔特总结了学界观点,认为大致存在五种不同的看法:第一种观点认为全球化就是国际化,认为"全球化"无非是另一种描述国际交换及国家间相互依存发展的形容词;第二种观点认为全球化就是自由化,就是解除政府种种限制,创造出开放、无国界的世界经济的过程;第三种观点认为全球化等于世界化,意味着把不同的事物传播给世界各地的过程;第四种观点把全球化视为西方化或现代化(特别是以一种"美国化"的方式),全球化是实现现代性广泛传播的基础;第五种观点把全球化定义为非地域化,意味着全球化要对地理空间进行重构,

从而使社会空间不再完全按照地理依据来划分。①

借鉴以上不同观点，本书认为，全球化是指随着人类社会生产力的不断提高，人们的经济、政治、文化等各方面活动不断地冲破地域限制，建立密切的联系和交流并重新塑造人类的生产、生活结构的过程。所以说，全球化是一个全方位的概念，涉及人类社会的方方面面，人们在这样一种过程中，在某些领域可能会强化合作，在某些领域则可能会强化自身的独特性，但不论哪种情况，都是受到全球化影响的反映，因此可以说，全球化对人类社会生活的各方面都几乎起着重新塑造的作用。西方运用全球化概念时，往往将经济、政治、文化、社会都包含在内，内涵过泛，所以本书并不赞成笼统地讲全球化，而是将全球化限定于经济全球化，涉及政治时强调世界多极化，涉及文化时强调文化多样化，涉及社会时强调社会信息化，只有讲经济时强调经济全球化。

（2）经济全球化。经济全球化是指随着人类社会生产力和科学技术的不断提高，人类的经济活动超越地域和国界限制，走向跨国、跨地区的融合和协作的过程。经济全球化包括资本、技术、劳动力、信息、服务、管理方式、组织形态等各个与经济活动有关的生产要素和组织要素的跨国跨地区流动。从结果上看，也就是人类社会日益形成一个在全球范围内进行分工协作的利益共同体的过程。经济全球化是一把"双刃剑"，在现实演进过程中并非仅有社会生产力不断发展、生产要素跨地域流动的一面，还有着生产关系和制度规则的另一面，正因为如此，经济全球化在现实表现中就并非只有有利的一面，也有可能因为不合理的规则制度以及不平等的贸易关系而造成一些负面效果。历史地看，经济全球化更多地表现为资本主义主导的经济全球化，所以就更加激化了经济全球化的一些不良后果，导致逆经济全球化现象的产生。对于经济全球化所引发的问题，不应简单地一否了之，而应该通过全球范围内的沟通协作，改变不合理的制度规则，为其注入新的智慧方案，使经济全球化向着更好更健康的方向发展。

（3）逆经济全球化。与经济全球化相对，逆经济全球化是指在经济全球化的过程中出现逆转的现象，具体表现在国际贸易额占世界 GDP 的比重

---

① 斯图尔特. 解析全球化 [M]. 王艳莉，译. 长春：吉林人民出版社，2010：13-15.

下降、国际资本和国际经济交往减缓等方面。在政策上则表现为贸易保护主义、单边主义、地域主义、国家主义等一系列不利于经济全球化进行的政治行为。

（4）新型经济全球化。新型经济全球化与经济全球化的旧有模式相对应。旧有的经济全球化模式在一些方面造成了全球贫富差距加大、富国剥削穷国、国际不民主和不平等、国际争端战争频发、全球生态危机等多方面的不利结果，所以必须要对旧有的经济全球化予以升级改革，这是新型经济全球化的任务。新型经济全球化是指意在构建一个更平等、更民主、更和谐包容的全球经济治理模式，其基本特征是包容、普惠、平衡、共赢、平等，能够保证参与经济全球化的各国无论国家大小、实力强弱，都能受到同等的对待，并且能够使经济全球化的成果真正为全球共享，对生态环境也更加友好。

2. 研究对象

本书主要研究"逆经济全球化"这一现象，研究的重点内容是考察其发生的机制及治理途径。而围绕着"逆经济全球化"这一核心问题，一些相关的理论也将得到一定程度的研究考察，这些领域包括："全球化"概念的界定；"经济全球化"的内涵及其发生机制；"逆经济全球化"的历史考察；马克思主义经济学关于经济全球化和逆经济全球化理论的研究；新自由主义全球化的理论和历史回顾；国际政治经济关系的演变及发展趋势；主要发达国家在此轮逆经济全球化中的角色和对策；改革开放以来中国的建设成就以及中国与世界经济的关系演变；以中国为代表的新兴国家对承担新一轮经济全球化的能力及在世界治理重点角色和作用。

3. 研究内容

本书主要研究内容包括以下五个方面。

第一，对逆经济全球化概念的界定及其历史考察。首先，就逆经济全球化这一概念而言，学界的看法虽然差距不大，但也略有不同，本书在综合考察现有定义的基础上，给出自己的定义。其次，分析当前的逆经济全球化趋势，有必要回顾历史上曾经发生过的逆全球化事件，具体而言，本书要考察第一次经济全球化浪潮何以在 20 世纪初遭到了急剧的逆转，其中的原因和经验对我们思考当前逆经济全球化提供了一定意义上的借鉴意义。进一步地，此次始于 20 世纪 80 年代末的全球化浪潮在一开始就不断遭到局部地区反全球化运动的质疑和阻挠，那么，是哪些地区和哪些力量在参与反全球化的运动？这些反全球化运动何以发生？支撑这些反全球化运动的理论思潮又有哪些？对这些问题的研究，有助于我们更加全面深刻地看待当前的逆经济全球化浪潮。

第二，经济全球化与逆经济全球化的政治经济学分析。本书在理论方法上主要采用马克思主义政治经济学的分析方法，这就要求本书必须对经济全球化与逆经济全球化作出符合这一理论的相关分析。马克思主义经济学者对经济全球化与逆经济全球化的分析已经积累出蔚为可观的理论成果，从最早的马克思、恩格斯的世界市场和世界历史理论，到后来列宁的帝国主义论，以及世界体系理论、依附理论、中心—外围结构理论、不平等交换理论等，每一历史时期的马克思主义者们都结合自身所处的现实实践，灵活有效地运用马克思主义政治经济学的基本分析方法，作出了与时俱进的理论贡献。以马克思主义经济学的基本观点来看，经济全球化是生产力在世界范围内发展进步的必然趋势，因此必定会造福全球。但现实地看，资本主义所主导的经济全球化过程并不是在平面上毫无阻力地展开的，而是在一个有结构、有层级、有中心和外围之分的非均衡、非稳定、非平等的制度框架下展开的，因此，由于这一结构中各方利益暂时无法调和而出现逆经济全球化现象就不足为奇了。这些暂时无法调和的利益不仅包括国家与国家之间的利益，也包括国内各个群体之间的利益，因为很多时候国家的对外行为其实是被国内的利益集团深深地影响和塑造的，而对这些不同利益主体在经济全球化和逆经济全球化过程中得失损益的考察，自然也是本书的内容之一。进一步地，马克思主义经济学认为要真正做到"让全球化造福全球"，只有改变目前资本主义主导下的不合理的国际政治经济制度。

第三，对此轮逆经济全球化发生机制的考察。这一部分主要涉及两方面内容。一是此轮经济全球化发轫的原始推动力——20 世纪 80 年代末开始席卷全球的新自由主义浪潮。如果细致地考察目前的经济全球化，就会发现此轮经济全球化在多个方面都先天地打上了新自由主义的烙印，因此，称其为"新自由主义的全球化"也应该不为过，而当前的经济全球化步入低潮、逆经济全球化的逐渐抬头，其实也是新自由主义在实践中步入低潮、开始宣告失败的其中一方面表现。二是此轮逆经济全球化带有明显的政治色彩，即这是在政治层面上呈现出来的一种逆经济全球化，通过国家主权所执行的政策表现出来，而与之相伴随的是近年来西方民主政治的失灵和民粹主义的兴起。那么，民主政治和资本主义全球化之间有着什么样的关系？全球化和国家主权之间又有着什么样的关系？为什么在这个时候西方会兴起逆经济全球化和民粹主义的双重波浪？这背后的解决途径又何在？本书通过对世界经济"不可能三角"的具体分析，对这一问题做出了回答。

　　第四，引领新一轮经济全球化的中国方案。自中国提出"一带一路"倡议以来，全球治理的"中国声音""中国方案"不断出现在舆论视野中。自提出"一带一路"倡议之后，习近平又多次在国际场合提出构建"人类命运共同体"的倡议。构建"人类命运共同体"的思想，高屋建瓴，与时俱进，是中国在面对此轮逆经济全球化局面时为世界提出的关于新的全球治理和新一轮经济全球化的重要思想。随着亚洲基础设施投资银行（以下简称"亚投行"）、丝路基金的逐步落实，随着"一带一路"倡议的参与国越来越多，新一轮经济全球化的中国方案在国际范围内取得了瞩目成就，不过，国际社会关于"一带一路"倡议的中国方案也存在不少的质疑和误解。本部分首先从中国改革开放的成就和中国与世界经济的关系两个方面论述"中国何以可能引领新一轮经济全球化"这个问题；其次从中国方案的具体设计和具体内容出发，考察经济全球化的中国方案与新自由主义经济全球化的不同之处，回答国际社会目前对于中国方案所存在的种种质疑和误解，并认为中国方案的经济全球化是一个更加包容、更加平等、互利共赢、更加多元和更能让世界各国休戚与共的全球化。

　　第五，对新型经济全球化新模式的未来展望。随着新的科技革命的不断突破和人类交往生活的日益紧密，经济全球化在未来一定会呈现出一些新的特征。首先就是人类命运共同体的真正形成。马克思和恩格斯早先在《德意志意识形态》中考察了"共同体"这个概念，并且预言，随着人类普遍交往关系的展开，"共同体"的范围在不断扩大，"共同体"也在呈现新的形式，而只有到共产主义社会，"真正的共同体"才能出现，人类才能获得真正的解放。反观当下，随着科学技术飞速的进步，互联网、物联网、大数据、人工智能、5G、3D打印等新的技术手段正在把人类社会构建成一个密不可分的网络社会，你中有我、我中有你，全球产业链和全球市场使世界各地的人们越来越息息相关。而伴随着新的技术手段的普及，也一定会有新的生产关系与之相适应地出现，人类命运共同体的形成，使我们对经济全球化的未来展望有了一定的现实依据，在这样一种背景下，重新回顾历史上曾经的经济全球化替代方案，并对未来的新型经济全球化的特点及内涵做一番探讨，不仅对中国特色社会主义建设有着启示意义，也对未来经济全球化的新方向有着指导作用。

1.2 研究思路及研究意义

1.2.1 研究思路及结构

本书坚持问题导向，从与现实紧密相关的问题切入，层层追问，步步深入，在对问题进行详细地解剖、分析之后重新回到问题本身，并对问题的解答提出新的对策和建议，形成一个螺旋上升式的逻辑结构。

本书具体研究思路：从当前的一个重要经济现象——逆经济全球化切入，阐释"什么是逆经济全球化""逆经济全球化何以发生"两个问题，对这两个问题的回答需要有经验和理论两方面的准备，所以提出此问题后，本书首先回顾了历史上曾经发生过的逆经济全球化；其次考察了马克思主义政治经济学关于经济全球化和逆经济全球化的理论，并以前者为经验借鉴、以后者为理论指导做进一步的研究。对当前逆经济全球化的研究需要考察此轮经济全球化是如何形成的以及又是如何陷入困境的，本书用新自由主义的全球扩张和一个扩展后的劳资博弈模型解释了这两个问题。在分析了当前逆经济全球化的成因机制之后，进一步地，本书提出了走出当前困局的指导思想和具体方案，并对经济全球化的未来前景做出了展望。

本书逻辑结构如图 1-1 所示。

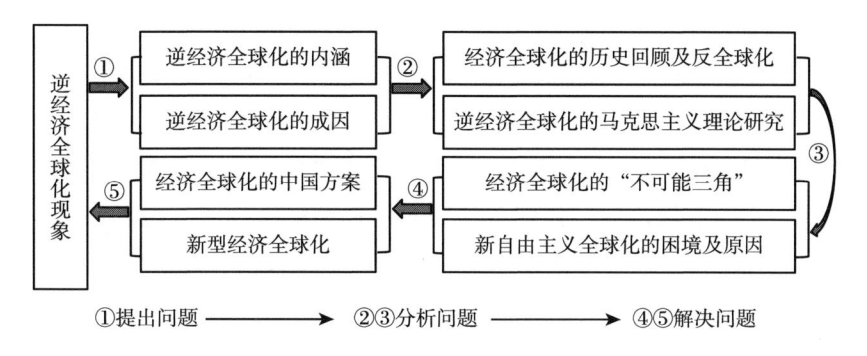

图 1-1 本书逻辑结构

①提出问题 → ②③分析问题 → ④⑤解决问题

（逆经济全球化现象 → ①逆经济全球化的内涵、逆经济全球化的成因 → ②经济全球化的历史回顾及反全球化、逆经济全球化的马克思主义理论研究 → ③经济全球化的"不可能三角"、新自由主义全球化的困境及原因 → ④经济全球化的中国方案、新型经济全球化 → ⑤）

1.2.2 研究意义

本书的研究不仅为理解经济全球化和逆经济全球化的发生机制提供了文本研究上的意义，更为准确把握当前逆经济全球化现象提供了方法上的借鉴和指导；同时也为进一步推进经济全球化、构建更好的全球治理模式提供了新视角，并对中国目前所倡导的"一带一路""构建人类命运共同体"等倡议作出了较为切题的分析和解读，具有理论和实践上的双重意义。

1. 理论意义

本书根据众多学者对经济全球化和逆经济全球化的解读，理清了马克思主义政治经济学在分析看待这一问题时的基本视角和主要理论方法，并通过对现实中此轮逆经济全球化的具体考察，梳理了马克思主义经济学家们对新自由主义全球化的观点和认识，进一步地，在一个扩展了的劳资博弈模型基础上对当前的逆经济全球化现象做出了理论上的分析解读。

以中国为代表的新兴国家在此轮逆经济全球化浪潮中别树一帜，中国是否有能力承担起新一轮经济全球化的责任？中国有哪些发展经验和理论资源值得借鉴和发扬？新一轮经济全球化的中国方案具体内容又有哪些？这些与当下实践紧密相关的理论问题都是本书所要研究解答的。

2. 现实意义

理论研究的意义一方面在于更好地理解实践中的问题是为什么和怎么样发生的；另一方面在于能够提供有效的思路和措施，指导问题的解决，引导实践健康地发展。这其实是一个硬币的两面，当我们深刻正确地理解了现实发生的逻辑之后，我们自然会容易找到解决现实困境和问题的钥匙。虽然此轮逆经济全球化是由中心发达国家发起的，看上去势不可当，但这只是表象而并不具有根本性意义，未来世界经济发展的主导趋势将依然是经济全球化，只是在新旧经济全球化模式的更新换代过程中，不可避免地会出现暂时性的"阵痛"。

本书首先就这一现实存在的"阵痛"做出理论上的解释，这有助于我们更深刻地看待当前的问题，也有助于我们更准确地把握所面临问题的症结。进一步地，本书对当前的逆经济全球化现象有针对性地提出了相关的解决方案和政策建议，这对于新经济全球化的展开也具有积极的指导意义。

1.3 研究方法、拟实现的创新与需要进一步研究的问题

1.3.1 研究方法

本书坚持运用马克思主义的辩证唯物主义和历史唯物主义方法论。

辩证唯物主义要求对待问题要有矛盾分析的、对立统一的、否定之否定的视角，显然，这种方法和静态的、局部的、个体的、均衡不变的分析方法有着鲜明的区别。在看待当前的逆经济全球化现象时，一国的问题未必全在于一国自身，而要到国与国之间的互动关系中去找原因，国内经济问题的原因也未必全在于当前的经济状况，而要到更为久远的历史中寻找起因，这种普遍联系、动态发展的分析方法，正是辩证唯物主义所揭示的方法，也是本书的主要分析方法。

第1章 导论

历史唯物主义要求对待问题要有历史的、整全的、动态发展的视角，而且更为根本的，对任何问题的分析不能脱离具体的现实产生的条件。历史唯物主义揭示出了社会生产力和生产关系、经济基础和上层建筑的基本关系，本书在考察目前的逆经济全球化现象时，从政治层面的表象出发，通过层层分析，追溯到经济和生产领域，并构建了经济和政治之间的关联互动模式，正是借助了历史唯物主义的基本方法。

在运用辩证唯物主义和历史唯物主义总体方法论的基础上，本书还探索运用以下具体方法。

（1）结构主义的分析方法。结构主义的分析方法在看待问题时不是首先从某个局部或者某个个人行为出发去研究事物的原因，而是首先从局部和个人所处的整体结构入手，剖析整个结构的特征，进而再分析结构对局部和个体的影响。如果仅仅从局部的、个体的角度看待问题，可能就会把当前逆经济全球化的原因归结为某些政客一时的政策失当，认为只要更换政治领导人，就可以避免这种结果。这种把事物原因归为个人意志和个人行为的看法，往往容易忽视事物背后更为深层次的、更为根本的结构原因。因此，本书在分析新自由主义经济全球化的内在逻辑以及目前逆经济全球化发生原因的时候，较多地运用了这种方法。

（2）历史分析法。历史分析法是指通过对研究对象的历史资料进行分析，揭示出所要研究的对象在历史当中是如何产生的、又是如何发展的，通过分析事物历史和现状的关系，揭示出事物运行的内在逻辑和规律。本书在分析逆经济全球化的产生原因和生成机制时，较为全面地采用了历史分析法，从而一方面对历史中的逆经济全球化现象和当前的逆经济全球化现象作了一个对比；另一方面也更加深刻地揭示了此次逆经济全球化产生的内在必然性原因。

（3）理论联系实际。理论如果离开了现实的实践，就是无源之水、无本之木，现实如果脱离理论的指导，就是盲目的、没有方向的运动变化，理论联系实际的研究方法贯穿本书始终。理论研究的旨归在于准确地认识现实并对现实提供指导及启发意义，本书在对逆经济全球化现象作了较为系统的研究之后，对如何走出逆经济全球化的困局、如何进一步推进新一轮的经济全球化作出了有针对性的政策建议和预期展望。

1.3.2 拟实现的创新之处

本书在研究的基础上,力求在以下三个方面有所前进、有所创新。

第一,通过借鉴、拓展、细化世界经济的"不可能三角"理论,丰富马克思主义政治经济学关于经济全球化的认识和理论解读。众所周知,马克思主义政治经济学注重分析在自由贸易、平等交换等表象掩盖下国际经济关系中国与国之间、地区与地区之间存在的不平等关系、剥削关系、依附关系等,并且取得了经典性的研究成果。但是,在经济全球化与主权国家政治行为的互动机制上,尚有研究的广阔空间,这涉及将政治和经济纳入一个合理的理论框架中对两者的性质与关系进行深入的分析考察,包含了国家、跨国企业、资本家、产业工人等多个利益主体,这些利益主体之间的关系和互动决定了经济全球化在一定时期内的呈现状态及未来走向,对理解当前的逆经济全球化现象有着重要的理论指导意义,因此,本书试图在理论上就这方面做出进一步研究。

第二,通过一个更为全面的研究视角,将经济与政治、本国与他国、历史与当前等多方面的维度纳入对逆经济全球化现象的分析中,在认识和把握问题的视野上有所拓展。面对当前的逆经济全球化现象,大部分研究主要是从政治领导人的个人风格、执政党的政策偏向等角度进行分析,认为美国现在所执行的保护主义策略只是现任领导人一时之选,并不具有长期性。看到逆经济全球化势头不具有长期性,这个判断是准确的,但是这并不意味着美国目前所推行的保护主义政策仅仅是个别领导人意志的体现,从本国与他国、经济与政治、历史与现实等维度来看,美国目前的策略是新自由主义全球化长期积累所导致的结果,既是本国收入分配格局长期不合理所形成的劳工阶层在政治上的抗争,也是资本主义社会在面临新的国际竞争压力时一种短期的避险策略。

第三,提出新型经济全球化范畴,并对推动新型经济全球化的"中国方案"进行了深入的阐释,以期对扭转逆经济全球化的趋势贡献中国智慧。目前理论界还存在一定的不同意见,尤其是在国内外学者之间,在某些地方的争议还不小。本书将在综合分析这些不同意见的基础上,较为详细地回答"什么是新经济全球化,什么是经济全球化的'中国方案'","'中国方案'为什么对新经济全球化具有指导意义",在此问题的广度和深度上会有一定的拓展。对中国目前积极推行的"一带一路"倡议,国际社会有不少舆论将其解读为一种类似于第二次世界大战之后"马歇尔计划"性质的国际援助,这样一种解读国内也有一些学者认为两者有相似之处,但是,忽视了一个根本问题,即如果"一带一路"只是"马歇尔计划"的翻版,那么中国崛起之后会不会成为一个新的"美国",如果经济全球化的"中国方案"是这样,不仅会招致发达国家的反对,而且使当前资本主义经济全球化的制度安排本身并未有多大的改进,只不过中心—外围移位而已,中心—外围的基本结构并未被打破。而中国所倡导的新型经济全球化,绝对不是过去经济全球化模式的重复,关于其具体内容和建设展望,本书都将会作出一些尝试性的探索。

1.3.3　拟进一步研究的问题

由于作者能力有限,本书研究还是阶段性的,今后还有进一步研究的广阔空间。

首先,在文献收集阅读和综述方面,还需要进一步扩展,力求更加全面。在涉及逆经济全球化的文献综述时,由于所处学术环境及文献易得性等原因,本书对国内学者所做的综述明显要比对国外学者的更为丰富和详尽。当然,这在某种程度上也是因为逆经济全球化现象与中国当前的现实实践密切相关,的确在国内引起了更多的舆论关注和研究讨论。

其次,在对逆经济全球化进行分析时,选取的西方国家有待丰富。本书在分析逆经济全球化发生的逻辑时,对西方国家主要选取了美国,但目前逆经济全球化其实不仅仅出现在美国,欧洲部分国家也有此趋势,但考虑到美国是西方国家的典型代表,也是贸易保护主义的主要发起国,所以就着重对其进行了研究。西欧国家虽说受新自由主义影响不及美国深重,但也确实可以作为样本来比较分析新自由主义政策在不同国家的表现及引发的不同后果,这样将会使研究在层次上更为丰富。但囿于结构及篇幅限制,这方面并未过多展开,若有后续研究,应当将其补充完善。

最后，在对新型经济全球化的阐述和解读方面，还存在细化和深化的空间。新型经济全球化既是对未来全球化模式的构想，也是当下正在一步步进行着的实践，所以对这一概念的阐释势必会受到实践进程的约束和影响，就目前来看，其内容尚有待进一步地丰富和完善，具体的运作方式也必须在实践中接受考验，而仅仅靠理论上的推演构想明显不够。关于这方面，在逻辑上需要更加缜密化，在后续研究中也需要继续补足。

第 2 章

研究现状和文献综述

本章主要是对目前国内外学界研究逆经济全球化现状的文献综述。主要包括两个方面：第一，国外的研究现状；第二，国内的研究现状。国外的研究现状主要涉及以下三大内容：首先，对逆经济全球化现象的测度及证实，关于逆经济全球化的发生与否、发生程度，总结了目前相关的研究结论；其次，对改进目前经济全球化的研究，综述了西方学者对于改进目前经济全球化模式的观点；最后，对当前逆经济全球化局面下中美政治、政策的研究，就中美目前的关系总结了一些研究观点。国内的研究现状主要涉及以下三大内容：首先，关于逆经济全球化形成原因的研究，综述了不同学者对目前逆经济全球化发生逻辑的理论观点；其次，逆经济全球化的解决之道及全球治理的中国方案，对解决逆经济全球化的中国方案，学界已有不少的阐释解读，本章对此进行了梳理；最后，逆经济全球化的马克思主义政治经济学分析视角，从马克思主义政治经济学的分析视角研究逆经济全球化已积累了不少成果，也是本书其中的一个研究重点，本章予以综述。

2.1 国外研究现状

2.1.1 对逆经济全球化现象的测度及证实

逆经济全球化是否确实存在还是理论上的错觉？关于这个问题，一些学者通过设立一定的参考指标，对经济全球化进行了测度，进而证实了逆经济全球化的确是当下发生的事实。贾努什和马塞尔（Janusz and Marcel，2009）讨论了经济全球化的测度问题，对"最富裕"国家中的20个国家的四个宏观经济指数进行了检验，并且计算了"距离"的四种类型；接下来，又为每个距离度量构造了两种类型的网络。结果表明，基于熵曼哈顿距离的熵度量能够很好地刻画全球化过程。同时，他们利用这个模型观察到，1970~2000年全球化的程度达到最大值，而对最近几年的观察表明，世界经济确实已经发生了去全球化的过程。[1]

哈罗德·詹姆斯（Harold James，2018）的研究认为，在2008年全球金融危机之后，有一些迹象表明全球化正在消退。经济数据喜忧参半，表明全球化的进程趋于停滞，但并非崩溃。跨境资金流动有所减少，但总体结果主要反映了欧洲银行业的变化。贸易没有危机前增长得那么快，但这可能是技术进步缩短了供应链的结果。虽然危机后有了更多的贸易保护措施，但它们并没有从根本上削减贸易。不过，政治上的去全球化进程已经进一步推进，因此，在贸易和金融监管领域，未来可能会出现更加激烈的冲突，同时对移民的抵制也会越来越强烈。这种政治势头是针对现有的规章制度以及为管理全球化而制定的复杂规则的。民粹主义神话缔造者给出的承诺是，消除国际纠缠可以使生活更简单、更不受管制，最重要的是，更少受制于行政阶层的命令。现代经济民族主义或单边主义可以被理解为嵌入过程的逆转，因此可以被称为"脱嵌的单边主义"。[2]

2.1.2 对改进目前经济全球化的研究

当前的经济全球化模式已受到不少西方学者的批评，主要源于全球化的推进并未按照其预期的那样"造福全球"，反而导致了一系列更为广泛的问题。希尔德布兰德（Hillebrand，2011）认为，全球化进程在当下正遭受严厉的批评，虽然批评的原因有很多种，但主要是因为国家与国家之间

---

[1] Janusz Miśkiewicz, Marcel Ausloos. Has the world economy reached its globalization limit?[J]. Physica A: Statistical Mechanics and its Applications, 2009. DOI: 10.1016/j.physa.2009.10.029.

[2] Harold James. Deglobalization: The Rise of Disembedded Unilateralism [J]. Annual Review of Financial Economics, 2018. DOI: 10.1146/annurev-financial-110217-022625.

存在贸易和投资的错位及激烈的竞争，导致大部分人的收入受到威胁，这些群体自身无力去改变这一状况，而国家又不愿意做出相应的补偿，以至于对全球化的批评不绝于耳。希尔德布兰德基于对国际期货模型的分析，得出结论：如果全球化停止或消退，对大多数国家和大多数收入群体来说，结果将是非常负面的。虽然在一些国家，退回到保护主义可以改善收入平等，但它将减少穷人和富人的收入，并增加贫困人口数量。此外，全球化的消退也会导致大多数国家的政治不稳定性上升。这些结果表明，通过改善贸易调整援助、提供更安全的医疗保健服务等措施，以及通过谈判建立有利于所有国家的新的国际协定，将会大大改善全球化的消极方面。①

德马蒂诺（DeMartino，2018）认为，罗德里克和斯蒂格利茨（Rodrik and Stiglitz，2009）在对全球新自由主义以及经济界对其危害负有责任的新指控中，敦促重新构建全球化，以造福于所有人，而不仅仅是企业和金融精英。两者的观点都与波兰尼（Polanyi）的见解一致。波兰尼已经发现了创造他所谓的自律经济的内在矛盾，像波兰尼一样，罗德里克和斯蒂格利茨关注新自由主义的不足之处，都强调精英们夺取国家和国际经济政策的制定权，并且背弃了那些落后的人。不过，斯蒂格利茨强调专家们知道如何运用现代凯恩斯主义观点来解决这个问题，而罗德里克则强调了专家们其实面临着内在认识上的局限性，事实上，这种关于发展政策的论点反映了哈耶克对知识局限的洞察力。②

2.1.3 对当前逆经济全球化局面下中美政治、政策的研究

当前的逆经济全球化有一个颇为有意思的现象，就是全球化原本的主动发起国——美国在不断地建立各种保护主义的藩篱，而全球化原本的被动影响国——中国则在不断地为全球化搭建新的平台。毫无疑问的是，在此轮逆经济全球化浪潮中，中美两国扮演着最为关键的角色，因此国外一

---

① Evan E. Hillebrand. Deglobalization Scenarios: Who Wins? Who Loses? [J]. Global Economy Journal，2011. DOI：10.2202/1524-5861.1611.

② George F. DeMartino. Reconstructing Globalization in an Illiberal Era [J]. Ethics & International Affairs，2018.

些学者也针对两国的政治、政策作出了相应的研究。

道格拉斯·凯尔纳（Douglas Kellner，2018）认为，不同于美国之前的大多数总统们，特朗普以前没有政治经验，不是从政界而是从媒体文化和商业世界中脱颖而出的。特朗普政府的上台可以部分地理解为全球范围内威权—民粹主义、民族主义和反全球化运动的兴起。①约瑟夫·G. 马奥尼（2017）则认为，特朗普的政治实质是伪民粹主义，只是为了迎合民意所做出的姿态，政治上的民粹主义始终受到与资本利益相一致的市场经济的支配，这是新自由主义国家的必然选择，因此在其看来，未来特朗普政府在全球贸易和全球治理方面的政策倾向将仍是以国际垄断资本的利益为最终目的。②

艾米·弗里曼（Amy Freeman，2005）在一篇评论尼尔·史密斯（Neil Smith）的文章中谈到，史密斯认为美国三届政府都试图达到一个主导全球经济的目的，并且认为目前出现的民族主义抬头对这个目的而言也是重要的，这个看法对于理解美国帝国主义和当前国家政治的运作具有重大贡献。不过，弗里曼也认为，史密斯对自由主义和全球化理论的批判是乏力的，一方面，由于对自由主义的定义较为狭隘，并且也未能解决由于对自由主义的批判而引起的另一些关键的哲学和政治问题；另一方面，这种权力观也掩盖了全球化的悖论性质。因此，史密斯认为，如果注意到自由主义、新自由主义和全球化之间所存在的矛盾，那么对当前美国政治及社会的观察会更深入一些。③

刘卫东、迈克尔·唐迈、高薄阳（Weidong Liu，Michael Dunford and Boyang Gao，2018）研究了中国"一带一路"倡议的相关问题，认为越来越多的国家将中国政府提出的"一带一路"倡议视为一种共同探索新的国际经济治理机制的方式。同时，随着新自由主义危机的不断加剧，经济全球化已经走到了一个十字路口，尤其是国际社会中不断有反对全球化的声

---

① Douglas Kellner. Donald Trump, Globalization, and Modernity [J]. Fudan Journal of the Humanities and Social Sciences, 2018. DOI: 10.1007/s40647-017-0208-5.

② 约瑟夫·G. 马奥尼. 美国价值观发生了民粹主义转向？——来自马克思主义的分析 [J]. 张永红, 译. 国外理论动态, 2017 (7): 73-85.

③ Amy Freeman. Commentary: In the Shadow of Liberalism? Comments on Neil Smith's "The Endgame of Globalization" [J]. Political Geography, 2005. DOI: 10.1016/j. polgeo. 2005. 12. 005.

音。这使寻求促进全球发展的新路径成为一项重大的挑战。在此背景下，越来越多的政治精英和学者认为"一带一路"倡议开辟了一条新的全球化道路，其提出的"包容性全球化"值得探索。刘卫东等（Weidong Liu et al.，2018）在分析了全球经济的扩张机制和新自由主义全球化的局限性之后，结合"一带一路"倡议的实施，概括了包容性全球化的一些核心特征：有效率的包容性增长、有效率的政府管制、包容性基础设施发展、适合国情的包容性发展路径、包容性参与、包容性文化等；他们进一步认为，尽管这些特征不足以完全描述"包容性全球化"，但它们确实确定了未来研究的一些方向，并提供了"一带一路"倡议的话语结构要素。[①]

除以上几种视角外，另一个值得思考的视角来自英国学者芬巴尔·利夫西。芬巴尔·利夫西（2017）认为，当前的逆经济全球化趋势并非政治领导人的一时兴起之举，也非多数学者认为的只是短期内的一个暂时现象。他在《后全球化时代》一书中提出了一个基于劳动力成本变化的分析思路。他认为，随着人工智能、3D打印等技术的兴起和普及，劳动力很大程度上将会被新技术所替代，而一旦劳动力成本不再是问题，那么发达国家的制造业回流就有了现实的基础，原有的贸易分工就会因此动摇，再加上消费者的个性化需求日益突出，这导致了公司必须缩短生产链而实现就地或近地生产，因此，逆经济全球化就不再是一个暂时的现象或全球化过程中的一个小波折，而将会是一种长期的必然趋势。[②]

2.2 国内研究现状

2.2.1 关于逆经济全球化形成原因的研究

逆经济全球化是如何形成的？为什么经济全球化发展到目前阶段会出

[①] Weidong Liu, Michael Dunford, Boyang Gao. A Discursive Construction of the Belt and Road Initiative: From Neo–liberal to Inclusive Globalization [J]. Journal of Geographical Sciences, 2018. DOI: 10.1007/s11442–018–1520–y.

[②] 芬巴尔·利夫西. 后全球化时代：世界制造与全球化的未来 [M]. 王吉美，房博博，译. 北京：中信出版社，2017.

现逆经济全球化和贸易保护主义现象？国内学者根据自身研究视角的不同，形成了一些不同的看法。

第一种观点从国家和政府的视角出发，认为当前逆经济全球化的原因主要在于政府和国家在治理层面上的反应滞后或者调节失当。高柏（2016）在援引卡尔·波兰尼、阿瑞基和哈罗德·詹姆斯三者理论的基础上，从组织生态学与组织制度学派的视角出发，指出组织在迅速变化的环境中因组织内部具有的强大惯性而无法做出及时的重要调整，进而认为经济全球化逆转的重要因果机制在于政府未能及时满足保护社会的要求。①陈伟光、郭晴（2017）则从主权国家和经济全球化两者之间的矛盾关系出发，认为本轮逆经济全球化现象可以看作一种"国家主义"思想的回归，在"国家主义"者看来，经济全球化不过是主权国家实现自身利益的一种手段，因此，当主权国家的利益诉求过于强化时，最终就会导致逆全球化的产生。②

第二种观点从国际关系出发，研究世界经济中不同国家在经济全球化中的损益得失，提出另一种解释。佟家栋、刘程（2017）认为，历史上和目前的"逆全球化"现象，"本质上都是全球化缔造者（也是其早期核心受益者）在后期失去利益分配主导权后的反戈一击"③。而此轮逆经济全球化的主要原因在于随着全球化的深入，全球化的缔造国出现了以下三种负面结果：工作机会的不断减少、劳动者的绝对收入在代际间的流动性持续下滑，以及收入不平等的加剧。程永林、黄亮雄（2018）则认为，霸权收益和国际公共产品的供给都存在着预算软约束，通过构建一个霸权国的博弈论模型，论证了对霸权国而言，实力越强大，对剩余效用的索取能力也越强，而索取的成本也更低，这就导致了霸权国随着实力的增强，不劳而获的偏好也越来越强烈，进而导致了霸权国的公共品供给困境。在他们看来，一旦霸权国陷入公共品的供给困境，就只能寻求新的治理方式得以解

---

① 高柏，草苍. 为什么全球化会发生逆转——逆全球化现象的因果机制［J］文化纵横，2016（6）：22-35.
② 陈伟光，郭晴. 逆全球化机理分析与新型全球化及其治理重塑［J］. 南开学报，2017（5）：58-70.
③ 佟家栋，刘程. "逆全球化"浪潮的源起及其走向：基于历史比较的视角［J］. 中国工业经济，2017（6）：5-13.

决，这种新的治理方式通常情况下意味着霸权国必须和其他大国合作提供国际公共品才能维护全球政治经济秩序。进一步地，程永林、黄亮雄分析了在当前美国霸权衰落的背景下中国应做出的应对策略，提出了相应的政策建议。①

第三种观点从经济角度切入，认为当前的逆经济全球化现象主要还在于经济层面的供需不匹配以及全球范围内的产能过剩。胡建雄（2017）研究了当前全球经济遭遇逆全球化和贸易保护主义困境背后的产生逻辑。他首先回顾了全球化和贸易保护之间的关系，认为从历史来看，全球化的推进和自由贸易紧密相关。就当前的逆全球化现象而言，他认为一方面是由于全球经济普遍出现了产能过剩的局面，另一方面国际性的需求则处于疲软状态，而当一国因全球化增加的国际市场需求小于其减少的国内市场需求时，贸易保护主义就有了产生的基础。这就是当前逆全球化和贸易保护主义抬头的逻辑原因。但他还认为，从长期来看，随着供需关系的重新调整，国际间的合作进一步优化，逆全球化的保护主义措施会自然褪去。②

第四种观点从全球化体系的周期律出发，认为现在处于一个全球化周期的末尾阶段，逆经济全球化的发生并非偶然。王湘穗（2016）将当前的全球化明确地定性为"美式全球化"，并认为美式全球化体系目前正经历着衰变。他通过考察从地理大发现以来的数次全球化浪潮，认为经过几百年的扩张，现代资本主义体系通过经济活动的扩张和政治权利的延伸，已经摧毁了与其平行的所有体系和秩序，获得了主导性的优势地位，而这样一个世界体系又存在一个布罗代尔（Fernand Braudel）和阿瑞吉（Giovanni Arfighi）等所提出的资本主义体系演进变化的"周期律"，即每一个周期都是由一个主导国家的兴起而开始，又由于主导国家的衰败而衰落。而主导国家在周期中也呈现出一些近似的共同特征：一开始都是由实业的繁荣而兴起，最后由于经济过度的金融化而使经济

---

① 程永林，黄亮雄. 霸权衰退、公共品供给与全球经济治理［J］. 世界经济与政治，2018（5）：131-148.

② 胡建雄. 本轮逆全球化和贸易保护主义兴起的经济逻辑研究［J］. 经济体制改革，2017（6）：19-26.

陷入多重的危机之中。基于此，王湘穗（2016）认为，美国目前比以往任何一个主导国的金融化程度都要更高，这也意味着美式全球化进一步衰变的趋势。进一步地，王湘穗认为，未来的新型全球化，本质上是属于全球人民的全球化，而不再仅仅服务于少数几个核心国家，中国在这方面可以起到积极的建设作用。①

此外，还有观点认为，全球性的财富分配不均、互联网政治的兴起等，都对当前的逆经济全球化起到了促进作用。黄仁伟（2017）认为，逆全球化的原因在于全球财富分配的不均衡和全球治理的制度障碍，同时，信息、人员的跨国流动对民族国家造成了不小的冲击，互联网政治的兴起对民粹主义也起到了推波助澜的作用，这些因素都是此轮逆全球化兴起的原因。②

2.2.2　逆经济全球化的解决之道及全球治理的中国方案

对于当前逆经济全球化的解决之道，大部分的学者都论证了"中国方案"的合理性和可行性，只不过不同学者对其具体内容挖掘和阐述的侧重点及深度有所不同，相应地，对中国在新一轮经济全球化中所扮演的角色，不同学者之间也多少存在一些不同的认识。

胡鞍钢、王蔚（2017）通过贸易占 GDP 比重这一指标分析了当前的逆全球化和保护主义抬头的趋势，认为解决之道在于构建一个政治上更平衡、安全上更稳定、经济上更开放更包容、文明上更非排他、生态上更可持续的新全球化体系。另外，胡鞍钢、王蔚认为中国作为经济全球化的最大收益者和逆全球化的最大受害者，将会充分利用"天时""地利""国和"的有利条件，全面参与全球治理，推动"逆全球化"迈向"新全球化"，与世界各国共商、共创、共建、共享，打造人类命运共同体。③

---

① 王湘穗. 美式全球化体系的衰变与前景 [J]. 文化纵横, 2016 (12)：36 – 41.
② 黄仁伟. 从全球化、逆全球化到有选择的全球化 [J]. 探索与争鸣, 2017 (3)：40 – 42.
③ 胡鞍钢, 王蔚. 从"逆全球化"到"新全球化"：中国角色与世界作用 [J]. 学术界, 2017 (3)：5 – 17.

张宇燕（2016）论述了全球治理中的中国视角，认为全球治理的主要内涵包括平等、民主、合作、责任和规则五个方面，这是国与国之间参与全球经济和全球合作时应遵循的基本理念。但是，目前的全球治理由于日益扩大的需求与全球公共品的供给不相匹配，导致两者的矛盾日渐突出，从而使目前全球治理机制的弊端也越来越凸显，而全球治理的改革虽然已经启动但仍然步履缓慢。在此基础上，张宇燕认为，在参与新的全球治理的过程中，中国已经发展出了有自身特色的全球治理观，具体内容包括：坚持发展中大国身份的基本前提、坚持"共商共建共享"的基本理念、坚持"一带一路"的顶层设计、坚持权利与义务相平衡的基本原则等四个方面。①

蔡昉（2016）认为，20世纪90年代以来的全球化之所以会陷入当前的困境，是因为此轮全球化的主导者——西方发达国家，并没有把本国的经济增长和社会发展与全球化之间实现良好的对接，在发达国家内部，贫富分化加剧，中产阶级和低收入者在全球化的过程中被日益边缘化，造成了一系列的经济衰退和政治危机，激起了国内利益受损群体的激烈反应，而政客们则往往利用这些群体的诉求，把矛头指向全球化本身，导致了当前逆经济全球化的兴起。相比较而言，中国在对外开放过程中，很好地处理好了国内不同利益群体之间的关系，不仅实现了经济的高速增长和就业扩张，也实现了相对均等的利益分配，大幅度地减少了贫困现象。在蔡昉看来，中国应该抓住机遇，按照有利于发展中国家的原则，积极参与全球治理，构建一个有利于各国共建共享、互惠互利的经济全球化的新成长点。②

李丹（2018）研究了全球治理改革的中国方案，认为新一轮的全球治理改革中，中国发挥了积极有效的建设性作用，"一带一路"倡议的实施、构建"人类命运共同体"思想的提出，都为新的全球治理提供了中国方案和中国思路。和旧的全球治理模式相比，"中国方案"更加强调平等参与，强调基于制度规则的共商合作，反对一国独霸或几方共治，同时，作为发

---

① 张宇燕. 全球治理的中国视角 [J]. 世界经济与政治，2016（9）：4-9.
② 蔡昉. 全球化的政治经济学及中国策略 [J]. 世界经济与政治，2016（11）：4-24.

展中国家和新兴国家的代表,"中国方案"更强调在新的全球治理中增加发展中国家的代表性和发言权,在新旧机制并重的现行基础上,通过增量改进"做加法",最终构建起一个包容共赢的经济全球化模式,使人类命运共同体的愿景真正实现。①

在目前所提出的"中国方案"之外,另一种较为有代表性的观点是:资本主义全球化衰落之后,新的全球化模式可以由社会主义全球化来替代。李慎明(2006)早在此轮逆全球化发生之前,就已经论述了当前全球化的另一种替代方案——社会主义的全球化。在李慎明看来,20 世纪在苏联等国进行的社会主义实践虽然遭受到了挫败,但并不意味着马克思主义的失败,社会的发展和人类的进步仍旧会证明马克思主义的科学性。目前的经济全球化是西方资本主义国家主导的,这种全球化正在加剧资本主义基本矛盾的激化,而另一方面,经济全球化和信息技术的发展将会为社会主义全球化造就一定的土壤,在此基础上,社会主义作为另一种全球化的替代的时机已经显现。②

2.2.3 逆经济全球化的马克思主义政治经济学分析视角

从马克思主义政治经济学视角出发对当前的逆经济全球化现象作出学理上的分析,也有不少代表性的成果。

郑一明、张超颖(2018)从马克思主义视角出发,研究了全球化、反全球化和逆全球化。他们认为,全球化是世界历史发展的大趋势,并不会因一时的障碍和阻拦而逆转,反全球化是全球化的一面镜子,可以让我们看到目前资本主义全球化存在的诸多弊端,而当前的逆全球化则是全球化过程中的减速路障,形成原因主要有三个方面:第一,资本主义基本矛盾激化并在全球范围内展开;第二,去工业化导致了实体经济危机;第三,资本主义自身发展的不平衡性加剧了贫富分化。对于如何走出目前的逆全球化困境,郑一明、张超颖认为,构建开放、包容、普惠、平衡、共赢的

---

① 李丹. 论全球治理改革的中国方案 [J]. 马克思主义研究, 2018 (4): 52 - 62.
② 李慎明. 另一种全球化的替代:社会主义在 21 世纪发展前景的展望 [J]. 马克思主义研究, 2006 (1): 23 - 26.

新型全球化是当有的选择。①

杨圣明、王茜（2018）研究了马克思的世界市场理论及其现实意义，并在此基础上对当前的"逆全球化"思潮进行了评析。他们从思想史的来源梳理和总结了马克思世界市场的内涵，认为世界市场理论主要有八个方面：一是集市的兴起与城市的发展是世界市场形成的基本前提；二是新航路的开辟是世界市场形成的历史条件；三是工业革命是世界市场形成的主要原因；四是交通运输、通信的发展是世界市场形成的技术条件；五是世界市场既是资本主义生产方式的前提和基础，又是它的伴侣和结果；六是世界市场危机是资产阶级经济一切矛盾的现实综合和强制平衡；七是世界市场为共产主义最终战胜资本主义准备物质基础和阶级条件；八是国际价值规律是世界市场运行的基本规律。进一步地，面对当前的贸易保护主义现象，杨圣明、王茜认为，只有顺应经济全球化发展趋势，引导各国共同参与推进互利共赢的国际政治经济新秩序，才是正确之路。②

谢长安、丁晓钦（2017）从资本积累的社会结构理论出发，研究了当前的逆全球化现象。在他们看来，经济全球化是资本积累和扩张在全球范围内的实现，当前的逆全球化具有一定的必然性，是资本积累的社会机构内部矛盾被激化到一定阶段的结果，在新旧结构交替之间，出现短暂的逆经济全球化现象是可以理解的，这种现象背后的主要原因还是在于西方发达资本主义国家试图扭转不利形势而做出的策略性调整，因此并不会持久，而随着垄断资本在国际范围内重新建立起有利于自身的秩序，新一轮的经济全球化也会随之展开。至于中国的角色，谢长安、丁晓钦认为，限于国力和一贯秉持的发展理念，中国不可能也没有必要对现行的国际秩序取而代之。总体而言，谢长安、丁晓钦认为未来的经济全球化将仍是发达国家主导的有利于垄断资本积累的经济全球化，只不过暂时性的矛盾和问题需要进一步解决。③

---

① 郑一明，张超颖. 从马克思主义视角看全球化、反全球化和逆全球化 [J]. 马克思主义与现实，2018（4）：8-15.

② 杨圣明，王茜. 马克思世界市场理论及其现实意义——兼论"逆全球化"思潮的谬误 [J]. 经济研究，2018（6）：52-66.

③ 谢长安，丁晓钦. 逆全球化还是新全球化？——基于资本积累的社会结构理论 [J]. 毛泽东邓小平理论研究，2017（10）：95-101.

总之，以上学者们对逆经济全球化现象的关注和研究都为本研究的展开提供了丰富的借鉴和启发，而本书的研究在很多方面也是在目前学界的既有成果之上作出的局部性的深化或拓展。

第3章

第一次经济全球化的兴衰及反经济全球化运动

本章主要涉及对第一次经济全球化兴衰的历史考察和反经济全球化运动的梳理回顾。对这两项内容的考察，能使我们更全面地了解逆经济全球化和反经济全球化运动发生的历史，从历史中吸取相关的经验教训，对我们思考和理解目前的逆经济全球化现象有着十分重要的启发意义。

一方面，第一次经济全球化的兴起是随着近代地理大发现、新航路的开辟、工业革命、资本主义制度的建立等一系列具有革命性的变革而兴起的，所以一开始就不可避免地打上了资本主义制度的烙印，特别是从19世纪末开始，资本主义从自由竞争阶段过渡到了垄断阶段，资本主义国家日益帝国主义化，经济全球化在推动世界市场发展的同时，也成为帝国主义列强掠夺殖民地国家的工具，这就使经济全球化越来越激起了殖民地半殖民地国家的激烈反对；另一方面，帝国主义列强之间也因为对世界市场的争夺而陷入了"金德尔伯格陷阱"，经济全球化因为其日益加深的帝国主义性质而走入困境。正是在这一背景下，随着资本主义生产关系在全球各地的普遍建立，世界无产阶级运动也逐渐发展壮大起来，并最终在第一次世界大战期间爆发了广泛的社会主义运动，建立了无产阶级政权。社会主义的诞生，打破了帝国主义对全球经济的垄断，是开天辟地的大事件，并对资本主义经济全球化造成了巨大冲击，所以第一次经济全球化的失败，从历史的发展看具有革命意义。

反经济全球化运动自20世纪末在一些国家出现之后，逐渐在全球各地成为一种越来越普遍的现象。反经济全球化运动主要体现在抗议、游行示威等方面，虽然对经济全球化的进程尚未造成实质性的影响，但也反映出目前的经济全球化模式并非完美无缺，使全球各地的反对声音越来越激烈，这些诉求和呼吁有些已经改变了一些政策的实施，有些则在酝酿更大规模的行动，所以要研究分析目前的逆经济全球化现象，很有必要对这一运动做出考察。总体上看，反经济全球化运动的主要原因大致包括以下几个方面：第一，在经济全球化过程中，世界范围内的贫富差距并未得到改善反而有加大的趋势；第二，经济全球化过程中涉及"本土"和"外来"利益关系的问题，一旦处理不妥当，就会有利益受损的群体抗议经济全球化；第三，环境问题越来越成为经济全球化过程中的一个重要问题，一些国际环保组织不断对经济全球化提出反对意见，以期改善全球生态环境。

3.1 第一次经济全球化的兴衰

第一次经济全球化兴起的背景，是资本主义在19世纪末从自由竞争阶段过渡到了垄断阶段，资本主义国家日益帝国主义化，而帝国主义列强之间对世界市场的争夺不仅导致帝国主义之间矛盾越来越尖锐，而且导致帝国主义与殖民地国家矛盾激化。在这样的背景下，社会主义革命在俄国、中国等国家爆发。社会主义革命在这些国家的胜利和世界社会主义的发展打破了帝国主义对经济全球化的垄断，促进了世界上被压迫被剥削国家的大发展。

3.1.1 关于经济全球化产生的历史

关于经济全球化时间跨度及次数的界定，不同学者有不同的看法。本书将1500年之后直至第一次世界大战期间的全球化运动定位为第一次经济全球化，将第二次世界大战结束之后尤其从1950年开始的全球化运动定位为第二次经济全球化。当然，在一些学者看来，1500年之后的全球化并不是什么新鲜事物，在此之前，全球化就是一个一直存在的事实，如最具代

第 3 章
第一次经济全球化的兴衰及反经济全球化运动

表性的加州学派的安德烈·贡德·弗兰克（Andre Gunder Frank）就认为，全球经济贸易的世界体系不是出现在 500 年前，而是 5000 年前，把经济全球化设定为地理大发现之后的 16 世纪，不过是一种"欧洲中心主义"的理论偏见。

诚然，不可否认的是，早在地理大发现之前的历史时期，全球性的经济贸易在局部地区都得到过一定规模的拓展。例如，中国古代通向西域和中亚地区的"丝绸之路"、西南地区通向缅甸和印度的"茶马古道"，以及从东南沿海直至印度洋和阿拉伯半岛的丝绸、瓷器、茶叶等商品的海上贸易路线；古代西亚地区的阿拉伯商人环波斯湾贸易；古代欧洲地区的环地中海贸易，等等。这些跨越地区和国界的贸易往来是古代世界进行经济全球化的尝试，的确都取得了一定程度上的辉煌，但是，这些经济活动和商业贸易的深度和广度还远远构不成经济全球化的持久动力，所以在取得阶段性的辉煌之后都不可避免地相继衰落了下去。

1500 年之前的全球贸易和地理大发现之后的经济全球化有着许多不同，主要包括以下几个方面。其一，1500 年之前的全球贸易大都缺乏国家力量长久持续的推动，更多地表现为一种私人商业活动的规模化，所以这种自发性、缺乏保护的市场十分脆弱，很容易被政治的或军事的力量所摧毁，这和近代以来欧洲国家以国家力量为后盾建立起来的全球市场体系有着明显的不同。其二，1500 年之前的全球贸易仍是以商品贸易为主。商品贸易的一个特点是生产过程基本上都在本地完成，只是在交换和消费环节互相发生联系，根据各国不同要素禀赋建立起来的资本的国际流动、劳动力的国际流动、原材料的国际流动等还远远不够，而这些正是地理大发现之后经济全球化的主要特征。其三，正是在地理大发现之后，世界各大洲（欧洲、美洲、亚洲、非洲、大洋洲）之间的经济活动才逐渐被全方位地纳入一个体系之中，各大洲之间真正实现了经济上的"全球化"，而 1500 年之前的全球贸易仍主要体现为区域性质的经济活动。

因此，本书对经济全球化的时期划分采取以 1500 年为起始时期。当然，将第一次经济全球化定位为 1500 年，并不是具体地指 1500 年这一年全球经济突然有了某些根本的、决定性的变化，而是主要体现出大约从 16 世纪开始，欧洲力量开始一步步地向外扩张并逐渐将全球纳入同一经济体系中。

3.1.2 第一次经济全球化的形成及衰落

1. 地理大发现及现代航海技术导致的世界贸易体系的兴起

14世纪奥斯曼帝国的兴起使欧洲通往东方的贸易路线被阻隔,随着欧洲传统封建庄园经济的解体和城市经济的兴起,对资本原始积累的巨大驱动力使欧洲国家不断寻求新的原材料和市场,为了到达他们心目中繁荣富有的东方,以哥伦布、达伽马为代表的一批航海家开始了海上新航路的探索。这种探索是以一系列技术条件为基础的,指南针和罗盘的使用使远程航海成为可能,新的地理观使哥伦布相信,除了直接向东航行到达东方以外,一直往西航行也一定可以到达东方。

1492年,哥伦布在西班牙国王的资助下横跨大西洋到达了中美洲的巴哈马群岛,虽然他误以为到达的是东方的印度,但是却无意中发现了一个崭新的大陆。1498年,达伽马受葡萄牙王室派遣,绕过非洲的好望角到达东方的印度。这两条新航线的开辟,不仅让欧洲人得以绕过奥斯曼帝国最终到达了东方,而且也让欧洲人意外地发现了广袤富饶的美洲。于是从16世纪开始,通过武力征服甚至残暴的驱赶屠杀,对美洲的原住民进行殖民统治成了欧洲新兴的资产阶级进行资本原始积累的第一滴"肮脏的血",进一步地,由于在美洲建立了大量的种植园、开采了大量的金银矿产,劳动力的缺乏使欧洲人把眼光转移到了非洲,于是,环大西洋的"黑三角贸易"网络正式形成。正如马克思和恩格斯在《共产党宣言》中所言:"美洲的发现、绕过非洲的航行,给新兴的资产阶级开辟了新天地。东印度和中国的市场、美洲的殖民化、对殖民地的贸易、交换手段和一般商品的增加,使商业、航海业和工业空前高涨。"①

与此同时,东方的中国所生产的丝绸、瓷器、茶叶等商品由于在质量、品级等各个方面都明显具有国际竞争优势,在欧洲市场上受到广泛的

---

① 共产党宣言[M]. 中共中央马克思恩格斯列宁斯大林著作编译局译. 北京:人民出版社,2009:28.

欢迎和喜爱，美洲的白银运往欧洲，做短暂的停留之后，又运往中国，而中国的丝绸、瓷器、茶叶等商品则源源不断地运往欧洲，以至于在17和18世纪欧洲兴起了对中国文化与中国制度无限仰慕和崇拜的"中国潮"。至此，我们可以看到，一个连接世界各大洲的全球贸易网络已基本见雏形：在欧洲的主导下，非洲的劳动力流向美洲，美洲的金银、烟草和稻米，亚洲的丝绸、瓷器和茶叶等商品流向欧洲。各大洲在资本主义原始积累的推动力下，正式地形成了一个有层级、有分工的经济体系：亚洲提供高质量的产品、非洲提供廉价的劳动力、美洲提供丰富的原材料和农产品、欧洲提供广阔的消费市场。

另外，我们也看到，第一次经济全球化的形成，明显不是世界各国和地区在和平友好的基础上建立起来的一个平等互利、合作共赢的体系，而是在欧洲的主导下通过不平等手段甚至暴力和武力手段建立起来的一个有利于欧洲的殖民—贸易体系。这样一个体系从一开始就酝酿着必然衰败的因子，它的运转至少必须有以下两方面的保证：其一，欧洲各国在利益分配中能够各得其所相安无事；其二，对殖民地的压迫和统治能够长期保持下去而不会被推翻。我们看到，第一次经济全球化瓦解的主要原因也正是这两个条件在某种程度上都已不再具备。

2. 工业革命及现代工业资本主义的兴起

以上所展示的由欧洲主导的全球殖民—贸易体系，有一个较为明显的特征，即这种体系是靠武力上的强迫和暴力上的征服来维持的，而就纯经济层面而言，欧洲的商品并未达到足以在全球竞争中处于优势的地位。也就是说，虽然欧洲通过野蛮的暴力手段获取了大量的从美洲和亚洲而来的财富，但是就经济生产的产业链而言，欧洲商品并未取得全球价值链的高端地位，占优势地位的高端商品主要来自亚洲。中国所生产的丝绸，在欧洲的棉毛纺织业兴起之前占据了其主要的高端消费市场，瓷器更是成为欧洲皇室和贵族的宠儿，成为权力和地位的象征，[①] 茶叶在印度茶和锡兰茶

---

① "皇家或贵族是否占有东方瓷器或者后来的欧洲瓷器，关系到他们的声望，瓷器增加宫廷的光彩。"——简·迪维斯。（转引自张丽等. 经济全球化的历史视角——第一次经济全球化与中国［M］. 杭州：浙江大学出版社，2012：161.）

出现之前，主要来自中国。

因此，这样一种体系可以在短期内凭借粗暴的武力攫取大量的财富，但是长期而言，并不能使欧洲的经济生产力跃升到一个更具优势的地位，这种模式和古代靠武力和军事力量建立起来的帝国略为相似，帝国内部如果没有较高的经济生产能力，就只能靠不断地扩张维持帝国秩序的延续，而这样的扩张最终一定会遇到地理和空间的限制。所以我们也看到，正是由于早期的霸权国家如葡萄牙、西班牙等没有建立起自身内部的高质量高效率的生产体系，使财富的积累最终未能转化为李斯特意义上的"生产力"，也就无法把财富转变为资本，实现资本主义生产方式的革新。

这样的历史角色最终由英国来承担，英国之所以能承担此角色，主要原因在于其通过各种手段最终实现了工业革命。工业革命使欧洲不仅在军事武力上领先于世界，更使其在商品生产的质量和效率上真正超越了亚洲，于是，打开并占领亚洲市场，就成了这一阶段西方主导的殖民—贸易体系的主要任务。这一任务通过两个步骤来实现：第一，占领亚洲商品的市场，对其生产能力造成巨大冲击；第二，摧毁亚洲自身的先进生产体系，使其沦为原材料供应国。

第一步的实施首先是在欧洲市场上压缩对方。从 18 世纪末开始，欧洲对中国的印象呈现出急转直下的反转，中国不再是那个备受推崇的文明有教化的礼仪之邦，而是成了专制主义和愚昧落后的象征，中国商品在欧洲也不断受到贸易保护主义的排挤，而背后的主要因素是欧洲经过工业革命之后，棉毛纺织业和制瓷技术取得了突破性进展，质量和产量都大大提升，为了占领市场，种种策略性的措施是必需的。接下来则是欧洲商品返销亚洲，成功占领了原来本属于本地厂商的市场。

第二步的实施主要是通过武力打开亚洲国家的国门，强迫其开放市场并进行贸易。1840 年鸦片战争之后，中国市场被逐步打开，欧洲的棉毛纺织品以其廉价耐用获得了消费者的青睐，传统中国江南地区的纺织手工业遭到进一步冲击，许多作坊和工厂最终沦为原材料的供应商。其中茶叶行业的这一遭遇更为明显，在国外资本的冲击下，一些茶园依靠外商收买，一些茶园则被国外银行给出的苛刻贷款条件艰难维系，原本主要以私人生产为主、个体经营的经济模式根本无力应对西方大公司和大资本以国家为后盾进行海外拓展的"重商主义"模式。

这样，欧洲在征服非洲和美洲之后，最终也通过武力和贸易的方式征服了亚洲，世界经济体系也更为完善，层次和等级也更为分明，全球性的经济网络在欧洲的主导下高效而脆弱地运转着。在这一"西方超越东方"的过程背后，其实更是现代工业资本主义对传统手工业和农业在生产方式与生产效率上取得的决定性胜利，正如马克思恩格斯所揭示的："蒸汽和机器引起了工业生产的革命。现代大工业代替了工场手工业；工业中的百万富翁，一支一支产业大军的首领，现代资产者，代替了工业的中间等级。"①

3. 国际市场的激烈竞争导致国际冲突的加剧

由工业革命引发的商业和社会革命，使现代资本主义制度在西方国家最终确立起来。以国家实力为后盾、以跨国公司为先导的扩张模式使西方彻底超越东方成为新的世界秩序的主导方，"不断扩大产品销路的需要，驱使资产阶级奔走于全球各地。它必须到处落户，到处开发，到处建立联系"②。而最先完成工业革命的英国，更是成了此一轮经济全球化的主要推动国，最具代表性的便是东印度公司在美洲和亚洲为了建立市场所进行的一系列兼具贸易和侵略性质的商业活动。而在这一阶段的经济全球化过程中，一个最为显著的特征是，早期的跨国公司不仅有纯经济性质的商业贸易权，还有武装、仲裁解决贸易争端等诸多属于国家层面的权力，这是后来国家力量越来越凸显之后，跨国公司所不具备的特征。这种现象反应出在早期的经济全球化过程中，国际经济秩序中并没有一个共有的协商和仲裁机制来解决可能发生的争端等问题，同时也意味着各个国家之间对国际利益的争夺极易陷入失序和混乱当中。

这种国际关系的失序在英国作为唯一的领先国家时尚不明显。众所周知，英国在英法七年战争之后夺取了整个加拿大，又在 1815 年击败拿破仑，跻身第一强国，在欧洲乃至世界的影响力达到顶峰，这一时期英国的

---

① 共产党宣言［M］. 中共中央马克思恩格斯列宁斯大林著作编译局译. 北京：人民出版社，2009：28.
② 共产党宣言［M］. 中共中央马克思恩格斯列宁斯大林著作编译局译. 北京：人民出版社，2009：31.

海外殖民地遍及全球，号称"日不落帝国"，因此，这一时期的国际秩序其实是以英国为主导构建的。不过，随着19世纪后半叶德国的统一和俾斯麦的改革，后起的德国迅速赶超老牌的英法两国，德国工业资本主义的发展需要扩大其海外殖民地并拓展海外市场，这无疑更是威胁到殖民地最多的英国的利益。面对着大部分殖民地已经被英法瓜分完的现实，德国靠着"胡萝卜加大棒"的政策，在非洲的东西海岸不断蚕食鲸吞，迅速成为仅次于英法的世界第三大殖民国家。同时，在欧洲大陆，德国取得了普法战争的胜利，失利的法国更加提防和担忧邻国过于强大，两国之间的矛盾也逐渐加剧。

这种矛盾因德国、奥匈帝国、意大利三国组成针对俄国和法国的"同盟国"而更加深化，随着英国也分别与法国、俄国签立协约，与"同盟国"集团针锋相对的"协约国"集团也最终形成。随后，奥匈帝国皇储被刺的导火索迅速引爆了第一次世界大战（简称"一战"）。一战使欧洲的"百年和平"正式终结，同时也使第一次经济全球化迅速衰落，国际贸易和世界经济受到重大冲击，经济全球化的秩序陷入混乱并逐渐瓦解，新的世界经济秩序需要在废墟上重新建立。

需要补充说明的是，第一次经济全球化的发展除了得益于科技层面和观念层面的进步之外，也得益于以金本位为基础的世界货币制度。金本位为世界各国提供了通用的货币和较为稳定的汇率体系，使国际资本和大宗商品的流动成为可能，诚如丹尼·罗德里克（Dani Rodrik）所言："从1870年开始实施的金本位制，使大家不再担忧汇率可能随时变动以及随之引发的其他小问题，这样资本就可以在各国间自由流动。"① 而这一制度也随着第一次经济全球化的结束正式成为历史，两次世界大战之后的第二次经济全球化中以美元为中心的"布雷顿森林体系"取代了曾经的金本位制度。

3.1.3 第一次经济全球化衰落的原因

第一次经济全球化曾经达到的深度和广度，一些经济学家认为我们至

---

① 罗德里克. 全球化的悖论 [M]. 廖丽华, 译. 北京：中国人民大学出版社，2011：22.

今都尚未能追及——至少在劳动力流动的规模和资本流动的便利度上是如此。这就使我们不得不思考：为什么影响如此广泛、程度如此之深的经济全球化会陷入衰落？是哪些因素导致了全球开放型的经济态势突然发生了逆转？这种逆转在当时又导致了什么后果？本书认为，第一次逆经济全球化的发生主要有以下三个方面的原因：其一，在资本主义体系中心，帝国主义国家之间的利益矛盾导致了冲突的加剧，而国际社会并没有一个可供协商解决矛盾的共同平台，同时，各霸权国家在霸权争夺过程中也不可避免地陷入了"金德尔伯格陷阱"；其二，一战之后资本主义国家之间非稳定的条约体系及席卷资本主义世界的"大萧条"经济危机；其三，在资本主义体系的外围和边缘，殖民地、半殖民地国家对被动卷入的非平等的经济全球化的抵抗，使这一世界范围内的剥削体系最终寿终正寝。

1. 帝国主义国家的利益矛盾与"金德尔伯格陷阱"

列宁在《帝国主义是资本主义的最高阶段》中认为，资本主义发展到 20 世纪初，已经不再是早期的自由竞争式的资本主义，而是具备了以下新的特征：第一，生产和资本的集中化导致对经济生活起决定作用的垄断组织普遍出现；第二，银行资本和工业资本已经联合起来形成了新的金融寡头；第三，与传统的商品输出不同，资本输出具有了特别重要的意义；第四，资本家之间的国际垄断形成了瓜分世界的同盟；第五，最大的资本主义列强已经把世界瓜分完毕。[①] 正是在这一基础上，帝国主义国家之间的矛盾才显得无法调和并极难处理，老牌帝国英国和后起帝国德国之间的矛盾，德国与法国、俄国之间的矛盾，在东亚地区，德国与日本的矛盾、日本与俄国的矛盾，在一战之前瓜分世界的殖民浪潮中显得尤为明显。

而在这些矛盾背后，是一个利益至上、靠霸权维系的国际秩序。可以说，一战之所以发生，与当时尚不具备的国际争端处理机制和国际安全秩序有极大的关系，在全球主义尚未在制度上得到落实时，民族主义和国家主义就顺理成章地成为国际矛盾演化到最后各个利益相关方的最后选择，

---

① 列宁. 帝国主义是资本主义的最高阶段 [M]. 中共中央马克思恩格斯列宁斯大林著作编译局译. 北京：人民出版社，2015.

而帝国主义的扩张和掠夺本性又使战争最终不可避免。

同时，也要注意到，一战之后，各个国家期待的和平并未持续多久，又很快地相继卷入第二次世界大战（以下简称"二战"），对于这一结果，美国经济史学家查尔斯·P. 金德尔伯格在其《1929—1939 年：世界经济萧条》一书中给出了一个广为流传的解释——金德尔伯格陷阱。这一解释的逻辑是：世界经济体系的运行不可能靠市场自发的力量维持，市场是个公共品，必须有供给方付出成本来提供，而那些愿意提供世界市场这一公共品的国家，就成为世界经济体系的领导国家。在一战之前的"百年和平"中，国际市场秩序这一公共品基本上是靠大英帝国来提供并维持的，但一战使大英帝国的实力和影响力都大大衰减，因此就出现了国际市场失序的真空，而美国虽然已逐渐取代英国成为最大的经济体，但并没有像英国那样担负起承担全球公共品的领导国责任，所以，伴随着全球市场公共品的缺乏，全球贸易和世界经济必然会陷入逆经济全球化的结果，而这种结果又使各国之间贸易战频出，最终使国际经济体系周转不灵并催生出席卷资本主义世界的"大萧条"经济危机，进而导致了第二次世界大战的爆发。①

2. 一战之后的非稳定条约体系及席卷资本主义世界的"大萧条"

一战后，参战各国达成了以《凡尔赛和约》为主要内容的条约体系，但是，由于资本主义国家在利益上的贪婪和本质上的霸权主义，使和平条约本身就蕴含着新的非稳定因素。首先，以英、法为代表的战胜国出于惩罚和防备的目的，给予了战败国德国过于苛刻的战争赔款，并从经济、政治、军事等各个方面对德国进行约束。根据《凡尔赛和约》的规定，德国损失了 13.5% 的领土、12.5% 的人口、16% 的煤产地以及半数的钢铁工业，同时，包括德属东非、德属西南非、喀麦隆、多哥以及德属新几内亚在内的所有海外殖民地则全部被战胜国瓜分。而在战争赔款方面，根据协约国赔偿委员会决定，德国共需赔偿 2260 亿马克（后

---

① 金德尔伯格. 1929—1939 年世界经济萧条 [M]. 宋承先，洪文达，译. 上海：上海译文出版社，1986.

减至1320亿马克）且以黄金支付。这一系列的沉重负担使德国不得不试图通过非正常手段来予以终结，进而导致了国内激进民族主义情绪的高涨和纳粹党的上台。

其实，《凡尔赛和约》所蕴含的这种不稳定因素并非未被预料到。时任英国财政部首席代表的凯恩斯就指出，如果德国要按计划完成战争赔款，就必须要有足够多的出口顺差赚取外汇，这样一来德国就必定会扩大工业品的出口，其结果就势必会挤压其他国家的国际市场份额，于是反过来又导致其他国家对德国工业品的出口限制，而限制又使德国无法赚取足够多的外汇来支付战争赔款，因此就陷入一种矛盾的两难境地。不过，作为经济学家的凯恩斯虽然提出了合乎逻辑的前瞻性判断，但并未被急于求得眼前利益的政客们所采纳。因此，一战之后，全球经济贸易在经过了短短20年的恢复期之后，又不可避免地因二战的爆发而陷入泥潭。

另外，1929~1933年席卷资本主义世界的"大萧条"经济危机，也加速了第一次经济全球化的衰落。"大萧条"是资本主义基本矛盾演化积累到一定阶段的产物。20世纪初，在经历了两次工业革命之后，资本主义的社会生产力迅速发展，社会分工日益细化，生产的社会化程度也越来越深入，使资本主义过渡到垄断时代，卡塔尔、托拉斯、辛迪加等一系列寡头垄断形式出现。垄断资本主义的出现，导致了两个后果：其一，垄断的出现，打破了自由竞争时资本之间的平衡状态，大大削弱了中小资本的影响力，使缺乏竞争优势的中小资本大量破产；其二，国民经济命脉被垄断在少数大资本家、大财阀手中，而垄断寡头之间又通常会达成各种协议维持垄断的高额利润，使社会财富的分配越来越两极化，最终导致经济危机的爆发。以美国为例，20世纪20年代末，美国收入前10%人群的收入占国民收入的比重接近50%，而剩余的90%的人口则共分了另外50%的财富，① 两极分化的结果是社会实际的消费能力不足，这就使信贷市场日益活跃，并进一步刺激了股票等金融投机活动的兴盛，最终导致"大萧条"的产生，第一次经济全球化继续在泥潭中挣扎。

---

① 皮凯蒂.21世纪资本论［M］.巴曙松等，译.北京：中信出版社，2014：25.

3. 殖民地、半殖民地国家对被动卷入经济全球化的抵抗

就资本主义体系的外围或者边缘而言，殖民地、半殖民地国家对自身受压迫和受剥削地位的强烈反抗，也使这样一个带有严重剥削性质的世界经济体系最终崩溃。

资本主义体系在19世纪的全球拓展是个不争的事实，但是对于世界市场开拓之后资本主义的命运及未来走向，当时在马克思主义阵营内部有着不同的争论和看法。

一种看法对资本主义的改良现实较为乐观，以伯恩施坦为代表。伯恩施坦认为，资本主义的海外扩张，解决了普遍生产过剩的问题，从而缓解了资本主义危机的爆发，同时由于"工人贵族"的崛起，也使消费不足问题变得不再那么严重。①

另一种看法对资本主义的命运显然并不乐观，以卢森堡为代表。在批判以伯恩施坦为代表的改良主义的基础上，卢森堡针锋相对地指出，"推动资本主义积累的，是来自资本主义体系外部的需求，尤其是来自前资本主义生产方式的需求，因此，资本主义的可能性完全依赖于它的扩张冲动和帝国主义倾向"②。因此，在卢森堡看来，资本主义体系在全球的建立以及海外市场的拓展并非在自我续命，而恰恰是在饮鸩止渴。在资本主义生产关系在世界范围内普遍化之后，由资本积累所导致的消费不足危机会最终撼动整个资本主义体系。

卢森堡的消费不足论在细节上或许有可商榷之处，但是对资本主义全球化的悲观预言，却与其最终的现实走向基本一致。资本主义体系在全球范围内的扩张，并没有给落后国家和边缘国家带来和平与繁荣，反而带来了普遍的贫困、战乱及灾难，资本积累的根本诉求使这样一个全球化的体系只会令中心国家采取各种野蛮和残酷的手段加紧对殖民地的剥削与压迫。最终，瓦解这个体系的力量也在这个体系之中酝酿，第三世界国家的

---

① 克拉克. 经济危机理论：马克思的视角 [M]. 杨健生，译. 北京：北京师范大学出版社，2011：31.
② 克拉克. 经济危机理论：马克思的视角 [M]. 杨健生，译. 北京：北京师范大学出版社，2011：57.

民族独立运动在帝国主义国家之间矛盾重重的时候也同时上演，亚非拉各国人民在备受侵略和屈辱的现实面前民族意识获得了觉醒并日益高涨，民族资本也在此轮被动卷入的经济全球化中逐渐发展起来，因此，对这一经济剥削体系的不满越来越表现为一种政治上的诉求。以中国为例，1911年爆发的辛亥革命标志着中国资产阶级在政治上取得了领导地位并提出了自己的改革方案，民族资产阶级试图在资本主义世界体系内部挑战国际垄断资本的主导和支配地位，虽然最终并未获得成功，但至少表现了半殖民地国家对这一被动卷入的资本主义体系的抵抗，同时也加速了此轮经济全球化的衰落。

3.1.4 第一次经济全球化衰落的影响及启示

第一次经济全球化的衰落对世界经济和政治的影响是多方面的，它不仅使资本主义的中心发生了转移，资本主义国家间的力量此消彼长，同时也使社会主义阵营蓬勃壮大，之前以资本主义为主导力量的经济全球化模式受到了严峻挑战。此次经济全球化格局的变化，对之后的历史走向造成了极大的影响，各国之间不得不重新思考如何构建一个稳定、持续、和平的全球经济秩序，同时，这一历史现实也为我们思考进入21世纪的经济全球化提供了一定的历史经验教训。

1. 第一次经济全球化衰落对资本主义世界的影响

第一次经济全球化的衰落，与第一、第二次世界大战及席卷资本主义世界的"大萧条"同时同步，或者说，两者互为因果。第一、第二次世界大战使资本主义体系内部权力发生了国际转移，大英帝国的辉煌一去不返，美国作为后起的资本主义国家，利用两次世界大战之间良好的发展机遇，迅速取得了资本主义世界的领导位置，使二战之后的国际秩序安排在很大程度上体现了美国的利益和意志，19世纪50年代之后，第二次经济全球化的规则和秩序即在这一基本国际权力关系背景下被塑造并发展起来。

同时，第一次经济全球化的衰落还影响到了世界政治经济的基本格局，在资本主义体系外部，社会主义力量发展壮大起来。对于经济全球化和国际关系的塑造，社会主义国家同样也有自身的诉求和愿景，而这一诉求和资本主义体系是根本对立的。因此，这就使第二次经济全球化的国际秩序和规则在19世纪50年代之后以两种平行共存的方式在资本主义阵营和社会主义阵营内部分别建立了起来。这一现实直到20世纪80年代末随着苏联的解体和中国的改革开放才得到改变，从90年代开始，世界经济的贸易规则和经济全球化又更多地体现为资本主义世界主导的特征。

此外，第一次经济全球化的衰落还触发了资本主义世界1929～1933年的"大萧条"，资本主义制度陷入一次严重的危机，这使二战后有管制的资本主义逐渐成为资本主义国家的流行模式。而凯恩斯主义的风行也使政府在国民经济活动中扮演越来越重要的角色，各项福利制度的完善也缓解了劳资之间的矛盾，资本主义的自由竞争模式成为历史，并在国家的管控之下获得了新生。可以说，此轮逆经济全球化从一方面看严重冲击了资本主义制度和独霸世界的经济体系；另一方面又挽救了资本主义，使马克思所预言的资本积累到最后阶级矛盾日益尖锐以至于无产阶级无法承受进而推翻资本主义制度的图景并没有在资本主义世界广泛地发生，相反，通过资本主义对生产关系的自我调节，通过福利国家的建设，通过有利于劳工群体的政策的实施，资本主义通过国家的"有形之手"获得了改良和进步，一定程度上也为自己延续了生命，带来了又一轮的生机。

2. 第一次经济全球化的衰落与社会主义革命从一国到多国的胜利

与第一次经济全球化的衰落同时出现的，是社会主义革命从一国到多国的胜利，这是具有历史性意义的伟大变革。正如前面所说，第一次经济全球化带有鲜明的资本主义色彩，所以才不可避免地使资本主义的基本矛盾从国内演化到国际，并最终导致了资本主义经济全球化进程的衰落，与之相伴随的，是社会主义革命从一国到多国的胜利。社会主义制度的建立，是开天辟地的大事件，也是资本主义矛盾积累到一定阶段的必然结果，而这一过程正是与第一次经济全球化的衰落同步发生的，这就使第一次逆经济全球化具备了历史性的积极意义。

第 3 章
第一次经济全球化的兴衰及反经济全球化运动

社会主义革命最先在资本主义生产关系尚为落后的俄国取得胜利。不过，社会主义运动的起源和动力原点却在资本主义生产关系日益成熟的欧洲大陆。1848 年，波及欧洲大陆的旨在推翻君主政体的政治革命使各国工人运动也出现了一个高潮，资本主义制度下剥削的加剧使劳资矛盾日益凸显，同年，马克思和恩格斯发表《共产党宣言》，号召"全世界无产者联合起来"。随后，联合各国无产阶级、旨在推翻资本主义私有制的共产主义运动组织——第一国际和第二国际也相继成立，并领导各个国家的工人阶级展开争取自身解放的斗争。正是在这一背景下，共产主义思潮和国际工人运动得到了广泛的传播，俄国的马克思主义者列宁深刻分析了资本主义过渡到帝国主义之后，根据宗主国和殖民地、帝国主义列强之间的种种矛盾，创造性地提出了社会主义可以在一国首先取得胜利、在资本主义并不发达的国家取得胜利的革命理论，并领导俄国在 1917 年取得了"十月革命"的胜利。

俄国社会主义革命的胜利极大地鼓舞了世界范围内的无产阶级运动，东欧、中亚和东亚一些国家先后实现了无产阶级革命的胜利，社会主义从一国发展到多国。其中，中国社会主义革命的成功和新中国成立，影响和意义尤其深远。众所周知，作为一个有着千年悠久文明和灿烂文化的国家，中国在近代帝国主义的武力扩张中遭遇了前所未有的侵略和掠夺，经过长期的探索，中国人民在中国共产党的领导下选择了社会主义道路并最终取得了革命的成功，这一方面为古老民族的复兴奠定了前提和基础，另一方面也有力地说明，希冀在资本主义世界体系内发展资本主义的道路在中国是走不通的，资本主义所主导的经济全球化本质上是一个非公平的掠夺和剥削体系，对外围国家而言，除了打破这样的体系并建立一套新的对自身发展有利的体系之外，别无其他选择。作为当时占世界人口近 1/4 的国家，新中国的成立积极地推动了世界社会主义革命的发展，极大地改变了世界政治经济格局，也深刻地影响了之后新的经济全球化模式的形成。

社会主义革命在世界范围内的胜利表明，资本主义经济全球化本身并非一个能够让世界各国繁荣发展的方案，而只是有利于资本主义国家和资产阶级的经济全球化，这一秩序的缺陷和带来的不公平是如此明显，以至于激烈的反抗者索性将这一秩序本身纳入自身的否定对象中。

从此，在资本主义体系之外，出现了一个崭新的社会主义阵营，新生的社会主义国家与资本主义国家在本质上异质的，两种社会制度都要求在世界范围内建立起符合自身利益的经济和政治体系，这样就出现了一个饶有趣味的局面：资本主义世界体系要求建立一个由资本主义所主导的经济全球化，而社会主义世界体系则要求建立一个由社会主义所主导的经济全球化，其结果就是在世界范围内形成了两大市场体系，这两大市场体系平行并存并相互竞争，构成了从 1950 年开始的第二次经济全球化的基本特征。

3. 第一次经济全球化衰落的启示

总结第一次经济全球化兴衰的历史，主要有以下三个方面的启示。

第一，世界经济的长期稳定和繁荣一定要有超越民族国家利益之上的国际组织来协调平衡。国际组织的缺失使国家之间的矛盾无法通过正当的途径获得解决，在利益冲突面前，各国最终选择了互相结盟、互相对立这条两败俱伤的最差博弈策略，不仅未能把存在的局部摩擦解决好，反而把世界拉入更加混乱和失序的状态。也正是在反思这一惨痛教训的基础上，二战后一系列国际组织相继建立，为世界经济的和平有序发展奠定了制度基础。

第二，各民族国家之间的利益关系要平衡好，经济全球化如果使国与国之间的差距更为明显，或者说无法解决落后国家的发展问题，那么最终利益失衡的加剧会使失利国家退出经济全球化的进程，表现在第一次经济全球化过程中的结果就是殖民地、半殖民地国家对宗主国的强烈抵抗。而这一经验对我们当前所进行的经济全球化也有着深刻的借鉴意义。

第三，经济全球化和主权国家之间的矛盾要平衡好。经济全球化意味着商品、资本、劳动力等要素可以跨越国界的限制在全球范围内自由流动，这无疑会对主权国家的国家权力造成一定的影响，虽然在第一次经济全球化过程中跨国公司和跨国资本尚未作为一种能和国家权力平行运作的独立力量出现，但是在诸多方面也显露出两者可能存在的内在矛盾，如何对其加以平衡解决，对我们目前以跨国公司为关键角色的经济全球化有着重要的思考价值。

3.2 反经济全球化运动的原因及启示

反经济全球化运动自20世纪末在一些国家出现之后，逐渐成为一种越来越普遍的现象，主要原因包括：第二次世界大战后，资本主义经过自我调整和发展出现了新的繁荣，而20世纪80~90年代苏联解体、东欧剧变后，社会主义处于低潮。在这样的背景下，资本主义又成为经济全球化的主导力量。在这个过程中，一方面，新科技革命在世界范围内发生，经济有了巨大发展；另一方面，贫富差距拉大、"本土"和"外来"利益冲突及环境恶化等全球性问题突出。由此引起了部分地区和群体对经济全球化的抵抗。

3.2.1 反经济全球化

从历次反全球化运动的具体内容来看，反全球化运动主要体现在经济领域，所以按某些学者的说法，"称其为'反经济全球化'可能更为合适"[①]。作为经济全球化过程中的一种现象，反全球化运动颇值得引起我们的注意和思考：为什么在经济全球化的大浪潮之中会出现与之相反的现象？反全球化运动的存在，是否表明目前的全球化模式不可持续或者说尚待完善呢？在全球化的过程中，是哪些群体在哪些地区参与反全球化运动？他们的动机又是什么？……可以说，对这些问题的回答对我们更深入地理解经济全球化以及构建更好的全球化秩序，都有着十分重要的意义。

3.2.2 反经济全球化运动的形成、特征群体及历史渊源

1. 反经济全球化运动概述及标志性事件

反经济全球化运动是一个概括性的称谓，它是指来自世界各国和各地

---

① 张森林. 经济全球化与世界社会主义价值的思考 [M]. 北京：人民出版社，2011：36.

区的参与反对经济全球化、质疑经济全球化、批判经济全球化等各种对经济全球化起到相反作用的运动。和这些运动相伴随的，是与之相应的反经济全球化的思潮和理论，当然，这些运动和思潮背后也都一定有相关的群体在推动和参与。所以，群体、思潮和行动，这三个要素构成了反经济全球化运动的基本内容。不同的群体有着不同的诉求，背后也有着不同的思潮，各个运动所举的旗帜和喊出的口号也多种多样：有的是反对资本主义，有的是反对贸易自由化，有的是反对发达国家的霸权行为，有的是反对跨国公司，有的是反对新自由主义……不管反对的是哪一种内容，它们在结果上有一个共同特征，就是对一定形式下的经济全球化起到了逆向的反作用。

从20世纪90年代开始，随着苏联解体、东欧剧变，世界社会主义运动处于低潮，资本主义国家所主导的第二次经济全球化在全球范围内迅速推进，而与此同时，反经济全球化的浪潮也日益高涨。1999年11月在美国西雅图上演的反经济全球化大游行，被认为是"反经济全球化运动"的开始。之后，世界各地的反经济全球化运动接连不断，主要的运动事件如表3-1所示。

表3-1　　　　　　　　　　反经济全球化运动事件

时间	地点	事件
1999年11月	美国西雅图	反对世界贸易组织。50000多人抗议世界贸易组织自1995年成立以来国际推动的贸易自由化政策
2000年4月	美国华盛顿	"五一"国际劳动节前夕游行。两万名工会、劳工组织和环保人士反对世界银行和国际货币基金会
2000年5月	泰国清迈	数千名群众抗议在清迈举行的亚洲开发银行（ADB）第33届年会
2000年9月	澳洲墨尔本	围堵世界经济论坛（WEF）。示威群众组成人链，希望阻止作为全球富豪和统治精英的俱乐部的论坛召开
2000年9月	捷克布拉格	反对世界银行、国际货币基金组织。连续多天有15000人堵塞会场周围街道
2000年10月	韩国首尔	抗议第三届欧亚高峰会（ASEM）。韩国民主劳总（全国民主劳动组合总联盟）发动3万名工人、学生团结一致反对全球化
2000年12月	法国尼斯	反对欧洲联盟高峰会议。包括欧洲工联（CES）发动的工会会员冒雨游行，反对大财团控制下的欧洲和欧盟一体化政策

续表

时间	地点	事件
2001年1月	瑞士达沃斯	反对世界经济论坛（WEF）。瑞士军警以防范暴动为由，阻止来自欧洲各国群众到来示威
2001年4月	加拿大魁北克	反对《北美自由贸易协定》。钢铁工会会员、环保人士和左翼团体共同反对贸易协定，指出它方便大资本的剥削自由，降低美洲各国工人的待遇，使财团利润需要凌驾于环境保护之上
2001年5月	世界各地	国际劳动节，世界各地都有大规模的游行示威，反对官商全球一体化政策，要求保障劳工权益
2001年5月	中国香港	财富论坛会议期间，《全球化监察》及部分学生、民间团体举行反对富豪瓜分世界、主张全球资源人民共享的抗议行动
2001年6月	瑞典哥特堡	反对欧洲一体化。8万名来自欧洲各国的群众，反对欧洲联盟进一步推动经济自由化及抗议美国总统布什到访
2001年7月	意大利热那亚	抗议八大工业国会议（G8）。创纪录的15万~30万名群众聚集在热那亚街头，遭到警方强力镇压

2. 反经济全球化运动的主要参与群体

总结表3-1中历次反全球化运动可以发现，参与反全球化运动的群体大致可以分为以下三类。其一，发达国家中利益受到冲击的产业工人。在经济全球化中，随着跨国公司越来越多地将市场放在国外，生产也逐渐迁移到市场所在国，更为廉价的劳动力和更接近终端市场是两大主要原因，因此，随着资本向海外的迁移，发达国家中的产业工人必然会受到影响，从而导致这一部分群体构成了反全球化运动的一大力量来源。

其二，后发国家中对新自由主义主导的经济全球化不满的群体。例如，2012年2月，在北京召开的世界银行记者会上，中国的独立学者杜建国在会场愤怒地打断世界银行行长罗伯特·佐利克的发言，并对世界银行的报告作出针对性指控，称其用已经在拉丁美洲国家宣告失败的政策误导中国改革。这一群体主要来自后发国家的知识界，他们激烈地反对美国在发展中国家推行的"私有化、市场化、自由化"改革，反对世界银行和国际货币基金组织积极推行的新自由主义模式的经济全球化。可以看出，他们其实并非反对经济全球化本身，而是反对在新自由主义思潮主导下的严重损害发展中国家利益的经济全球化，这些抗议和不满为我们思考当前经济全球化的缺陷提供了有益视角。

其三，一些提倡国际绿色运动的环保人士。例如，2001年4月，在加拿大魁北克，环保人士和左翼团体共同反对《北美自由贸易协定》，指出它方便大资本的剥削自由，并且使财团利润需要凌驾于环境保护之上。这一群体指出了经济全球化过程中的另一个问题：对资源的剥夺性利用和对环境的严重破坏。历史地来看，全球环境问题日益严重和经济全球化的不断推进几乎是同步的，所以这就不能不使环保人士将全球经济问题归因于全球化，他们尤其指出发达国家做出的一些贸易政策对环境极不友好，而且这种负担还往往让发展中国家来承担。客观地说，国际环保人士对经济全球化的批评是有一定道理的，尤其是发达国家主导的全球化模式，通过全球产业链的兴建将环境成本无所顾忌地转移给落后国家，在发展自己的同时给后发国家带来了严重的生态环境问题。这些批评对我们思考如何构建一个环境上更加友好、生态上更能持续的经济全球化模式具有重要的启发意义。

3. 理论上的"再认识"：反经济全球化运动的历史溯源

通常认为，反经济全球化运动开始的标志是1999年在美国西雅图上演的抗议世界贸易组织贸易自由化的游行活动，不过，如果我们把经济全球化的视野拉长，就可以看到，从第一次经济全球化开始，就存在着反经济全球化或者说抵制经济全球化的力量，其中比较广为人知的历史事件就是19世纪时德国对英国自由贸易政策的反对和对本国"幼稚产业"的保护。当时，已经基本完成了工业革命的英国占据了国际技术优势，而高效的生产能力和产品竞争力使英国积极倡导自由贸易，反对贸易保护，要求各国降低关税，推行"经济全球化"。但是，此时的德国尚处于前工业化时期，贸易及商业成本极高，生产的产品也都是以农产品为主的初级加工品，如果此时贸然开放市场，无异于将大大小小的手工作坊置于强劲的"世界工厂"面前，竞争的结果不言自明。

因此，当时德国经济学家李斯特（1961）一针见血地指出："英国向来有一个牢不可破的准则，认为一个国家只有用工业品来交换农产品与原料，只有进行这样的国外贸易，才能达到最高度富强，这一点在这里却一字不提。这一准则在当时直到现在依然是英国国家的一个秘密，以后从未见公开提起，不过实际上却是越来越认真地在坚决执行。"① 很明显，在李斯特看来，英国推行的自由贸易政策只是对英国自身有利的政策，而这样的全球化方案却并不适用于当时产品竞争力落后的德国，所以，德国应该鲜明地反对与英国进行自由贸易，反对开放本国市场，同时，要对自身的"幼稚产业"进行关税保护和政策扶持，只有当这些产业部门成熟起来之后，能够在国际上具备足够的竞争力时，才可以开放市场参与全球范围内的竞争。

李斯特的学说后来传播到美国，对美国19世纪末和20世纪初的贸易政策影响深远。结合李斯特的经济学说看经济全球化，我们可以看到两点：第一，虽然李斯特时代并没有明确提出"反全球化"这一概念，但在实际操作中通过贸易壁垒及各项政策的设立确实起到了反对英国当时推行的经济全球化政策的作用，所以称其为反全球化运动的理论渊源，当不为过。而事实上，在当代的反全球化运动中，落后国家对全球化的批评和反对，很大程度上正是因为全球化损害了本国的产业，恶化了本国工人的地位。第二，李斯特明确提出了经济学是服务于一国国民的，这就把民族国家的利益在经济全球化的背景下凸显了出来，在李斯特看来，为了德意志民族国家的利益，必须要进行贸易保护，反对经济全球化，这其实为后来在历次经济全球化过程中反复出现的"全球化"和"民族国家"这两个概念之间的矛盾关系做了一定的铺垫。而我们也看到，在此轮逆经济全球化过程中，"民族国家"又作为一个突出角色对逆经济全球化的出现起到了关键作用。

3.2.3 反经济全球化运动的原因、性质及特点

反经济全球化运动的动力各种各样，其背后的原因也有多种。总体来

---

① 弗里德里希·李斯特. 政治经济学的国民体系 [M]. 陈万煦，译. 北京：商务印书馆，1961：308.

看，反全球经济化运动的主要动力来自那些在全球化过程中利益受到损害的群体，相比较而言，这些群体在经济全球化未波及自身时境况会更好，而这部分群体利益受损的原因，又可简单归为两种情况。

第一种情况，经济发展和生产力提升的客观要求使得必定会有一部分群体作为落后生产力的代表被更高效的生产方式所取代，这种情况下的经济全球化并未阻碍生产力在全球的普遍发展，所以反全球化运动未必一定代表着未来历史的进步方向。例如，在经济全球化过程中，随着"外来"更高生产力的引进，"本地"的落后生产力必定会受到冲击并且在竞争中处于劣势，此时，"本土"利益受损群体对经济全球化的反对就并非完全有积极意义。又如，发达国家因为落后国家更为廉价的劳动力成本和环境成本而将产业转移到国外，这样势必会损害本国工人的利益，但是，这种情形不过是在世界范围内的生产力水平平均化过程中，原本独享技术垄断的群体福利减少了而已，对于生产力的发展并没有多大的阻碍作用，所以这样的反全球化运动并不决定未来经济全球化的历史走向。

第二种情况，由于受某种理念指导所展开的经济全球化，使经济全球化的展开过程对生产力的发展意义并不是很明显，比较显著的反而是通过经济全球化使既定利益结构得到重新的再分配，而这种有倾向性的再分配已经损害到生产力的进一步发展。例如，在新自由主义理念主导下的经济全球化，使发达国家本国的富裕阶层愈加富裕，贫穷阶层愈加贫穷，同时，在世界范围内也使发达国家日益富裕，落后国家日益贫困，即两极分化在国内和国际范围内都得到了加重，进而对社会再生产起到了消极作用，不利于经济体健康可持续地发展，这种情况下的反全球化运动对未来的经济全球化起到了向正确的方向引导的作用，所以对未来的历史发展趋势有着积极的借鉴和启发意义。

下面从三个方面具体分析反全球化运动的原因、性质及特点。

1. 经济全球化过程中的贫富差距问题

经济全球化过程中的贫富差距问题可以分为两类：一是随着经济全球化的深化一国内部贫富差距的变动情况；二是随着经济全球化的展开富国与穷国之间的差距演变情况。斯蒂格利茨（Joseph Stiglitz，2017）认为，

第3章
第一次经济全球化的兴衰及反经济全球化运动

在过去30年里，不仅美国国内的贫富分化加剧了，模仿美国的那些国家贫富分化也都加剧了，这是一种伴随着经济全球化的典型特征。按被广泛采用的衡量收入不平等的基尼系数来测度，在过去25年里，基尼系数在德国、英国、加拿大、意大利和日本分别增加了22%、13%、13%、8%和6.4%，而最富裕1%群体的收入所占比例的扩大已经成为一个普遍的趋势（见图3-1）。

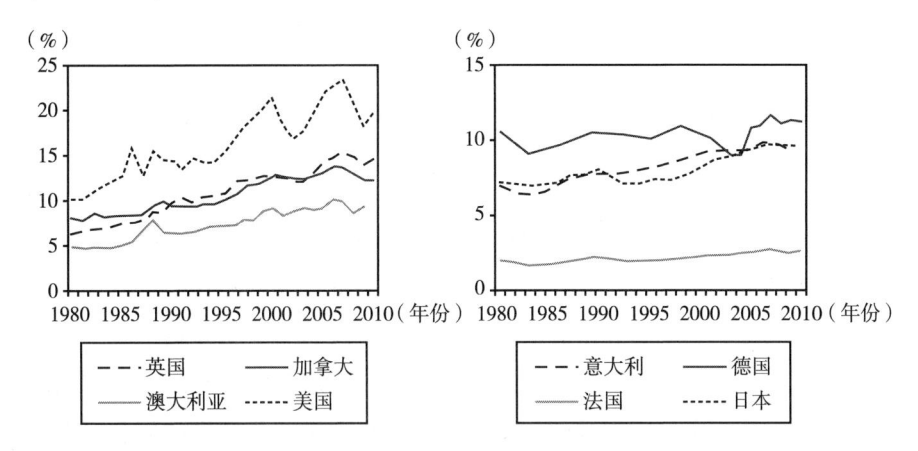

图3-1 主要工业国最富有的1%人群收入所占比例

资料来源：斯蒂格利茨. 不平等与经济增长［J］. 周建军，张晔，译. 经济社会体制比较，2017（1）.

贫富差距的分化不仅表现在各国国内，也表现在国际上，尤其是南方国家与北方国家之间。在斯蒂格利茨看来，国际机构在向发展中国家提供国际援助时，往往会附加一些非经济性质的约束条款，而"即使在发展中国家已为发达国家产品打开了市场之门后，贸易协议仍然能为北方国家限制发展中国家的产品输出设置障碍留出空间。在乌拉圭回合贸易谈判的过程中，不仅利益不合比例地偏向了富人，而且在世界最贫穷的地区如撒哈拉非洲，因此导致更加贫困化"①。更进一步地，由于知识产权的保护，昂贵的医药价格使第三世界的广大人民面临着更为普遍性的死亡威胁，经济全球化并没有使这些国家和地区的这些问题得以解决，相反，使情形更不

---

① 斯蒂格利茨. 对全球化的抗议及金融援助的内幕——抗议全球化的目的是推动国际金融机构的变革［J］. 陈卫东，译. 国际金融研究，2002（1）.

利于贫穷落后的国家和地区。

关于全球范围内贫富差距加剧的原因,有众多的理论解释。托马斯·皮凯蒂(Thomas Piketty)将其归因于资本相对劳动收益率更高的缘故。在皮凯蒂看来,正是因为资本具有累积性的复利收益特征,使资本收益的"雪球"越滚越大,相对而言,劳动收益的积累性更弱,这就使全球范围内的经济生产总值中劳动者收益相对资本所占份额越来越小,从而表现为几乎各个国家内的贫富差距都拉大了。

2. 经济全球化过程中"本土"和"外来"利益关系的问题

经济全球化之所以会面临"本土"和"外来"利益关系的问题,是因为在全球化过程中,各种要素和各种商品之间的流动是非均等的。一般来说,资本的流动性最强,可以在全球范围内实现快速的转移;技术、商品的流动性次之;劳动力和服务的流动性则相对最弱。这就导致了一个必然的结果:资本要素的所有者可以最优化地享有全球范围内对资本最有利的国家和地区,而劳动力要素的所有者则不能享有全球化带来的便利。简而言之,资本可以自由流动,但是劳动力不能;市场是全球化的,但生产则是本地化的。美国马克思主义经济学家大卫·哈维(David Harvey)称之为资本主义生产的"空间悖论"。资本跨地理的流动并没有真正消除地理的界限,由此就导致了在经济全球化过程中"本土"和"外来"之间存在着长期的永久性冲突。

"本土"和"外来"利益关系的另一个问题表现在全球化和民主选择之间会面临矛盾性冲突。丹尼·罗德里克(Dani Rodrik, 2011)认为,超级全球化和民主选择之间的矛盾至少有以下几个方面:劳工标准、企业税赋的竞争、健康和安全标准、"监管剥夺"以及发展中国家的工业政策。[①]在罗德里克看来,经济全球化虽然在世界范围内展开,但是并没有有效的世界性民主制度能够与这样的经济发展相匹配,一国内的经济—政治结构是不同的,所以,当经济全球化的要求使国与国之间的劳工标准、企业税

---

① 罗德里克. 全球化的悖论 [M]. 廖丽华,译. 北京:中国人民大学出版社,2011:159-166.

赋、健康和安全标准趋于一致时,各国的民主制度会选择对这种趋同进行抵抗,同时,跨国公司会对所在国给其利润带来影响的监管制度实施一定的法律压力,这种"外来"的力量同样会削弱"本土"国家的监管能力,而只要融入经济全球化秩序中,发展中国家的工业政策也经常会受到"外来"国际机构的制约,这同样也表现为"本土"和"外来"两者之间的冲突。

3. 经济全球化过程中的环境问题

经济全球化过程中的环境问题也是导致反全球化运动兴起的一个重要因素,在很多次的反全球化运动中,都有国际环保主义者参与的身影。环保主义者认为,经济全球化带来了全球范围内的生态灾难,因为经济全球化是以现代工业生产为主体的全球化,发达国家在工业化早期走过的对生态严重破坏、对环境严重污染的路径,如果不加以有效的管控和引导,很容易将这些"环境弊病"扩散到后发国家,而在现实的经济全球化过程中,发达国家往往会利用自身的优势,将高污染、高环境成本的产业转移到落后国家,所以面临着能源枯竭、土壤污染、废气大量排放的现实,环保主义者们举起了反全球化的大旗。

而与此同时,国际机构也对全球生态环境日益恶化的问题做出了反应。例如,早在1972年,联合国第一次人类环境会议在瑞典首都斯德哥尔摩召开,通过了《人类环境宣言》,成立了联合国环境规划署,制订了《环境行动计划》。[①] 又如,2015年《联合国气候变化框架公约》的各主要缔约方在巴黎气候大会上达成了《巴黎协定》,达成了广泛的政治共识,被视为多边主义的重要外交成果以及未来国际气候治理的路线图。[②] 不过,近年来,随着美国特朗普政府的上台,作为《巴黎协定》的重要参与国,美国选择了退出协定,这为环境问题的国际合作又蒙上了一层不确定的阴影,而环境问题作为反全球化运动的主要原因之一,在未来的逆经济全球化过程中所扮演的角色可能会越来越重要。

---

① 郇庆治. 重聚可持续发展的全球共识——纪念里约峰会20周年 [J]. 鄱阳湖学刊,2012 (3).

② 董亮. 逆全球化事件对巴黎气候进程的影响 [J]. 阅江学刊,2018 (1).

3.2.4 反经济全球化运动的影响及启示

反经济全球化运动作为经济全球化的对立面，似乎对经济全球化进程有着完全的消极意义。辩证地看，反经济全球化运动并非只有负面的作用，它对经济全球化的影响至少有两个方面：其一，起到了对经济全球化的阻碍作用。一些国家和地区的群体，由于在经济全球化的过程中利益受到损失，就将其中原因不加详究地一味归结为经济全球化，而没有看到经济全球化在普遍意义上来说塑造了一个对世界各国都更为有利的经济贸易合作机制，没有看到全球化造福全球的一面，更没有看到全球化在提升全球生产力、促进技术进步等方面的积极作用，这种反全球化运动并没有对全球化提出更好的解决方案，因为解决这类问题的途径通常是在本国国内，在全球范围内无法达成一个援助或补偿的机制，这也是前面提到的超级全球化和民主制度之间矛盾的一个体现。解决这类问题，只能通过国内的再分配机制和制度调整，不应把这类问题的原因归结为经济全球化并进而对其进行大张旗鼓地反对。其二，起到了对经济全球化的反思和改进作用。国际上的贫富差距问题、全球的环境问题，这些都确实是因为经济全球化才产生的，也能够通过各国的协商合作得到解决。这些问题的出现，有助于我们思考如何去构建一个更合理、更公平、更能持续发展的经济全球化，也有助于我们对当前的经济全球化陷入失灵的地方进行积极的改进。那么，如何构建一个更好的经济全球化呢？或者说，反全球化运动对我们进一步推进经济全球化有哪些启示呢？本书认为至少有以下三个方面。

首先，要处理好国与国之间贫富差距拉大、发展不平等的问题。阿马蒂亚·森（Amartya Sen）认为，"不平等"是全球化的核心问题之一，同时，森又认为，全球化导致的不平等不仅有经济利益分配方面的不平等，也有安全方面的不平等，而这些不平等虽然是在经济领域产生的，但是可以通过非经济领域的国际合作得以解决。因此，在森看来，要处理好国与国之间的贫富分化及发展不平等等问题，关键是要在经济全球化的基础上完善一套非市场的制度安排，并强化国际机构如联合国、世界贸易组织、世界银行、国际货币基金组织等的作用。另外，在穷国要不要继续参与全球化的问题上，森通过一个博弈模型认为，全球化固然带来了国际上的不平等，但对穷国而言，加入全球化的结果比不加入全球化时还是要更好，所以穷国没有必要因为国际不平等的问题而激烈地反对经济全球化。① 而一些左翼学者则认为，当前国际上贫富差距的拉大，是资本主义发展到新阶段的表现。哈特（Michael Hardt）和奈格里（Anotonio Negri）认为，虽然我们所知道的帝国主义可能已经不复存在了②，但帝国却依然存在并逐渐壮大，成了一种新的超国家的主权形式，而如今的帝国也是全球化时代的新政治秩序。帝国的主要特征，是正在创造一种独立于民族国家之外的去中心化、网络型的新主权，资本、技术、劳动力、商品的跨国流动使民族国家对这些经济要素的控制力越来越弱，帝国的出现宣告民族国家已经过时，新的世界政治秩序正在来临，而在帝国的内部则是金字塔形的结构，帝国内部国与国之间、地区与地区之间必然会存在着永久性的贫富差距，或者换句话说，只要帝国这种政治秩序存在，国与国之间发展不平等的问题就不会得到根本解决。因此，哈特和奈格里认为，只有在全球范围内创造出新的民主形式和新的政治力量，才能颠覆帝国的统治，从而在根本上解决问题，而这一新的历史使命，要由"诸众"来承担。③ 也正是在这个意义上，哈特和奈格里撰写的《帝国》一书才被有些学者称为"21世纪的《共产党宣言》"。这些观点对我们构建新的经济全球化以及思考当代资本主义的新特征，都有着深刻的启发性意义。

其次，要处理好"本土"和"外来"利益关系的问题。如前所述，全球化的推进必定会带来"本土""外来"两者之间的冲突，不过更多的情况下，这种冲突是国内政策失衡的结果，因此可以通过国内政治政策的调整来消除这些冲突对全球化造成的负面影响。例如，此次逆经济全球化浪潮中，美国特朗普政府是主要的引导者和参与者，但是我们看到，自20世

---

① 潘建伟，王艳萍. 全球化、不平等与制度改革——评阿马蒂亚·森的全球化观点［J］. 当代经济研究，2009（7）：11-14.
② 当然，也有学者（如大卫·哈维）认为帝国主义如今依然在霸权国家如美国存在着.
③ 周穗明.《帝国》：全球化时代的无政府主义思潮与战略［J］. 国外社会科学，2007（1）：75-82.

纪 70 年代以来，美国通过其技术垄断、货币霸权以及军事威胁等多方面的竞争优势，得以长期占据全球价值链的高端，获得利润最大份额，也就是说，美国正是经济全球化的受益者，所以按照正常的逻辑，美国没有反对这种对其自身有利的全球经济秩序。不过，虽然美国总体国民的收入在提高，但是国内的收入差距却在越大，即分配政策越来越偏向了少数垄断资本集团（尤其是金融部门），这就导致利益得不到合理补偿的群体难免对全球化产生不满情绪，进而激烈地反对全球化，并通过政治选票的方式把与自己观点一致的政客选上执政台。而这其实也给了我们一个侧面的教训："本土"和"外来"利益关系的问题，可能更需国内政策的配合和调整，而不是一味地反全球化，如果国内政策不能照顾那些在经济全球化过程中利益受损的群体，那么就极易出现因国内政策失效而把问题的原因归结为经济全球化的反全球化运动，进而阻碍全球化的健康发展和持续推进。

最后，要处理好全球生态环境面临的问题。这方面的问题，更需要通过进一步地开展全球合作、全球协商来解决，而不是故步自封，一味地试图通过反对全球化来缓解生态环境面临的问题，换句话说：生态环境问题的解决，也必将是"全球化"地解决。从世界范围来看，各国之间的生态约束和环境问题存在着明显的不同，同时各国对发展的要求和发展的方式也各有不同，但是，不论发展问题可以多么的"国内化"，生态环境的问题却是越来越"国际化"的。例如，大气污染是没有国界的，流经多个国家的国际河流也是超越国界的，而核污染的传播则可以通过洋流影响到邻国和近国。因此，要回应国际环保主义者提出的问题，不仅要反思和改进生产方式和生产的地域布局，更应该强化国际之间的合作，以共同的力量来面对、解决生态环境所面临的问题，进一步将这些要求以制度化的形式体现出来，并尽可能地建立起刚性的约束机制。只有这样，才能避免个别国家为了自身的利益采取某种机会主义式的策略；也只有这样，才能更有效地解决全球面临的环境和生态问题。

第4章

经济全球化与逆经济全球化的政治经济学分析

经济全球化在马克思的经典著作中虽然没有明确地提出来，但却在马克思整个理论"大厦"构想中处于非常重要的地位，马克思的世界历史理论和世界市场理论都包含着经济全球化的思想，也正是在此基础上，此后的马克思主义者结合自己所处的时代以及所面临的新问题，继承和发展了马克思的分析范式，将马克思主义政治经济学对经济全球化的分析不断推进到新的高度。

马克思主义经济学者对经济全球化与逆经济全球化的分析，除了最早的马克思、恩格斯的世界市场和世界历史理论，后来有霍布斯、希法亭和列宁的帝国主义论以及大卫·哈维新帝国主义论，之后又有伊曼纽尔（Arghiri Emanuel）的不平等交换理论、劳尔·普雷维什（Raul Prebisch）的中心—外围结构理论、特奥托尼奥·多斯桑托斯（Theotonio Dossantos）的依附理论和伊曼纽尔·沃勒斯坦世界体系理论等。

在马克思主义政治经济学看来，经济全球化是生产力在世界范围内取得进步的必然趋势。但现实地看，资本主义所主导的经济全球化过程是在一个非平等的结构中展开的，由于这一结构中各方利益暂时无法调和而出现逆经济全球化现象不可避免。经济全球化涉及的主体主要包括跨国资本、主权国家和本国工人，这三者构成了经济全球化的"不可能三角"，而经济全球化和逆全球化也正是在这三者的利益博弈下呈现出进退往复的现象。

4.1 马克思主义经济学关于经济全球化的理论

4.1.1 马克思主义世界市场理论

马克思主义政治经济学关于经济全球化的理论，包括马克思恩格斯的经济全球化理论以及马克思恩格斯之后的马克思主义继承者的经济全球化理论。

马克思恩格斯并没有专门提出"经济全球化"这一术语并以之为对象进行分析，但这并不意味着马克思恩格斯没有提出经济全球化理论，马克思恩格斯对经济全球化的分析和论述散见于《共产党宣言》《德意志意识形态》《资本论》《政治经济学批判手稿》《剩余价值理论》《不列颠在印度的统治》《关于自由贸易问题的演说》《保护关税制度和自由贸易》等文献中，这足以表明，"全球化问题无疑是马克思主义理论的一个中心议题"①。马克思、恩格斯的经济全球化理论主要体现在其世界市场理论和世界历史理论中。

马克思、恩格斯之后的马克思主义继承者的经济全球化理论主要体现在帝国主义—新帝国主义理论、中心—外围理论、依附理论、不平等交换理论和世界体系理论等几个方面。这些理论从整体上构成了马克思主义经济全球化理论的一部分，为马克思主义经济全球化理论建构起了基本的核心命题。

4.1.2 世界市场理论

伊藤诚和阿里夫·德里克等认为，马克思、恩格斯在《共产党宣言》中最早考察了经济全球化问题，虽然在术语上并未使用"经济全球化"一

---

① 张宇. 马克思主义的全球化理论及其从经典到现代的发展[J]. 政治经济学评论，2004（3）：1-26.

词，但是其世界市场理论已经在内容上对经济全球化做出了分析。马克思在《〈政治经济学批判〉序言》中曾提出过一个有次序的"六册写作计划"，在这个写作计划中，马克思明确地把"世界市场"作为六册中的一册放在最后，作为收尾性质的研究对象。由此可以看出：第一，马克思对"世界市场"问题有足够的重视；第二，"世界市场"理论在马克思的写作计划中具有总结性质的意义。因此，可以毫不夸张地说，"全球化问题无疑是马克思主义理论的一个中心议题"①。

综合梳理马克思、恩格斯关于"世界市场"的论述，对我们认识经济全球化和逆经济全球化有极大的理论指导意义。本书认为，马克思、恩格斯关于"世界市场"的理论主要有以下三方面的内容。

第一，"世界市场"是资本对利润无限追逐的空间表现之一。逐利是资本与生俱来的本性，对利润的追逐使资本试图不断地压低生产成本，寻找更为廉价的劳动力和原材料。同时，资本需要不断地循环和周转才能保证自身的不断积累，循环或周转一旦停滞，资本积累本身就会随之陷入危机，而为了保证资本循环的不间断，社会再生产必须能顺利展开，社会再生产的顺利展开在一国之内通常是难以实现的，因为生产效率的提高要求必须有更广阔的市场来消化大量的生产，因此，"不断扩大产品销路的需要，驱使资产阶级奔走于全球各地。它必须到处落户，到处开发，到处建立联系"。② 世界范围内的市场也由此而逐渐形成。资本主义生产建立在社会化大生产的基础之上，资本主义生产离开了对外贸易、离开了市场由国内向国外的拓展是根本不行的。一方面，生产所需要的原材料和廉价劳动力需要从国外取得；另一方面，源源不断生产出的商品也需要新的销路和市场来消化，离开世界市场，资本积累很快就会陷入困境。

可以说，世界市场的形成和经济全球化的发展，是资本克服内在矛盾的一种途径。正是通过向世界范围内"输出"资本主义的生产方式，资本

---

① 张宇. 马克思主义的全球化理论及其从经典到现代的发展 [J]. 政治经济学评论，2004 (3)：1-26.
② 马克思恩格斯文集（第二卷）[M]. 中共中央马克思恩格斯列宁斯大林著作编译局编译. 北京：人民出版社，2009：35.

主义才得以不断地克服利润导致的危机,从而得以不断地延续自己的寿命。我们也看到,这种经济全球化背后有着"资本"这一明确的主导因素和推动力量,而在这样一种推动力量下所建立起来的全球化秩序,也一定会在相当大程度上服务于资本的利益和诉求。也正是在这层意义上,我们说资本主义的经济全球化就人类历史发展的进程看有其历史进步意义,但也存在着无法从内部克服的局限,当生产力的发展要求更高层次的生产关系出现与之适应时,旧的秩序和规则就会陷入失灵的状态,这时候就需要考虑如何建立和完善新的经济全球化秩序。

第二,世界市场使各个生产要素得到了充分流动和有效利用,是社会生产力发展的必然要求和体现。世界市场的形成,不仅有资本在全球范围内谋求利润的一面,也有生产要素在世界范围内配置的一面,也就是说,按照马克思主义政治经济学的分析逻辑,任何生产力或生产关系都不是孤立地存在的,而必须借助对方来得到表达。世界市场的发展,对落后国家而言,是一个逐渐融入资本主义世界体系中的过程,也是一个本国原材料、劳动力和资本在世界范围内流动的过程,这就对落后国家的经济发展起到了一定的促进作用,虽然落后国家在这个体系中仍然摆脱不了被发达国家剥削的地位,但相比孤立封闭的状态而言,仍是有所进步和发展的。也正是在这个意义上,阿马蒂亚森才认为,虽然经济全球化并没有缩小富国和穷国之间的差距,但穷国仍有理由要融入和维持这样一种全球化的过程。

马克思、恩格斯也说过,"只有市场发展为世界市场,才使货币发展为世界货币,抽象劳动发展为社会劳动"①。世界市场的建立,使商品的价值有了国际价值的表现形式,国际价值不再取决于单个国家的社会必要劳动时间,而是取决于世界各国社会必要劳动时间的平均单位,价值规律在世界市场上得到体现,各国的生产要素在世界市场上得到配置,打破了生产和要素流动的地域界限,使社会生产力能够得到更为充分的发展。所以,世界市场的形成既是资本主义发展的必然要求,也是资本主义发展的

---

① 马克思恩格斯全集(第二十六卷第三册)[M]. 中共中央马克思恩格斯列宁斯大林著作编译局编译. 北京:人民出版社,1974:278.

必然产物，同时，也将资本主义这一生产方式的历史使命置于最后的阶段，也正是因此，马克思、恩格斯才提出推翻资产阶级的无产阶级革命只能是世界性的①，无产阶级只有在全世界范围内联合起来，才能取得最终的胜利。显然，在这里，世界市场是无产阶级赢得最终胜利的基础。

第三，世界市场的形成，不可避免地带来了国际上的不平等交换和依附关系。"两个国家可以根据利润规律进行交换，两国都获利，但一国总是吃亏……一国可以不断攫取另一国的一部分剩余劳动而在交换中不付任何代价"。② 随着国际价值转化为国际价格，资本家之间的竞争规律在世界范围内得到体现，生产同等数量的同一生产价格的商品，技术水平高的国家耗费的劳动时间要低于技术水平低的国家，这样就有了国际上的不平等交换现象。最典型的如发展中国家和发达国家的同工不同酬现象，同样的劳动强度和劳动内容，在发达国家获得的报酬要远远大于落后国家，其中的逻辑在于，发达国家通过技术优势使生产同样产品的社会必要劳动时间要远远低于落后国家，所以同等价格的商品发达国家所获得的利润要远高于落后国家，这样就可以提高本国范围内的要素价格，形成了国际上的不平等交换关系。

同时，世界市场的形成还带来了外围国家和边缘国家对中心国家的依附关系。马克思、恩格斯最早在《共产党宣言》中精准地判断并预言道："资产阶级……使未开化和半开化的国家从属于文明的国家，使农民的民族从属于资产阶级的民族，使东方从属于西方。"③ 随着二战后国际经济秩序的建立，世界市场得到深化，发达国家通过金融贷款、政策引导、技术垄断等各种方式使后发国家的发展在很大程度上体现了发达国家的意愿和需要。例如，依照发达国家指导和帮助的后发国家，产业部门大多都不健全，产业结构也多表现为发达国家产业在国际间转移的结果，这就使后发国家越发展，对发达国家的依附程度越深。这种国际上的依附关系在后来

---

① 当然，马克思后来的看法也随着形势的发展而有所调整，认为无产阶级革命可以先在落后国家实现，即存在跨越"卡夫丁峡谷"的可能.
② 马克思恩格斯全集（第四十六卷下册）[M]. 中共中央马克思恩格斯列宁斯大林著作编译局编译. 北京：人民出版社，1980：401-402.
③ 马克思恩格斯文集（第二卷）[M]. 中共中央马克思恩格斯列宁斯大林著作编译局编译. 北京：人民出版社，2009：36.

的依附论中得到了更为深入的阐述。

4.1.3 世界历史理论

世界历史理论的早期主要阐述者是黑格尔。黑格尔认为,绝对精神是世界历史的基础和本质,而绝对精神在历史中则表现为"自由意识","自由意识"的进展要求征服一切形式上偶然的"意志",因此也就决定了各个国家和民族不论其历史和现状如何,都必然会走向世界历史的道路。①显然,黑格尔的世界历史理论建基于其客观唯心主义辩证法之上,因而不免带有浓厚的唯心主义色彩。

马克思、恩格斯的世界历史理论是在黑格尔基础上的扬弃,在马克思、恩格斯看来,世界各个国家和民族走向世界历史的道路是必然的,但是其原因和动力机制却不在于抽象的"绝对精神"开拓的"自由意识",而是生产力不断提高和生产社会化不断深化所导致的必然结果。

马克思、恩格斯的世界历史理论包含以下三方面内容。

首先,世界历史形成的根本原因在于物质生产实践,在于生产力的不断发展以及与之相适应的交往关系的不断发展。生产力的发展使分工从形式上不断丰富、从内容上不断细化,分工的细化和深化使人们之间的交换和交往也不断得到发展。"交往和交换的扩大,使商业贸易普遍繁荣起来;商业贸易的繁荣发展必然要求冲破国内市场走向世界市场;世界市场的出现,使各个国家、民族都卷入普遍竞争,而普遍竞争既促进了大工业的发展,又使各个国家、民族的依赖程度大大加强,由此产生了世界历史"。②在马克思、恩格斯看来,推动历史发展的源动力来自人类的实践活动,而当生产尚处于局部和区域状态时,人类的历史表现为各个民族和各个国家的民族史、国别史,一国一民族的历史可能和其他国家和民族没有任何关系,而当生产的社会化发展到世界范围之后,人类的生产活动也变得全

---

① 关立新,王博,郑磊.马克思"世界历史"理论与经济全球化指向[M].北京:中央编译出版社,2013:112.

② 关立新,王博,郑磊.马克思"世界历史"理论与经济全球化指向[M].北京:中央编译出版社,2013:120.

化了，各个国家的历史不再是一个一个的孤立存在，而是相互影响相互依存，越来越表现为"世界历史"。

其次，世界历史的形成和资本主义的发展紧密结合在一起。世界历史的形成表现为在资本的推动下社会生产力和资本主义生产关系在世界范围内的不断扩张，因此，资本对剩余价值和利润的无限追逐是世界历史发展的内在驱动力，而资产阶级则在世界历史开创中起了主体作用。对于资本的内驱力作用，马克思说："资本一方面要力求摧毁交往即交换的一切地方限制，征服整个地球作为它的市场，另一方面它又力求用时间去消灭空间，就是说，把商品从一个地方转移到另一个地方所花费的时间缩减到最低限度。"① 可见，充当世界历史驱动力角色的是资本，在世界历史的形成中，资本具有主导性作用。以往各种形式的超越地域性的交往的形成，主要借助军事和武力手段，但这些古代的大大小小的"帝国"都没有最终将世界纳入自身的体系，而只有到了资本主义时代，通过资本这一力量，世界才真正更广泛地进入同一个体系中，因此可以看出，"资本"作为世界历史形成的驱动力是实实在在的，也正是在这个意义上，一些左翼学者才称目前的世界政治秩序正在形成新的超越民族国家之上的"帝国"。对于资产阶级的主体作用，马克思则说："资产阶级历史时期负有为新世界创造物质基础的使命：一方面要造成以全人类互相依赖为基础的普遍交往，以及进行这种交往的工具；另一方面要发展人的生产力，把物质生产变成对自然力的科学统治。"② 因此，世界历史的形成过程中，资产阶级起到了关键性作用，尤其是世界范围内的资本流动、市场建立、贸易往来……基本上都是在资产阶级的主导下展开的，虽然其目的是追逐超额利润，但是客观上确实起到了推动世界历史进步的效果，为新的生产关系的建立奠定了物质基础。因此，马克思才称他们"负有为新世界创造物质基础的使命"。

最后，世界历史的真正实现是通过共产主义和人类个体的解放达到的。马克思、恩格斯从与资本主义紧密联系的世界历史中看到了另一新的社会形态的诞生，资本主义所推动的世界历史的形成的确有无限攫取剩余

---

① 马克思恩格斯全集（第三十卷）[M]. 北京：人民出版社，1995：538.
② 马克思恩格斯选集（第一卷）[M]. 北京：人民出版社，1995：773.

价值的资本本性，但从辩证法的角度看，这样的结果也成了推动历史发展的不自觉的工具。资本主义生产关系全球范围内的拓展也使资本主义的基本矛盾向世界各地延伸，所以我们也看到，虽然资产阶级起了开拓世界历史的主体作用，但是这种开拓的结果是使无产阶级也在世界范围内成长和壮大起来，而无产阶级队伍的"全球化"使世界范围内工人阶级的联合成了可能，因此，当资本主义制度随着世界历史的逐步深化发展到束缚和阻碍生产力发展的阶段时，资本主义制度的终结也就日渐临近，而也只有在更高级的社会形态——共产主义社会实现之后，世界历史才能够进一步得到更加充分的展开，人类个体的解放也会真正达到。

世界历史既然是建基在生产社会化不断深入的基础上，那么当世界市场的建立完善达到一定程度之后，资本的利润要求和地域性存在就会成为生产力进一步发展和生产社会化进一步深化的桎梏，这个时候就需要有新的生产关系和社会形态出现来进一步推动社会生产力的发展，也只有这个时候世界历史才能最终真正得到实现。正如马克思所说的："只有在伟大的社会革命支配了资产阶级时代的成果，支配了世界市场和现代生产力，并且使这一切都服从于最先进的民族的共同监督的时候，人类的进步才会不再像可怕的异教神怪那样，只有用被杀害者的头颅做酒杯才能喝下甜美的酒浆。"① 显然，马克思认为，资本主义经济全球化和世界历史的发展前景即是共产主义的实现和人类的解放。

4.1.4 帝国主义理论及新帝国主义理论

1. 帝国主义理论

霍布森（Hobson）是较早研究帝国主义经济和政治理论的思想家之一。1902 年，霍布森在《帝国主义论》中论述了其主要观点，霍布森的主要贡献和意义在于将帝国主义的经济特征凸显了出来，指出了帝国主义扩张的经济根源。在霍布森看来，帝国主义之所以要不断向外扩张是因为"消费不足"，而消费不足则是普遍垄断的出现导致的，其逻辑大概如下：

---

① 马克思恩格斯选集（第一卷）[M]．北京：人民出版社，1995：773．

普遍垄断导致大部分利润流入少数人手中，而这部分利润又通过储蓄转化为投资，但普遍垄断又使国内的投资机会减少，于是大量的储蓄带来消费的不足，这就导致了一方面是资本过剩，另一方面是消费不足的局面，为了解决这一困境，向国外输出资本是一条一举两得的途径，这就导致了各资本主义国家在19世纪至20世纪初这一时期都有向海外积极投资的动力，而进一步地，这种资本输出使各国在海外出现了领土兼并和压力，因此，必须以政治手段保护本国的投资以及开拓新的投资，这就更加剧了帝国主义国家之间的冲突。

希法亭（Hilferding）通过对金融资本的分析，将对帝国主义的研究推进到一个新的层面。学界的普遍看法是，希法亭是将帝国主义研究引入马克思主义分析框架中最早的学者之一。希法亭认为，在传统的自由竞争阶段的资本主义，资本被划分为产业资本、商业资本和银行资本，但是金融资本兴起之后，产业资本和银行资本越来越融为一体，商业资本的地位则变得越来越次要。在希法亭看来，金融资本是帝国主义的核心特征，"金融资本把社会生产的支配权越来越集中到少数最大的资本集团手中，生产的经营权同所有权相分离，生产社会化达到资本主义范围内所能达到的界限"[①]。也正是在这一认定的基础上，希法亭对无产阶级革命报以更为乐观的态度，因为金融资本越集中，越是将社会的主要产业部门控制在自己的权力之下，那么对无产阶级而言，只要通过革命取得国家的领导权，并进一步地占有金融资本，也就取得了对全社会关键部门的支配权，所以在这种情况下，即便其他部门的社会化程度较低，无产阶级也可以实现对社会的有效控制。同时，金融资本在组织上的成熟也为无产阶级政治上的过渡创造了条件。

列宁在霍布森和希法亭研究的基础上，结合资本主义从自由竞争过渡到垄断的新变化，发展完善了帝国主义理论。列宁的帝国主义理论继承了马克思、恩格斯分析资本主义的基本方法，并将其运用到国际经济关系领域，进一步拓展了马克思主义经济全球化理论。

---

① 希法亭. 金融资本——资本主义最新发展的研究 [M]. 福民等，译. 北京：商务印书馆，1994：429.

在《帝国主义是资本主义的最高阶段》中，列宁指出，垄断是帝国主义区别于自由竞争资本主义的主要特征，垄断资本为了获得超额利润，必然会通过全球扩张对落后国家进行资本输出，同时，资本的输出又带来国际间垄断的形成，各个资本主义国家为了争夺国际市场而瓜分世界，并通过各种手段对殖民地国家进行剥削和压迫，这样一来，帝国主义就成了一个从宗主国到殖民地、从金融资本到产业资本等各个方面结构严密的剥削体系，这种剥削体系一方面使经济全球化更加深化、国与国之间的经济依赖关系越来越紧密，另一方面也使落后国家所受的压迫和剥削日益严重，最终将导致资本主义体系的总危机，"资本输出导致资本主义生产的国际化和资本主义生产关系向世界最远角落的延伸，而另一方面，权力集中到大的金融集团手中，财富流向寄生的食利者阶级"①。因此，列宁认为，帝国主义是腐朽的、寄生的和垂死的，并且由于资本主义发展的不平衡，帝国主义为社会主义在一国取得胜利创造了条件。

2. 大卫·哈维的"新帝国主义理论"

"帝国主义"这个术语随着二战后殖民地国家的纷纷独立以及大英帝国的衰落，在西方主流话语中也有日趋衰减之势，但自21世纪初以来却出现了一种颇值得思考的回归趋势，诚如约翰·B. 福斯特所言："在20世纪的大部分时间里，帝国主义这个概念被排斥在资本主义世界主流政治话语体系之外。如今这种情况突然改变了" "面对美利坚帝国的这种扩张企图，知识分子和政界名流不仅重新捡回帝国主义概念，也跟从19世纪初帝国主义的鼓吹者，倡导美国肩负起推广文明的伟大使命。"② 这种"重新发现帝国主义"的现象，其实不过是美国帝国主义行为在理论和思潮上的反映，而美国推行的帝国主义，虽然在本质上仍是一个世界性的剥削体系，但在形式和内容上已和列宁所处的殖民地时期的帝国主义有很大不同，因此大卫·哈维称其为"新帝国主义"。

---

① 布鲁厄. 马克思主义的帝国主义理论：一个批判性的考察［M］. 陆俊，译. 重庆：重庆出版社，2003：125.
② 约翰·B. 福斯特. 重新发现帝国主义［J］. 王淑梅，摘译. 国外理论动态，2004（1）：4-10.

哈维的新帝国主义论产生于20世纪70年代以来美国资本主义演化的事实。在哈维看来，70年代美元与黄金的脱钩进而美元逐渐成为世界贸易的主导货币具有重要的意义，正是美元的世界化使美国的金融化加剧，使美国在新一轮的经济全球化过程中取得了金融霸权的核心地位，并通过金融霸权与军事霸权的联手，向全世界推行有利于其自身的自由化、私有化和市场化，重新将拉丁美洲、东亚、东欧等一些国家纳入为其生产国际剩余价值的剥削体系中，成了名副其实的帝国主义国家。哈维通过用马克思主义的内在关系辩证法分析领土逻辑和资本逻辑之间存在的矛盾与张力，认为新帝国主义的"新"主要在于其"剥夺性积累"的核心特征。而剥夺性积累的根源则在于过度积累，或者说资本积累的过剩，过剩资本必须寻找新的吸收途径，于是，全球性统一规则市场的建立就成为其必要条件，在新自由主义政策的推动下，自由化、私有化和市场化浪潮席卷全世界，"自由贸易与开放资本市场已经成为发达资本主义国家中的垄断势力获取利益的主要手段"[1]。剥夺性积累通过私有化、商品化、金融化、危机的管理和操纵以及国家再分配四个方面达到其目的。但是，随着新帝国主义的深化，领土逻辑和资本逻辑之间的矛盾演化以及资本主义在空间地理上的不平衡发展会越来越激烈，"国外不受约束的发展限制了国际竞争，却堵住了进一步输出资本的机会，从而引发了由内部产生的价值丧失。于是，主要的帝国主义力量在'门户开放'（open door）、自由贸易与在封闭的帝国内部自给自足这些政策之间犹豫不决"[2]。哈维这些论断为我们认识当前逆经济全球化现象提供了重要的洞识。

4.1.5 不平等交换理论、中心—外围理论、依附论和世界体系理论

帝国主义论为我们认清资本主义发展的新现实提供了理论借鉴，在帝国主义论的基础上，后来的马克思主义者们又相继提出依附论、不平等交

---

[1] 田世锭. 戴维·哈维的新帝国主义理论探析［J］. 江海学刊，2010（4）：55-60.
[2] 大卫·哈维. 资本的限度［M］. 张寅，译. 北京：中信出版社，2017：664.

换理论、世界体系等理论，使马克思主义经济全球化理论更为丰富和充实。这些理论主要从落后国家和"外围国家"入手，分析资本主义经济全球化对这些国家造成的侵害和负面作用，并将后发国家的一系列发展困境放置于世界经济体系的结构当中考察，为揭示不发达国家的不发达问题和"中心国家"对"外围国家"的剥削问题提出了带有鲜明马克思主义色彩的分析。如果说主流的经济全球化理论展示了国际贸易、要素跨国流动为经济全球化的参与国带来的光明一面的话，这些理论则揭示出了由资本主导的经济全球化并不光明的一面。

不平等交换理论的代表人物是法国的马克思主义经济学家伊曼纽尔（Arghiri Emanuel）。伊曼纽尔论述不平等交换的主要思路是通过分析资本和劳动力这两种要素的不同特性得出的，而其主要分析对象是国际交换。在伊曼纽尔看来，资本和劳动力的一个典型不同在于资本是可以在全球范围内自由流动的，但是劳动力则不能，这就导致资本在世界各地的利润率会趋于一致，但是各国的劳动力价格却千差万别，或者说各国的工资率各不相同。工资率的不同导致欠发达国家生产同一种商品的价格会低于发达国家（或者说发达国家生产同一种商品的价格会高于欠发达国家），从而使同样的货币能够在欠发达国家购买到更多的劳动量，因此其国内的剩余价值转向发达国家，这样就产生了国际上的不平等交换。同时，伊曼纽尔也看到，仅仅由于资本的有机构成不同而产生的不平等交换，并不属于真正的不平等交换，因为即使在一国之内，不同部门不同地区之间也会出现这种情况，而人们通常接受这种等量资本获取等量利润的现实。[①]

事实上，不平等交换理论的核心涉及劳动力国际间转移的问题，因为很明显，一国之内各地的工资率也会有所不同，但是一国之内的劳动力相对国与国之间的劳动力是可以更加广泛地自由流动的，因此一国之内工资率的不同最终会反映为产业部门的不同以及区域禀赋的不同，而且国内即使存在不平等的交换也会通过再分配政策来弱化这种不平等，使区域之间

---

① 杨玉生. 不平等交换和国际剥削——伊曼纽尔不平等交换理论评述 [J]. 当代经济研究，2004（12）：17-22.

的剥削降到最低。但是，在国际上，劳动力的流动很困难，因此很难通过劳动力的自由流动来抹平工资率之间的不同，同时，国际上也不存在再分配制度，发达国家通过从欠发达国家转移更多的剩余价值可以有更多的资本积累，而资本积累又促进了本国技术的进步和市场的深化，资本的有机构成会进一步提高，发达国家和欠发达国家之间的差距会拉得更大。伊曼纽尔对此开出的药方是征收出口税或者实施进口替代工业化政策，但是，征收出口税明显会导致贸易保护主义的兴起，并不是一条良途，而进口替代工业化政策就成了欠发达国家的选择。不过现实地来看，进口替代工业化政策虽然在后发国家取得了一定经济成绩，但还不足以保证本国经济长期稳定的发展。

中心—外围理论最早由阿根廷经济学家劳尔·普雷维什（Raul Prebisch）提出，普雷维什提出这一概念本来是为了分析拉丁美洲经济存在的问题及困境，后来却成了一个广为传播的分析世界经济结构的理论。自普雷维什在 20 世纪 40 年代提出中心—外围理论之后，依附论、世界体系理论等都明显受到该理论的影响。中心—外围理论的核心主旨是将世界经济看作一个有结构、有层级、非均衡的运动体系，中心国家和外围国家不仅在生产结构和经济结构方面存在巨大的差异，而且两者之间存在着技术、贸易和经济剩余掠取等各方面的不平等，更为关键的是，中心和外围并非两个孤立的个体，而是存在整体性的动态关系，从属于同一个结构，这就导致外围国家几乎无法靠复制中心国家的模式取得成功。[①] 可以说，中心—外围理论在分析拉丁美洲国家经济问题产生的根源上还是比较有说服力的，这也是后来诸多学者不断追捧此理论的原因之一。

依附论在很大程度上借鉴了中心—外围理论的思想，不过，依附论更加强调在发达国家主导的资本主义经济体系下落后国家的发展困境：落后国家如果要取得发展，搞孤立主义是不大可能的，由于力量弱小经济发展程度低，只能靠加入这个体系中取得改善，但一旦加入其中，其

---

① 吕薇洲．"中心—外围"资本主义理论及其社会影响［J］．中共云南省委党校学报，2009（3）：124－127．

发展必定是带有依附性的，这就为其后来发展中的种种问题埋下了隐患。依附论的主要代表人物特奥托尼奥·多斯桑托斯（Theotonio Dossantos）认为，历史上曾经存在殖民地依附和工业—金融依附两种依附形式，而二战之后则出现了工业—技术依附第三种依附形式——工业—技术依附。在这种依附形式下，落后国家的工业发展严重受制于中心国家，一方面在技术方面受中心国家控制；另一方面自身的工业结构和生产结构也不得不受制于中心国家的需要而与本国的实际需要脱节，从而使外围国家与中心国家的差距越拉越大，陷入一种依附性发展。这种发展其实也就是弗兰克提出的"不发达的发展"。弗兰克认为，只要世界资本主义体系的中心—外围结构不改变，外围国家除了处于依附地位别无选择，而只有通过社会主义革命，外围国家才能真正从这样一种剥削结构中脱离出来。①

和依附论所展示的静态结构和宿命观点不同，世界体系理论赋予了资本主义世界经济体系以更多的灵活性和演化的可能，通过将"中心—外围"的二级结构扩展为"中心—半外围—外围"的三级结构，伊曼纽尔·沃勒斯坦认为，处于最底层的生产低利润、低技术的外围国家有可能上升为半外围国家，而处于中间层的兼具剥削与被剥削角色的半外围国家也有可能上升为中心国家，同样地，生产高利润、高附加值、高技术的中心国家也有可能在竞争中落入外围国家的行列。可以看出，"世界体系"理论使理论本身的解释力和包容力更加拓展了，能够很好地解释东亚国家的崛起以及其他一些地区和国家相对衰落的现实，从而弥补了依附论的不足。不过，世界体系理论虽然赋予了体系内部角色转换的灵活性，但并没有对体系本身的包容性给予过多的乐观，在沃勒斯坦看来，"资本主义世界经济体系最终将由于它彻底统治世界而失去其发展的空间，从而陷入全面的危机，而取代这一体系的将是一个新的世界体系，即社会主义世界体系政府"②。

---

① 逄锦聚，林岗，刘灿. 现代经济学大典（政治经济学分册）[M]. 北京：经济科学出版社，2016：208-211.
② 张宇. 马克思主义的全球化理论及其从经典到现代的发展 [J]. 政治经济学评论，2004（3）：1-26.

4.2 马克思主义经济学关于逆经济全球化发生机制的分析

马克思主义经济全球化理论为我们分析目前逆经济全球化现象提供了理论指导。与逆经济全球化相类似的现象，马克思在《关于自由贸易问题的演说》和《保护关税制度和自由贸易》等著作中已有涉及，在马克思看来，无论自由贸易也好，关税保护也好，其实都是本国资本追求自身利益最大化的一种手段，在资本主义发展的不同历史阶段都有其合理性，同样，无论经济全球化也好，逆经济全球化也好，背后所反映的一般规律依旧是资本面对不同环境和不同局势时所采取的保护自身的策略。如果将此一般规律置于当前的具体场景中考察，笔者认为此轮逆经济全球化的产生原因和运作机理至少有以下几个方面。

4.2.1 资本在国际范围内追逐超额利润的转换方式

诚如马克思在《关于自由贸易问题的演说》中所言："在现代的社会条件下，到底什么是自由贸易呢？这就是资本的自由。排除一些仍然阻碍着资本前进的民族障碍，只不过是让资本能充分地自由活动罢了。不管商品相互交换的条件如何有利，只要雇佣劳动和资本的关系继续存在，就永远会有剥削阶级和被剥削阶级存在。那些自由贸易的信徒认为，只要更有效地运用资本，就可以消除工业资本家和雇佣劳动者之间的对抗，他们这种妄想，真是令人莫解。恰恰相反，这只能使这两个阶级的对立更为显著。"[1] 可见，马克思不仅看到了现代资本主义制度下自由贸易的实质，更将资本和雇佣劳动之间的对立关系纳入这一实质中进行分析，这种洞见对我们理解经济全球化和逆经济全球化有着深刻的启示。

---

[1] 洪银兴. 马克思主义经济学经典精读·当代价值 [M]. 北京：高等教育出版社，2012：42.

马克思主义经济学对于经济全球化的分析，始终把对"资本"的分析放在中心地位。通过前面的分析我们也可以看到，无论是对世界市场的研究，还是对世界历史的研究，马克思都高度重视"资本"的作用和主导力量，进而在资本的矛盾运动中揭示出资本最终极限的各种可能。因此，对逆经济全球化的分析也要高度重视"资本"的因素，因为从根本上而言，经济全球化无非资本逻辑在空间上不断拓展的一个结果，或者说，资本用于实现自身不断增殖的手段，而并非某个因具有一定价值属性（如"和平""正义"等概念）而设定的必须要达到的目的或目标。因此，从这个意义上说，经济全球化具有工具性的一面，这种工具有使用的主体，当主体认为工具无法满足自己的需要时，就会变换工具，或者进一步改造旧的工具。依此逻辑，逆经济全球化就不难理解了，它不过是资本在寻求一种新的获取更高利润的手段，是资本在国际范围内追逐超额利润方式的转换。

当然，这一分析描述尚为简单。具体地看，资本本身也具有多种类型和多种身份：金融资本、产业资本、商业资本、国际资本、本国资本等。马克思在分析资本主义经济时，不仅注意到了资本和劳动之间的剥削关系，更看到了资本和资本之间的竞争及合作关系。因此，现实地看逆经济全球化现象，就必须具体地分析资本背后的不同属性，这样才能更深刻地看到现象背后的原因及事态未来的发展趋势。例如，在此轮逆经济全球化过程中，美国不断提出一系列退出全球化的方案，不断推行贸易保护主义政策，但中国却一直在积极地推动经济全球化，一直号召世界各国打破贸易壁垒，深化国际合作和国际往来。所以，在这样一种矛盾的现象下，如果不对"资本"加以区分，就会陷入现象层面的迷雾中辨不清事实的真相。而事实上，"资本"并不是一个不需要任何依附物的纯粹抽象性存在，"资本"在现实中的运动具备多重限定和属性。这些限定和属性，从多个方面影响并塑造着经济全球化和逆经济全球化的复杂局面。

首先，资本是有国家和地域属性的。资本具有国界性质，一国的资本不同于另一国的资本，一国和多国的资本之间，往往面临着利益之间的冲突，这在跨国公司的国际投资和国际战略中体现得尤为明显。在占领世界市场方面，跨国公司虽然在市场行为上跟一国之内的资本竞争有很大的相似性，但是国际竞争有个最大的不同就是资本所在的母国对资本的行为有着显著的影响，本国资本的国际行为都在一定程度上体现出了所在国的国家意志。例如，在谷歌公司退出中国的事件中，就多少体现了美国政府试图通过"互联网自由"来丑化中国网络监管制度的意图。而另一方面，所有资本都要向其所在国贡献主要的税收，接受主要的监管，本国资本在本国国内不仅有着巨大的利益，也有着深厚的根基，这导致在社会网络关系中，资本在母国有着更具亲和的影响力和更被信任的接受程度，也正因为如此，每当国与国之间有政治或意识形态层面的冲突时，一些跨国公司往往会成为非母国民众的众矢之的——虽然它们雇用的是该国的劳动力，生产和市场大部分都在该国，但资本的母国属性是很难被忽略掉的。正是在这个意义上，国际政治经济学学者罗伯特·吉尔平（R. Gilpin, 2013）认为，所谓的全球经济，并不真正具有"全球性"，不过是一种"以国家为中心的现实主义"①，因为全球经济背后并没有与之相对的全球政治为资本保驾护航，资本在国际上的利益受到威胁和侵犯时最终的避风港总是母国。总之，资本的国别属性塑造了资本对利润的追逐方式，也限定了资本追逐利润的限度，这是从"资本"角度出发考察经济全球化和逆经济全球化时必须要予以重视的。

其次，资本是有行业属性的。关于资本的行业属性，马克思已经作了较为充分的分析，商业资本、工业资本（或者说产业资本）、金融资本（或者说借贷资本）一般被认为是资本的三大行业形态，而资本主义的发展史也有着这三大资本的典型属性。例如，有观点就认为，早期资本主义的发展是以商业资本为中心的，在政策上表现为重商主义的盛行，后来过渡到以工业资本为主要特征，这主要得益于18~19世纪第一次工业革命的兴起及普及，之后的第二次科技革命和第三次科技革命，都在深度和广度上拓展了工业资本主义，再到20世纪70年代，随着主要发达国家金融化的推进和产业上的"去工业化"，以金融资本为核心特征的资本主义开始

---

① 罗伯特·吉尔平. 全球政治经济学：解读国际经济秩序 [M]. 上海：上海人民出版社，2013：11.

日渐形成。因此，在分析逆经济全球化时，也要区分资本的行业属性。例如，金融资本的流动性最强，所以通常会提倡和推进经济全球化，这样更有利于自身在全世界各地流动套利，而工业资本则必须面对固定资本投入的时间限制，往往反应比较滞后，跟金融资本的利益未必会取得完全的一致。

最后，资本是有所有权属性的。资本的所有权属性最常见的可分为国有资本和私有资本，顾名思义，国有资本即是所有权为国家的资本，而私有资本的所有权则为个人。很明显，由于背后所有权的不同，资本自身的逐利特性也会被予以不同的界定，一般而言，国有资本不仅具有逐利增值的资本本性，也会负有相关的社会责任以及满足国家战略等方面的诸多要求，这些特征和私有资本是明显不同的。就经济全球化而言，私有资本由于目标单一，在面对这一问题时的选择往往逻辑简单不需要予以多方面的考虑；而国有资本则不同，国有资本必须兼顾各种目标，要在众多目标中平衡取舍，因此其行为就更具复杂性。

当然，不论以上几个限定如何对资本予以限制，其本质上的逐利动机是不变的，资本害怕没有利润，就像自然界害怕真空一样，如果丧失了利润，资本马上面临着灭亡，或者说，资本可能就改头换面成了具有福利性质的存在。因此，无论是经济全球化还是逆经济全球化，都只是资本运动过程中追逐自身增殖或者保护自身利益的一种手段，认识到这一点，就能更深刻地判断和把握当前的逆经济全球化现象。

4.2.2 跨国超额剩余价值的生产：世界体系结构的动态演变

二战之后，得益于第三次科技革命的兴起，主要资本主义国家的经济生产效率得到了大大的提升，这就为发达资本主义国家进行国际性的剥削和跨国超额剩余价值的生产奠定了物质和技术基础。马克思在《资本论》中分析个别资本家可以通过提高技术来提高资本的有机构成，从而使个别资本家可以获得超额剩余价值，同样地，在世界范围内来看，国际上的不平等交换和超额剩余价值的生产遵从类似的逻辑，发达国家可以通过技术上的领先优势获得比发展中国家更高的超额利润，并通过一定程度的技术

第 4 章
经济全球化与逆经济全球化的政治经济学分析

垄断使这种超额利润的生产能够长期化和固定化，从而在世界体系的结构当中奠定自身的"中心国家"地位，表现为贸易结果上的高利润、高技能、高工资和高附加值等方面。

如前面所述，在依附论和世界体系论的一些学者看来，落后国家只要在资本主义主导的这个世界体系内部，即使经济有所发展，也会一直处于对中心国家的依附地位，取得一种依附性的发展，可以说，"中心—外围—半外围—边缘"这种结构在资本主义中心国家全方位的控制和主导之下基本上是不会发生变动的，而外围国家和边缘国家要想真正获得独立和长期的繁荣，只有通过在资本主义体系之外进行一场制度性的革命才能实现，因此也可以说，世界体系理论所揭示的图景有一种灰暗的宿命论色彩。

但是，现实地看，世界体系结构中的中心国家、半外围国家和外围国家不会一成不变，中心国家在通过技术优势获得国家超额剩余价值的时候，虽然极力避免技术扩散和技术外溢，但随着经济全球化的深入，知识和技术必然无法长期维持一种垄断地位，随之也会不可避免地"全球化"，尤其是随着生产全球化的展开，外围国家和半外围国家的劳工技能、技术革新、市场地位都会相应得到提升，甚至如果赶超战略得当，外围和半外围国家在某些领域的技术革命、生产和组织创新等方面会反超中心国家，从而使世界体系的内部结构呈现出一些新变化。这方面最明显的例子就是东亚各国国际地位的演变。二战之后，日本经过 30 年的赶超，到 20 世纪 80 年代在汽车、电子产品等领域已经跃入中心国家的行列，在世界市场上已经可以跟美国这样的老牌中心国家共分国际超额剩余价值。20 世纪 90 年代"亚洲四小龙"的崛起也与之相似，韩国、新加坡、中国香港、台湾地区在经济上取得的成功不仅在理论上证明了世界体系内部并非一个固定的僵化的结构，而且在实践中证明了外围和半外围国家和地区可以通过加入世界体系来改善自身的发展状况。

另一个当下更为明显的事实是中国在世界上的崛起。自 2001 年中国正式加入世界贸易组织以来，中国目前已成为世界第一大贸易国、世界第一大吸引外资国以及世界第二大对外投资国。从 GDP 贡献率来看，2001 年中国实际 GDP 对全球贡献率为 0.53%，2015 年这一数字为 24.8%；中国对全球实际 GDP 增长率的拉动度也从 0.03 个升至 0.6 个百分点。① 同时，在知识和技术的提升上，中国也取得了质的进步。2014 年全球专利申请数量中国以总数 928177 排名第一位，远高于总数 578802 排名第二位的美国，而在获批数量上，以总数 233228 位列第二，略低于总数 300678 排名第一位的美国。② 经济的崛起和技术的进步必然会造成中国在跨国超额剩余价值生产中地位的改变，自主品牌的崛起，使中国的后发产业在全球范围内参与了利润率平均化的过程，而中心国家先前通过技术优势所获得的超额利润必然受到压缩，所以，产业向东南亚的转移和向国内的回迁就成了不可避免的选择，同时，通过提高关税保护本国市场、进而保护本国资本的利益就也成了中心国家的政策首选。在此轮逆经济全球化势头中，我们也可以看到，美国特朗普政府采取的主要手段就是提高中国商品的关税，而所要达到的目的则是保护本国资本、本国市场以及本国工人的利益。

因此，世界体系并非一个一成不变的结构，或者说，边缘国家和外围国家通过加入资本主义体系，辅之以有效的政策引导和战略支持，是可以实现"赶超"的，而这种赶超只要得当，只要能为本国的工业发展奠定足够坚实的基础，同样可以获得长期的繁荣并逐渐在某些方面过渡到中心国家的位置。

不过，我们也要看到，世界体系的解释力更多的是限于资本主义体系，当用这一理论来解释中国的崛起时，应当看到这一理论的局限性，而把"中心—外围"这一术语套用到分析中国的发展现状和发展成果时，如果不加甄别地生搬硬套，就会不自觉地陷入西方某些学者设定的话语陷阱中。例如，如果用这一理论来解释中国自改革开放以来在世界不断提升的影响力，那么是否意味着中国正在从边缘国家或半外围国家向外围国家和中心国家过渡呢？如果认为的确如此，那么中国的发展最终不过是挤进了中心国家的行列而已，但对这个体系本身并未有多大的冲击和触动。而我们根据前面的分析知道，世界体系本身是一个由内到

---

① https：//news.qq.com/a/20161211/003485.htm?t=1481462796703.
② https：//en.m.wikipedia.org/wiki/World_Intellectual_Property_Indicators.

外的剥削体系，这个体系并不能保证公平和平等，也不能保证国与国之间没有强迫和支配。所以，对中国崛起的认识，可以借鉴世界体系的理论视角，但是也更要注意到，中国的发展有自身的逻辑，这个逻辑与资本世界运行的逻辑有着本质上的区别，中国所要努力构建的，是有中国特色的社会主义，既然是社会主义，就和目前占主导地位的资本主义世界有着根本的异质性，而中国在国际上倡导的和平发展、平等互利等规则的构建，也和资本主义霸权国家当初靠掠夺和剥削发展起来的道路有着本质的不同。这个问题涉及中国目前的角色定位以及未来的发展方向，第5章会展开更为详尽的阐述。

4.2.3 经济全球化的"空间悖论"：地域性与全球性

正如马克思世界历史理论所揭示的，资本对剩余价值和利润的无限追逐是经济全球化发展的内在驱动力，资本在资本主义经济全球化的过程中起到了主导作用。但是，资本的这种全球性要求不可避免地会遭遇地域性因素带来的限制，也就是说，资本主导的经济全球化面临着一种"空间悖论"：一方面，资本的利益诉求使资本不断地越过国界开疆拓土，"用时间去消灭空间"，具有一种全球性的特征；另一方面，生产活动又必须在特定的空间中展开，因此就使固定资本、工人就业、生产技术和劳动过程等具有鲜明的地域性特征，两者之间构成了一种辩证发展的矛盾，从而使经济全球化在一定情况下会出现逆转的现象。

首先，固定资本的地域性。工业资本不同于金融资本，其流动性大大弱于后者，工业资本的增殖必须借助于一定形式的固定资本的投资，而这种投资有两个特点。第一，需要较长的时间。所有的固定投资一般都需要一年以上的期限，而规模大的甚至需要10年以上，这就为固定资本的周转和流动设置了一定的门槛；第二，需要有固定的地域空间。固定资本的活动必须借助空间才能展开，这点明显区分于日益电子化的金融资本，而固定资本的地域性则为价值实现带来了一系列可能的障碍。大卫·哈维（D. Harvey，2017）认为，价值丧失是资本主义生产不断陷入停滞与危机的原因之一，但是，由于资本在生产中的周转具有地理惯性和时间惯性，因此，"价值丧失的威胁给技术变革的步伐和调整区位的速度都施加了限制"①。大量的周转时间较长的固定资本无法轻易地搬迁，由此造成这样一种结果："资本主义越来越依靠固定资本（包括内嵌在特定的生产景观当中的固定资本）来使劳动的价值生产率革命化，到头来却发现自己的固定性（即特定的地理分配）变成了有待克服的障碍。"② 这其实也是此轮逆经济全球化过程中美国虽然试图迁回制造业以实现"再工业化"但却阻力重重的原因。③

其次，工人就业的地域性。相对资本的全球流动性，劳动力的地域限制是明显的。劳动力的地域性比资本的地域性更为普遍，资本的地域性对金融资本而言可能并不那么明显，但劳动力的地域性则是所有资本都必须面对的问题。并且，固定资本没有生命，不会在价值无法补偿自身消耗或者"失业"停转时进行反抗，但工人却会，工人必须寻求某种方式的就业，必须寻求能够满足自身最低生活要求的价值补偿，这种诉求上升为集体意志和行为就构成了一国的工人运动或民主政治，当工人的经济利益受到侵犯时，就会在政治层面引起反应。这其实也就是丹尼·罗德里克认为超级全球化和国内民主制度存在矛盾的内在逻辑。而在大卫·科茨（David Kotz）看来，此轮经济全球化趋势和新自由主义的兴起有很大的关联性，新自由主义的目的是重建资本和公司企业的政治经济权力，而通过跨国公司和全球产业链的建立获得超额利润和价值剥削就成了其必然选择。④ 中心国家通过技术和研发优势在获得产业链高附加值环节利润的同时，也不可避免地带来了本国产业"去工业化"和"服务化"的趋势，这进一步带来了就业和收入结构的变化，中产阶级的利益在这一过程中受到了一定程度的损害，进一步引发了此轮逆经济全球化的兴起，这在 2016 年美国总统大选中表现得很明显。

最后，生产技术和劳动过程的地域性。资本要获得剩余价值，必须借助于一定的商品生产，也就是说，虽然资本的目的是从 G（货币资本）到 G′（带有剩余价值的货币资本），但是中间必须有 W（商品资本）这一环

---

①② 大卫·哈维. 资本的限度 [M]. 张寅，译. 北京：中信出版社，2017：605.
③ 获 2013 年普利策新闻奖的《iPhone 为何中国制造？》一文，对此作了精彩的阐述。
④ 李其庆. 全球化与新自由主义 [M]. 桂林：广西师范大学出版社，2003：3-14.

节，而商品的生产则必须借助一定的空间和一定的劳动形式展开，因此，生产技术和劳动过程具有明显的地域性特征。中心国家虽然试图通过各种方法维持技术上的垄断地位从而维持本国资本的跨国超额剩余价值，但是由于生产的地域性，外围和半外围国家在承接中心国家的劳动密集型产业外迁的同时，必然会造就本国生产技术和工人素质的提升，这就为赶超中心国家提供了条件，并且使中心国家的生产一定程度上不得不依赖于外围国家和半外围国家训练有素的劳工群体。这种地域性其实更多的对后发国家有利，这也是为什么世界体系理论的悲观宿命论色彩并没有在现实中得到完全证实的原因，因为在外围和边缘国家加入资本主义主导的世界经济体系的同时，中心国家的生产技术必须也随之外迁，技术的引进带来的是高素质的劳动力群体的培育，长此以往，外围和边缘国家便有了更为高效的生产体系和更高素质的劳动工人，而与相对应，中心国家由于"去工业化"的发展导向，产业外迁的结果使得本国熟练工人不断减少，因为一些关键性的技术不仅需要理论的支撑，更需要在实践中不断地总结经验，不断地培训出一代又一代能够掌握、运用技术的产业工人，只有这样，整个工业生产才能延续不断地得到提高和进步，这样一来发达国家就在与后发国家的竞争中显出了劣势，使一些产业只能在劳动力素质更为高效、零部件更易取得的国家生产，这也正是美国"再工业化"战略自奥巴马时代提出以来虽然被高度重视但却一直得不到有效实施的原因。

4.2.4 经济全球化的"不可能三角"：跨国资本、主权国家与本国工人

经济全球化的"不可能三角"理论假说最早由国际经济领域的著名学者丹尼·罗德里克（Dani Rodrik，2011）提出，即一国政府只能在经济全球化、政策主权和民主政体三者之中任选两个，而无法做到三个同时选择。"我们不能在拥有超级全球化的同时拥有民主制度和国家自主权。我们最多能在三者中取二。如果我们想要超级全球化和民主制度，我们就要放弃国家主权。如果我们想要保住国家主权，也想要超级全球化，我们就必须放弃民主制度。如果我们想要将民主制度和国家主权结合在一起，我

们就要和超级全球化说再见。"① 其中的经济学逻辑是，经济全球化使生产要素可以全球流动，这势必会将本国劳动者置于更加激烈的外部竞争和风险当中，如果要让占多数的选民支持经济全球化的开放政策，政府就必须通过财政或其他手段对本国劳动者做出相应的风险补偿，而政府这样做的时候其实已经部分放弃了政策上的主权，但如果政府不这样做，民主政体就会通过相应的程序来影响经济全球化的开放政策，因此，一国政府只能做到三选其二。

丹尼·罗德里克的经济全球化的"不可能三角"悖论，其实和马克思主义经济学对全球化和逆全球化的观点不谋而合。如果借助马克思主义经济全球化理论来看，这种"不可能三角"其实是资本主义经济全球化过程中"空间悖论"的另一种相似表现形式，其根本原因在于：参与经济全球化的三个主体——跨国资本、主权国家与本国工人之间，既存在相互依赖的一面，又有相互矛盾的一面，三者的关系是辩证的。从单个的个体来看：资本谋求的是经济全球化，因为资本有天然的开辟全球市场的动力，并且具有高度的流动性；劳动力则具有地域属性，雇主可以在全球范围内选择生产和投资的地方，而工人只能在一国之内流动，因此，工人的流动性很弱，对待全球化的态度各国各地区之间并不一致，这就为逆经济全球化的产生奠定了基础；国家主权则对经济全球化持矛盾的态度，跨国公司的行为以及国际资本的流动，势必会影响到国家主权的独立，最明显的就是资本账户的开放导致外汇监管的失灵，使东南亚各国在1998年陷入一场突如其来的金融危机，扰乱了本国货币政策和金融主权。因此，这三个主体在经济全球化这一工具下都试图谋求自身的利益和权力，这就使逆经济全球化成了一种理论上无法避免的可能，其发生的主要逻辑主要如下。首先，任何跨国资本都是基于某一主权国家的资本，所以一方面以主权国家为后盾在全球范围内开疆拓土；另一方面在遭受冲击的时候又寻求主权国家的庇护。其次，主权国家的目的是实现本国的利益，主要体现在本国工人和多数民众的利益，如果经济全球化使本国多数民众的利益受损时，本国民众就会反对经济全球化的开放政策。最后，和本国工人相同的是，

---

① 罗德里克. 全球化的悖论 [M]. 廖丽华, 译. 北京：中国人民大学出版社，2011：167.

资本对本国政府具有同样的诉求，不过，资本对政府的要求往往是开放市场以利于资本在全球范围内寻找价值增殖的新空间，而本国工人对政府的要求则经常是保护本土产业和本土市场。这就必然造成一种经济全球化的"不可能三角"：跨国资本、主权国家与本国工人三者的利益只能满足其中两个（见图 4-1）。所以，罗德里克（2011）也承认："如果我们想国家主权继续成为推动民主政治的核心，就要降低对经济全球化的要求。我们只能满足于一个轻量级的全球化，让布雷顿条约以一个新面貌出现在我们面前。"① 更进一步地，在罗德里克看来，问题的关键不是我们一定要追求一个纯之又纯的超级全球化，全球化本身并不构成目的，我们要关心的永远是全球化背后国家、企业、社会、民众这些组织和群体的利益如何能更好地得到实现，因此，我们不应该一味地追逐经济全球化这样一个乌托邦式的理想，而是要让全球化变得更"聪明"，更有"节制"，更像二战后布雷顿森林体系时期那样能够让各个国家保持足够的主权自由，同时也能够让各国民众从全球化中得到足够的益处。

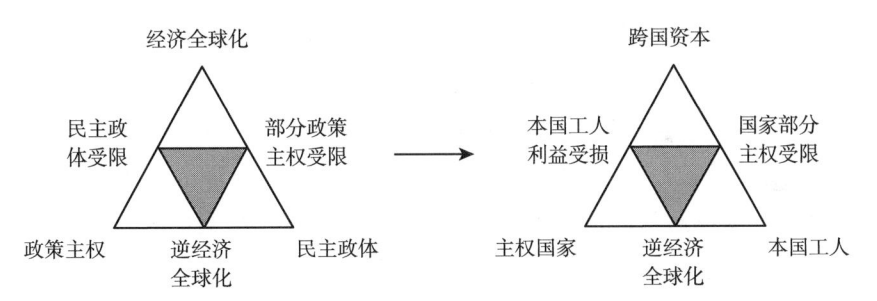

图 4-1 经济全球化的"不可能三角"的两种形式

而现实地看，经济全球化的"不可能三角"所揭示的逻辑在本轮逆经济全球化浪潮中体现得尤为明显。新自由主义革命以来，资本的全球化演变到今天已经大大损害了美国本土工人的利益，产业的外迁使本国制造业吸收就业的比例越来越低，也使本国工人的劳动技能改善缓慢。同时，本国资本一方面在海外大肆攫取利益；另一方面通过左右本国政策使得大部分利润都流入资本家阶层。据托马斯·皮凯蒂（Thomas Piketty，2014）的

---

① 罗德里克. 全球化的悖论 [M]. 廖丽华, 译. 北京：中国人民大学出版社, 2011：170.

研究，美国前 10% 人群的收入占美国国民收入的比重从 1950~1970 年的不足 35%，逐步跃升至 2000~2010 年的 45%~50%，[①] 从而使国内民粹主义现象越来越凸显；在约瑟夫·G. 马奥尼（2017）看来，特朗普政府的上台也有意地利用了民众的这种诉求。[②] 在新近的税改计划中我们也可以看到，特朗普政府对海外的资本收益提高了征税比例，也有缓解跨国资本和本国工人两者之间紧张关系的意图。

4.3 马克思主义经济学视野中的逆经济全球化现象

4.3.1 马克思主义经济全球化理论的主要特征

通过以上对马克思主义经济全球化理论的考察，我们可以得出马克思主义在看待经济全球化和逆经济全球化时有以下三个主要特征。

第一，在方法论上，马克思主义经济全球化理论所坚持的方法是辩证唯物主义和历史唯物主义，通过对生产力和生产关系矛盾运动的考察来揭示经济全球化的基本规律和演化趋势。在马克思主义看来，经济全球化不过是资本积累过程中克服自身局限的一种方式，国内资本在市场越来越小、竞争越来越激烈的情况下，一定会转向国外谋求更高的利润和更广阔的市场，而当这种企图遭遇到国别、地域的不同规定和限制时，资本谋求超级全球化的策略不得不有所收缩，在现象层面上就表现为逆经济全球化的兴起。同时，资本扩张自身又必须借助一定形式的生产力，所以经济全球化也是生产力的全球化，而生产力的变革推动所在国家和地区生产关系的改变，这就导致在生产力全球趋同的同时，生产关系也有趋同的一面，而资本主义生产关系下资本和劳动之间的基本矛盾也有在全世界范围内趋同的态势，这势必会冲击到后发国家原有的社会结构，并对这些国家原有的社会构建预期造成一定的影响，当这些影响威胁到国家自主决策本国事

[①] 皮凯蒂. 21 世纪资本论 [M]. 巴曙松等译. 北京：中信出版社，2014：25.
[②] 约瑟夫·G. 马奥尼. 美国价值观发生了民粹主义转向？——来自马克思主义的分析 [J]. 张永红，译. 国外理论动态，2017（7）：73-85.

务的主权时，逆经济全球化就也有可能发生。

第二，在具体内容上，马克思主义经济全球化理论既看到了资本主义经济全球化的历史进步性，又看到其历史局限性。资本主导的经济全球化走向在根本上要以资本的利益为风向标，而资本的全球性诉求和地域性限制又构成了资本在空间运动中的诸多矛盾。资本主义经济全球化的历史进步性在于它打破了原本各国互相孤立的界限，将生产要素的配置扩展到全球范围内，也将生产力和技术随着资本的拓展传播到后发国家，这对全球经济的发展都有着积极的作用。而其局限性在于，资本主导的经济全球化虽然实现了生产要素的全球流动，但是这种流动是有层级、有结构的，优质的要素流往中心国家，劣等的要素流往边缘和外围国家，表现在国际产业链分工上就是中心国家始终占据着全球价值链的高端，稳稳掌握着高附加值、高利润的生产环节。同时，中心国家对核心技术的保护和封锁其实并不利于知识和技术的高效传播，这是有碍于全球生产力的发展的——斯蒂格利茨就对知识产权和专利保护制度报以反思性的批判。

第三，在理论指向上，马克思主义经济全球化理论认为资本主义的经济全球化演化到一定程度必然会被社会主义或共产主义的经济全球化所取代，从而让全球化能够真正造福全球。资本自身矛盾的运动不但使资本主义在世界范围内不断开疆拓土，也为共产主义的最终实现创造了物质条件和阶级力量，经济全球化使社会化大生产取得高度的发展，人与人之间的交流、合作及生产关系越来越密切，这就为克服资本主义生产的无序性和浪费性奠定了现实基础，尤其是随着经济信息化程度的提高，在某些部门内、某些产业领域，按照市场需求有计划地调节生产越来越成为一种现实，同时，资本主义经济全球化也塑造了全球范围内的工人阶级，工人阶级之间的联合将日益密切，并最终战胜资本主义。

客观地看，在这一理论指向上，现实的发展并未完全按照理论揭示的图景展开，工人阶级全球范围的联合似乎并未有所进展，更多的反而是各国的工人都更加注重本国、本地区的属性。这在理论上其实也并不难理解，因为按照马克思恩格斯的设想，共产主义的实现最终会使资本主义国家这一"虚幻的共同体"也一并消亡，而当这一"虚幻的共同体"尚未消亡时，工人阶级对自身国别属性的强调也就不足为奇了。可以说，这是一个问题的两面，一个问题的解决也就意味着另一个问题的解决。而这个问题之所以重要，是因为它在积极倡导并构建新型国际关系方面对我国有着重要的启示意义。

4.3.2 逆经济全球化的阶段性与经济全球化的长期必然性

在马克思主义经济学的全球化理论看来，逆经济全球化具有阶段性。所谓阶段性，即在某一事物本质不断显露的过程中所出现的曲折和反复。辩证唯物主义所揭示的规律显示，事物的发展是一个否定之否定的螺旋上升过程，经济全球化的发展亦是如此，在全球化的推进过程中，不可避免地会遇到各种各样的阻力或对抗力量，在这些力量的作用下，经济全球化不可避免地会呈现出逆转的势头，这种阶段性的反复其实并非全然只具有消极作用，它从另一方面提醒我们当前经济全球化存在的制度性缺陷，并对未来的进一步改进提供了可借鉴的经验教训。而从长期来看，经济全球化的趋势并不会因为阶段性的曲折而从根本上有所逆转，其主要原因可以从经济和政治两个方面所发生的新变化进行分析。

首先，在经济层面，生产的社会化自近代第一次经济全球化以来就一直在不断地深化，即使遭遇到第一、第二次世界大战的巨大冲击，依然没有因此而停止进程，反而在二战后加速了经济全球化的步伐。因此，从生产力的发展规律和社会化大生产的演进逻辑上基本可以认定，经济全球化可能在历史发展的某一阶段发生曲折甚至逆转，但从历史的长河看其滚滚向前的基本趋势不可能根本改变。同时，全球价值链的形成使国际间的经济合作日益密切，其规模和精细程度都达到了新的历史阶段。和传统的国际分工体系不同，经济全球化演化到现在，已经不再仅仅局限于商品流通领域的"一国生产 A 与另一国生产 B 进行交换"了，而是深入到了生产领域，在全球范围内建立了生产内部的分工体系，形成了从高附加值到低附加值链条完备的"全球价值链"。全球价值链的形成，使国与国之间的合作关系更为深入，单个贸易产品的生产，从研发设计到加工制造再到物流运输和最终的消费，是多个国家多个地区参与协作的结果，"你中有我、我中有你"，传统国际分工体系下国与国之间清晰的分工界线已经越来越淡化,全球经济也越来越成为真正的休戚与共的"命运共同体",马克思、恩格斯所揭示的世界历史的发展趋势正在步入一个新的阶段。

因此,既然新的国际分工体系已经通过紧密的全球价值链将各个国家的生产、分配、交换、消费等经济活动联结在一起,那么经济全球化的趋势就不会因为个别国家单方面的贸易政策而发生决定性的逆转。同时,"也正是由于当前全球价值链分工网络的复杂性与深刻性,使个体国家难以像传统贸易模式中通过简单的单边贸易干预措施来达到政策目的"。[①] 而在面临一些局部和暂时的逆经济全球化现象时,各个国家需要做的不应该是高举"本国至上"的保护主义旗帜和竞相效仿的贸易壁垒战,而是应当积极寻求如何更好地推进全球化、如何能让全球化真正地造福全球的解决途径。

其次,在政治层面,国与国之间关系也开始在反思历史中寻求新的规则和秩序。第一、第二次世界大战的发生,从经济角度看主要是由于帝国主义国家之间存在利益冲突所致,从政治角度看当时在国际上尚未建立一套行之有效的协调协商机制是一个重要原因。二战之后,各主要参战国吸取教训,建立了一套协调国际事务的国家间机构,主要包括联合国、关税和贸易总协定、世界银行等,尤其是联合国的建立,使国与国之间在利益发生冲突的时候有了可以磋商协调的机制,这在一定程度上保证了各个国家的对外政策有了回旋的余地,从而避免了像一战之前那样各个国家私下结盟互保最终导致两大集团"火并"的局面。而冷战的结束也正在改变国家之间把意识形态的差异作为国与国之间互相来往时的首要考虑对象的传统做法,使国与国之间的关系日益走向一条"务实"的道路。所谓务实的道路,就是国家首要考虑的问题是发展本国经济、改善本国国民生活状况、提高本国的综合国力。这样一种现实主义的选择,使持有不同意识形态、不同文化以及不同信念的国家之间有了更多交流合作的可能,因为所持信念的不同而拒绝融入世界历史的大潮之中的做法越来越难以被认同和采纳。

---

① 包群. 经济全球化可逆吗 [J]. 中国工业经济, 2017 (6): 19-26.

如果换一种视角来看，世界历史自从工业革命产生之始，越来越表现出一种"线性历史"的特征。所谓线性历史，是指历史的进程不再像古代社会那样呈现出某种循环往复的"周而复始"的特征，时间具有了发展的"线性"属性，蒸汽机时代的社会明显地有别于手推磨时代的社会，电子信息时代的社会又明显有别于蒸汽时代的社会，历史的不断进步性越来越清晰地呈现在人类面前。这也正是马克思世界历史理论所揭示的道理——从某种角度而言，马克思的历史观正是一种"线性史观"：历史的发展有目的和方向，并且具备某种不为人的主观意志所转移的客观规律，这种"客观规律"，如果用一种拟人化的说法，可以称之为"历史的意志"，而正是这种历史的意志，使个人无论在多大程度上试图扭转历史的走向，都将是徒劳无功的。这也正是逆经济全球化并不会取代经济全球化的深层次原因。

综上所述，马克思主义经济全球化理论揭示出，虽然在经济全球化的过程中会出现保护主义、地方主义等逆经济全球化的现象，但这只能是一种阶段性现象，从长期来看，经济全球化的趋势不会改变，经济全球化的步伐不会停止，因为生产的社会化程度只会日益深入不会日趋衰减，人类的普遍交往只会越来越密切不会越来越松散。

理性地看，经济全球化本身并不是导致贫富加剧、增长停滞、失业率高企等一系列负面现象的原因，关键是以什么样的原则和指导理念推动经济全球化。以资本利益为原则的经济全球化必然首先满足资本的利润诉求，以"本国优先"理念为指导的经济全球化必然使世界各国陷入以邻为壑的负和博弈当中。在经济全球化陷入困境的今天，我们更要以新的理念指导新的实践，以新的思想助推新的行动，顺应经济全球化发展潮流，以新的理念、新的思想，积极参与到新型经济全球化的构建中。

4.3.3 解析"后全球化时代"：马克思主义经济全球化的理论视角

对于当前逆经济全球化的分析，大多数学者都是从既有的统计数据出发，通过全球贸易量、全球投资额等在全球 GDP 中的占比来判断经济全化的趋势，或者从全球价值链的深化度出发，通过分析全球经济联系的紧密程度来判断预测。与这两种方式不同，英国学者芬巴尔·利夫西（Finbarr Livesey，2018）从企业生产和企业行为角度对经济全球化的未来做出了另一种判断。在利夫西看来，我们当前对经济全球化的理解可能都已经过时，目前我们对全球化的所有信念都来自过去的事实所造成的印象，但这种过去的信念不意味着未来的事实仍将如此，利夫西在《后全球化时代：世界制造与全球化的未来》一书中认为，全球化的时代可能正在过去，未来的世界经济将呈现出在地化和本土化的回归，换句话说，经济全球化逆转的趋势并非由于政治方面的原因或者由于对某一群体利益保护的原因所造成的，而是世界经济发展的自身内在逻辑使然。利夫西的论证从以下两方面展开。

首先，机器人产业和人工智能的兴起，使后发国家的劳动力成本优势不再明显，这就使发达国家的制造业回迁计划在未来有了更大的现实可能性。众所周知，经济全球化的一大推动力量即跨国公司在全球范围内寻找更为廉价的原材料和劳动力，而一旦生产的自动化越来越高，本国的机器人产业得到规模化发展，那么跨国公司就势必会将产业迁回到国内进行本地化生产，而与外包生产相比，本地生产不仅可以节约更多的运输成本，也可以避免与所在国产生的各种不必要的交易成本。利夫西以一些国际大企业的行为为例说明了这一趋势的可能性。例如，特斯拉公司的 Model S 型电动汽车生产地全部位于美国，而之所以能做到这一点，"一个重要原因就是机器人的应用"[1]。另外，"亚马逊等公司的仓库及配送中心已经开始使用可以自动分拣货物的机器人，网购商品的配送正因此而开始发生变化"[2]。工业化的推进将使越来越多的部门和工作被机器所替代，发达国家制造业之所以能够再回归，就在于劳动力成本越来越无关紧要。

其次，3D 打印技术的普及和个性化定制的兴起使商品的生产地越来越与最终的销售市场趋于一致。这种趋势其实在一些运输费用比较高的行业

---

[1] 芬巴尔·利夫西. 后全球化时代：世界制造与全球化的未来 [M]. 王吉美，房博博，译. 北京：中信出版社，2018：92.

[2] 芬巴尔·利夫西. 后全球化时代：世界制造与全球化的未来 [M]. 王吉美，房博博，译. 北京：中信出版社，2018：94.

早已经发生，如汽车制造行业，一些国际知名的汽车公司将生产和组装直接设置在需求国本国，车辆组装完毕就可以直接投放市场，免去国际物流的高昂成本，随之而来的，甚至一些研发中心也直接落地在了终端消费市场所在国，如大众公司、宝马公司，其运作模式皆如此。而利夫西进一步预言，由于未来消费市场的多样化，商品的个性化定制将会越来越突出，这就使统一规格的"大路货"不再成为消费的主流，而根据消费者偏好定制的产品会越来越受欢迎，因此，本地化的生产将不可避免，因为只有本地化的设计和生产才能更好地满足这样一种需求。另外，3D 打印技术的普及也将使一些需要多种零部件组装的产业受到冲击，零部件在目前的国际贸易中占有很大一部分，但 3D 打印技术减少了产品零部件的需求，一个产品可能只需要一个母机就可以顺利生产，因此也就减少了国际之间的贸易往来，这也势必会影响到经济全球化的广度和深度。

可以说，利夫西对"后全球化时代"的研究判断还是有一定道理的，新技术的产生确实会使世界经济在未来展现出一种从未出现过的面貌，不过，不论这个面貌是什么，不论这个面貌在表象层面上显得更"全球化"或者更"后全球化"，其实都不影响我们前面所作的基本判断。在马克思主义经济学看来，首先，技术的不断进步使资本有机构成不断提高，这是资本在自身的矛盾运动中所产生的必然结果，因此，人工智能和机器人产业的兴起不过是资本逻辑在现实层面上发展到新阶段时所出现的现象，可能会影响到经济全球化的表现特征，但从更深层次看，资本自身的矛盾更进一步加剧了，劳动力的替代使剩余价值的空间越来越小，资本为了谋求更多的剩余价值，最终不得不在竞争中通过更高程度的垄断来实现，而工人阶级一旦广泛地陷入失业困境中，资本积累的最终结果就会以扬弃资本的新形式呈现出来。其次，企业在地生产的事实不过表明：生产的社会化程度加深了，虽然从全球经济的表现上看企业的本地化行为减少了经济往来的贸易量，但是这种行为并未使经济全球化有所衰减，而是更加的"优化"——企业砍掉了不必要的运输成本，也就大大地降低了商品的纯粹流通费用，从而使企业可以将更多的资源投入商品使用价值的生产和实现上，这样一种经济模式也更接近未来"节约型"的世界经济新模式，并且在某种程度上也与社会主义所提倡的经济模式殊途同归。

第5章

21世纪初叶逆经济全球化的发生机制：基于西方民主制度与资本主义关系的视角

本章主要试图回答的问题是：此轮逆经济全球化是如何发生的？为什么第二次经济全球化自20世纪50年代发轫以来一直在不断地深化，而到现在却出现了诸多逆全球化的现象？进一步地，为什么此轮逆经济全球化的贸易保护行为主要由美国这样一个从全球化过程中受益颇多的发达国家率先发起？而理论上受到剥削和处于价值链低端的落后国家，为什么没有跟随逆经济全球化的潮流，反而在不断积极推进全球化的进程？

对这些问题的回答，需要基于经济但又要超越"经济"这一单一的维度，正如经济全球化的"不可能三角"理论揭示的，全球化的推进和反复从来都不是仅仅由"贸易利润""高附加值获取""国际剥削"这些纯经济方面的因素决定的，或者说，这些因素只揭示了经济全球化的一个方面，主要体现了资本和资本主义经济的诉求，而政治的一面则被忽略了或者未被予以足够重视。在政治方面，"不可能三角"理论包含了国家主权和民主制度两个因素，而如果现实地看，两个因素中国家主权受到削弱的时候很少，主要涉及的领域也只是货币政策领域，在其他主权方面，国家仍保有绝对的控制力——这是近代民族国家产生之后一个基本的国际关系事实，所以，决定经济全球化的短期力量就在资本和民主制度这两者之间展开，当资本利益的要求强烈时，就会出现民主制度受限、经济全球化深化的局面，而当民主制度的作用明显时，就会出现逆经济全球化的现象，其作用范围如图 5-1 所示。

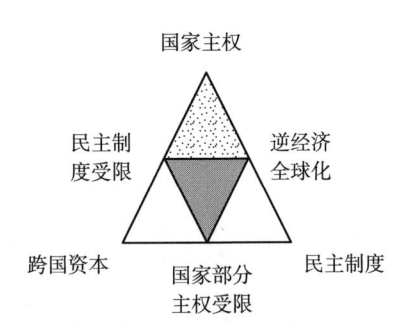

图 5-1 国家主权独立下全球化的"不可能三角"

此轮逆经济全球化的发生明显和政治行为有关，无论是英国的公投"脱欧"，还是特朗普政府的上台以及贸易保护主义的抬头，都更多地来自政治领域。事实上，在经济领域，众多跨国公司（如苹果、Facebook 等）的 CEO 们都对特朗普政府的保护主义政策表示过鲜明的反对意见，同时，就贸易数据来看，虽然中国和美国在 2018 年有持续性的贸易摩擦，但 2018 年中美贸易顺差却创出了 2006 年以来的新高，而全年中国对美国出口额上升 11.3%，从美国的进口额增长 0.7%。从这些事实中也可以看出，此轮逆经济全球化更多地发生在政治领域，是一种政治行为在经济领域的反映。因此，这就更加凸显了从民主制度和资本主义这两组概念之间的复杂关系出发去分析理解经济全球化及逆经济全球化的重要意义。本章的目的即是通过对这两组概念的深入考察，以期对当前逆经济全球化的发生机制做出符合政治经济学逻辑的分析解读。

5.1 西方民主制度与资本主义关系的考察

5.1.1 问题的提出

民主制度与资本主义的关系，表面上看是一种互补的连体关系。这种认识似乎构成了西方人士的普遍认识，而且西方资本主义国家也常常以

"民主"为自身的标榜特征进而抨击非西方国家的政治制度。这久而久之给人造成一种印象：民主制度即意味着资本主义，资本主义也意味着民主制度。其实，如果仔细深入考察就会发现，这两种诉求背后是两种迥然不同的逻辑：民主制度要求保护多数人的权利，而资本主义则要求实现资本的逐利目的，其背后代表的是少数资本所有者的利益。也正是从这一意义上，我们说在经济全球化的"不可能三角"中，民主制度和资本是其中的两个独立的角点，不可能合二为一成为一体。所以，考察民主制度与资本主义之间的关系，就成了理解民主制度与资本在何种程度上是冲突的、又在何种程度上是可以共存的等一系列问题的前提。

5.1.2 西方民主制度与资本主义经济发展的关系——经验分析

首先考察民主和资本主义经济发展的关系，即民主制度的演进和资本主义经济发展两者之间存不存在关系、存在何种关系。

关于这一问题，目前大致存在以下三种看法。[①]

一种看法是民主制度和资本主义经济发展之间存在线性关系。这一看法中最著名的当属"李普塞特命题"。李普塞特（Seymour Martin Lipset，1959）在其论文《民主的一些社会条件：经济发展与政治合法性》中提出，经济发展水平和民主制度是紧密相关的，经济发展水平越高的国家越有可能实现民主，并且通过经济的进一步发展，民主制度能够得到巩固。李普塞特命题自提出之后不断遭到反驳，但同时也不断有新的辩护。我们可以将此命题以及由此衍生出的辩护看作对民主与资本主义经济发展之间的关系持线性相关的判断。

另一种看法是，民主制度和资本主义经济发展之间存在非线性的关系。西方民主理论大师罗伯特·达尔（Robert Dahl）认为，民主和经济发展之间可能存在一种非线性的关系，即只有在特定条件下，经济发展才会促进民主。他认为存在一个理想的民主转型区间，"其下限是人均 GNP 约

[①] 这一划分主要参考王绍光的《民主四讲》（生活·读书·新知三联书店 2008 年版）中的观点。

100~200美元（按1957年美元价格计算），其上限是人均 GNP 约 700~800美元"①。同样，亨廷顿（1991）也认为民主和经济发展之间的关系是非线性的，在《民主第三波》中他划分了新的民主转型区间，"这个区间大体是在人均 GDP 1000 美元到 5000 美元之间（1980年美元价格计算）。人均 GDP 低于 1000 美元不可能实现民主；但当达到 5000 美元以后，再高也不会增加实现民主的几率；只有在这个转型区间内，以往的统治方式最难于维持，社会要求新的利益整合机制的呼声最高"②。

还有一种看法是，民主制度和资本主义经济发展之间不存在内在关系。对李普塞命题冲击最大的，莫过于亚当·普热沃尔斯基（Adam Przeworski）的理论。普热沃尔斯基通过对 135 个国家和地区 1950~1990 年数据的考察，认为经济发展和民主之间不存在线性关系，经济发展未必导致民主，民主可以在经济发展的任何阶段出现，而如果民主出现了，经济发展也只是作为外在因素起到了更有利于民主制度存活的作用，并不作为内在因素决定民主制度的存亡和演化形式。"换言之，我们之所以观察到经济发展与民主的正相关性，不是因为经济发展能引发民主化，而是因为经济发展能支撑民主存活。"③

以上是对民主和资本主义经济发展之间关系所做的经验分析的几个代表性观点。从经验数据和统计规律可以看出，民主和资本主义经济发展之间的关系可以是线性的，也可以是非线性的，还可以是不存在内在关系的。这些经验分析为我们进一步从理论层面考察民主与资本主义提供了极具价值的参考和视角。

5.1.3 西方民主制度与资本主义经济制度的关系——理论分析

民主制度和资本主义制度的关系在一定程度上其实可以大致等同于政治制度和经济制度的关系。对这一问题大致存在着以下几种不同的看法。

---

①② 王绍光. 民主四讲 [M]. 北京：生活·读书·新知三联书店，2008：85-86.
③ 刘瑜. 经济发展会带来民主化吗？——现代化理论的兴起、衰落与复兴 [J]. 中国人民大学学报，2011（4）.

一种看法是，民主制度和资本主义经济制度是一体的，两者不存在根本性的冲突，也就是说，民主这一特征本身是内含于资本主义制度之中的，民主是资本主义制度内在的必然要求。持这种观点的学者一般从两个角度论证民主和资本主义的共生关系：第一，从历史发展进程来看，民主最初是在新兴资产阶级反抗封建地主和土地贵族的基础上出现的，新兴资产阶级为了巩固资本主义生产关系，必须在政治层面取得合法性地位，这最初是通过狭义上的民主程序实现的，即"无代表不纳税"原则和按财产分配投票权的原则。第二，随着民主形式的发展，民主实践从狭义扩大到广义，与资本主义生产关系的全面建立和深化有着密不可分的关系，主要表现为工人在反抗资本家的斗争中不断将民主的内涵、范围扩大深入到更为广泛和更为本质的实践形式中，突破了按财产分配投票权的狭义民主原则，建立了按公民身份分配投票权的广义民主原则。

另一种看法是，民主制度和资本主义经济制度是两种以不同目的为导向的制度，两者存在根本性的冲突。塞缪尔·鲍尔斯和赫伯特·金蒂斯（Bowles, S. & Gintis, H., 2013）认为，"资本主义和民主不是两种互补的体系。相反，它们是调控人类发展进程和全部历史演变的两种反差鲜明的规则：一种规则的特征就是以各种财产权（property rights）为基础的经济特权的优先性，另一种规则就坚持以个人权利行使为基础的自由权和民主责任（democratic accountability）两者的优先性。"① 沃尔夫冈·施特雷克（Streek W., 2015）认为，民主的资本主义制度下存在两种分配机制的公正：市场公正和社会公正，前者建立在市场的相对价格和契约权利上，后者则建立在不依赖于经济效率和工作能力的地位权利上。这两种公正是矛盾的两面。资本主义总是试图避免民主的过度化："资产阶级作为天然的少数派总是担心被民主选举出来的多数人政权——那不过是一个工人政府——剥夺财产"②，而民主的过度化反过来又会对资本主义的存在构成威胁："对生活各领域中的民主化和超越现有政治机构边界的政治参与的要

---

① 塞缪尔·鲍尔斯，赫伯特·金蒂斯. 民主与资本主义 [M]. 韩水法，译. 北京：商务印书馆，2013：7.
② 施特雷克. 购买时间：资本主义民主国家如何拖延危机 [M]. 常晅，译. 北京：社会科学文献出版社，2015：86.

求最终会发展成拒绝资本主义作为一种生活方式,并从内部打破那些已经变得多余了的基于私人财产之上的工作和生活的组织。"① 而在斯威齐(Sweezy P. M.,2013)看来,资本主义国家是维护资产阶级统治的机器,"对统治阶级来说,民主对它的地位的稳定,总是构成一种潜在的威胁,因此民主的赋予,从来都不是甘愿的,而是有限制的,而且通常只是在严重的压力下赋予的"②。

还有一种看法颇有意思。罗伯特·达尔(Robert Dahl,1999)从"为什么市场资本主义有利于民主"和"为什么市场资本主义不利于民主"两个方面考察了民主和资本主义的关系,他认为,"民主和市场资本主义就像两个被不和谐的婚姻所束缚的夫妻。尽管婚姻充满了矛盾,但它却牢不可破,因为没有任何一方希望离开对方。用植物世界来做比喻就是,二者是敌对的共生"③。也就是说,从性质上而言,民主制度和资本主义是一对矛盾的存在,但是从现实来看,双方又无法完全脱离对方,这使得两者的关系更为复杂和微妙。

对以上三种观点做一简要的评述。对于"民主"的含义,林肯曾将其简明扼要地定义为三个方面:"民有(of the people)、民治(by the people)、民享(for the people)"。依据鲍尔斯和金蒂斯(2013)的定义,民主包含两个方面:自由权和人民主权。自由权使个人享有自由,并且使个人在适当情况下具有不受社会约束地去行动和说服他人的资源;人民主权则意味着"权力(power)对于那些因行使权力而受影响的人们是负有责任的,并且在某种意义上对于这些人中每一个人是负有同等责任的"④。可见,无论从哪个方面定义,"民主"所要追求的目标和以雇佣关系为基础的"资本主义"在本质上是异趣的:民主追求集体劳动创造的财富能更多地服务于劳动者,资本主义则追求占有更多的集体劳动所创造的财富;民主追求劳动过程能更多地体现劳动者的自由自主性,资本主义则追求劳动者的劳

---

① 施特雷克. 购买时间:资本主义民主国家如何拖延危机 [M]. 常晅,译. 北京:社会科学文献出版社,2015:34.
② 斯威齐. 资本主义发展论 [M]. 陈观烈,秦亚男,译. 北京:商务印书馆,2013:312.
③ 达尔. 论民主 [M]. 李柏光,林猛,译. 北京:商务印书馆,1999:174.
④ 塞缪尔·鲍尔斯,赫伯特·金蒂斯. 民主与资本主义 [M]. 韩水法,译. 北京:商务印书馆,2013:8-9.

动过程被统制和监督得越严密越好；民主追求公共福利的提升，资本主义则为了追逐更高的利润极力压低公共福利。

在马克思看来，民主是一种国家制度，是建立在一定经济基础之上的上层建筑，因此，一方面，民主的具体形式和内容取决于并且服务于经济基础；另一方面，民主的一般原则和诉求又反过来作用于其存在的经济基础，两者是一种辩证运动的关系。从历史发展的角度来看，资本主义经济制度下的民主既是相对于封建制度下君主专制的一种进步，同时也有其历史的局限性，而最终会被更高程度的民主形式所取代。因此，马克思在肯定资本主义民主的基础上，更多地对资本主义制度下的民主形式给予了历史唯物主义的批判。"马克思认为，资本主义民主政治是与资本主义私有制相适应的，是资本的最好的政治外壳，其实质是维护资产阶级的利益。对于广大劳动群众而言，这种民主不仅是虚伪的，而且是一种剥削和压迫。"① 因此，在资本主义经济制度之下，民主的一般原则和一般概念就呈现出其具体的实现方式——主要以代议制民主为代表，这种具体的实现方式体现了民主在资本主义制度下所能容纳的限度，甚至如果深入资本主义生产方式下剩余价值的具体生产过程，我们就可以得出和布莱恩·S. 罗珀（Brian S. Roper, 2015）一样的结论："现代代议制民主是资本主义剥削最佳的政治外壳。"并且，这也说明了"经济和社会领域的民主化，同资本主义经济体系和资本主义生产关系再生产是相对立的。"②

综合以上几种观点，从历史唯物主义的角度看，民主制度与资本主义既存在相互适应的一面，又有着实践中相互冲突的一面，这也正是以上第二和第三种观点揭示的道理。而对于第一种观点，从"经济基础决定上层建筑"的历史唯物主义视角来看，似乎也比较合理，不过我们要注意到，"民主"一词在具体的语境中含义是不同的，从"广义民主"看，"狭义民主"其实称不上"民主"，而从"民主"的内在属性和要求看，以代议

---

① 俞可平. 马克思论民主的一般概念、普遍价值和共同形式［J］. 马克思主义与现实, 2007（3）.

② 罗珀. 民主的历史：马克思主义解读［M］. 王如君, 译. 北京：人民日报出版社, 2015: 268.

制为主要特征的"广义民主"其实也称不上真正的"民主"。第一种观点的合理性在于，资本主义制度确实是民主在历史中展现的一种途径，但是，这种"展现"是不充分和不完全的，具有阶段性和历史局限性，这种阶段性的"妥协共存"并不意味着两者在本质上是和谐一体的，而本质上互为矛盾的双方在长期的发展中一定会以扬弃一方的形式转化为新的事物，这也是历史唯物主义所揭示的道理。

5.2　西方民主制度与资本主义的矛盾演变：资本积累过程中的民主政治角色

理解"民主"的途径通常有两种：一种从形式上理解，即民主是一套政治运行规则；另一种从效果上理解，即民主追求的目标是人民主权和人民利益的实现。本书采用后一种理解，之所以如此，是因为如果仅从形式上理解民主，那么就无法准确地理解在民主形式并未发生多大变化的情况下为什么民主制度会出现失灵以及为什么西方的民粹主义会兴起。本书认为，正是因为民主的形式无法保证民主所要追求的效果得到实现，所要才会有诸如此类的"民主形式扭曲"的现象发生，换言之，民主在"形式上的失灵"只是民主在"效果上的失灵"的外在反映。这一认识也是理解民主制度和资本主义在现实中为什么会时刻处于一种紧张关系的关键所在。

民主在其抽象的内涵上表现为"民有、民治、民享"的自由权和人民主权，在其具体的实践中则表现为不包括经济民主在内的政治民主，主要体现为对劳工利益、公共福利和社会保障的需求；资本主义在其抽象的内涵上表现为产权、价格以及契约关系基础上的经济效率，在具体的实践中则表现为资本对更多剩余价值和更高利润的需求，或者说资本积累的需求。因此，在资本主义制度下，"民主"和"资本主义"之间的矛盾关系可进一步具体化为"民主政治"和"资本积累"之间的矛盾关系。

5.2.1 "资本积累"危机还是"民主制度"危机——从卢森堡到法兰克福学派

民主制度与资本主义之间的矛盾关系并非晚近的产物,其实在早期的马克思主义者之间的争论中,就隐约有所体现。在批判以伯恩施坦为代表的改良主义的基础上,卢森堡提出了自己的资本积累理论。在伯恩施坦看来,"工人贵族"的崛起和国外市场的开拓,都降低了普遍生产过剩的危险,从而资本积累导致的资本主义危机也在民主制的改良中得到了消解。对此,卢森堡针锋相对地指出:"推动资本主义积累的,是来自资本主义体系外部的需求,尤其是来自前资本主义生产方式的需求,因此,资本主义的可能性完全依赖于它的扩张冲动和帝国主义倾向。"① 因此,在卢森堡看来,资本主义的最终"崩溃"是资本积累导致的消费不足危机,时间上的极限是资本主义生产关系在世界范围内普遍化之后。

卢森堡这一"崩溃论"有其道理,但缺陷也是明显的,因为"客观地说,马克思的积累学说并不包含所谓的'崩溃理论'"。"马克思所强调的是工人阶级的强大和反抗,是资产阶级的'被剥夺',而不是资本主义经济的自行消亡。"② 除此之外,卢森堡模型还存在两个主要缺陷:第一,设定资本主义具有内在的稳定性,所以可以无限地向外扩张;第二,设定资本主义向外扩张是逻辑必然的,不会有决定性的抵抗力量将此过程逆转。第二个缺陷已经被苏联和中国的社会主义革命所暴露。第一个缺陷可以借助于民主和资本主义的矛盾关系视角来考察:卢森堡的资本主义向外部无限扩张以至于崩溃的理论其实暗设了一个关键的前提——在资本主义内部,其经济和政治是可以和谐共处的,或者至少民主和资本积累的矛盾不会激化到危及资本主义制度本身的运行。但对这个前提的考察是卢森堡所忽视的,因此也就导致卢森堡的理论更多地专注于资本积累引发的消费危

---

① 克拉克. 经济危机理论:马克思的视角[M]. 杨健生,译. 北京:北京师范大学出版社,2011:57.
② 高峰. 资本积累理论与现代资本主义:理论的和实证的分析[M]. 北京:社会科学文献出版社,2014:13.

机和空间危机,而忽视了资本积累和民主政治的矛盾运动以及由此可能引发的政治或文化危机。

这方面的缺失后来被法兰克福学派所发挥。法兰克福学派的危机理论建立在20世纪70年代资本主义世界的新危机之上,其主要代表人物及理论是哈贝马斯的"合法性危机"。30年代"大萧条"之后,早期资本主义的信任危机有所削弱,但是经过二战后资本主义国家凯恩斯政策的实施以及随后的30年繁荣,"资本主义"解决了信任危机,同时"国家"也获得了合法性认同。然而,70年代的"滞胀"使"工人越来越不相信政治国家的善行,因为国家没有因不断上升的通货膨胀和高税收而对工人进行有效的补偿。正是在这个意义上,哈贝马斯认为主要在政治领域出现的合法性危机,已取代了马克思所预见的那种经济危机"①。因此,在法兰克福学派看来,"资本主义的断口不再处在经济,而是处在政治和社会之中:不是在经济的一边,而是在民主的一边;不是在资本的一边,而是在劳动的一边;不是在体制的融合,而是在社会的融合。"② 这就使"国家干预已不能解决日益严重的资本主义危机,使普通工人对急剧上升的通货膨胀感到恐惧,从而对资本主义国家的合法性产生了怀疑"③。

法兰克福学派的"合法性危机"理论在20世纪80年代新自由主义改革之后日益失去解释力,合法性危机并未威胁到资本主义国家的存续,反而通过减税、放松资本管制、削弱工会力量等一系列新自由主义的政策措施使得资本主义走出了70年代的滞胀危机,并且更为关键的是,新自由主义改革并没有引发工人对国家"合法性危机"的反抗。对此,施特雷克(2015)认为,法兰克福学派的危机理论"低估了资本作为政策行动者和有战略能力的社会力量的作用,并高估了国家政治的行动和计划能力,于是用国家和民主理论来替代经济理论,从而放弃了马克思主义政治经济学遗产中的核心部分,这对他们来说是一大损失"④。

---

①③ 本·阿格尔. 西方马克思主义概论 [M]. 慎之等译. 北京:中国人民大学出版社,1991:440.

② 施特雷克. 购买时间:资本主义民主国家如何拖延危机 [M]. 常晅,译. 北京:社会科学文献出版社,2015:33.

④ 施特雷克. 购买时间:资本主义民主国家如何拖延危机 [M]. 常晅,译. 北京:社会科学文献出版社,2015:18.

本书认为，施特雷克的这一评价是中肯的。不过，对于这一评价，尚需补充另外两个关键性事实：第一，资本主义国家的国家性质，在其本质上维护的是占统治地位的资产阶级的利益。① 这就决定了资本主义国家的民主政治在现实操作中并非一个水平化的公平的利益博弈平台，而是有明确的利益倾向性的调节机构，这对我们理解新自由主义的兴起至关重要。第二，新自由主义的资本积累机制最终得以确立，得益于两个辅助条件——第二次全球化的兴起和第三次科技革命的深化，这两者对于资本恢复利润率和资本主义国家走出滞涨危机都起到了重要作用，从而在一定程度上延缓了危机的到来。

5.2.2 从二战后的"黄金年代"到20世纪70年代的危机和新自由主义全球化的兴起

民主制度和资本主义在二战之后获得了短暂的"甜蜜联姻"，在战后的近30年中，得益于第三次科技革命兴起所造就的"技术长波"和"福特主义积累体制"所带来的大批量、高效率的生产方式，主要资本主义国家的经济生产效率得到了大大的提升，"GDP和人均GDP的增长率几乎是1820年以来任何时期的两倍（见表5-1）；劳动生产率增长也是此前任何时期的两倍；投资出现了前所未有的高涨，资本积累速度大幅度提高"，步入了"发达资本主义经济史上的'黄金年代'"②。同时，随着凯恩斯主义在实践中的兴起，"资本家和劳工之间的'阶级妥协'大体上得到支持，被认为是国内和平稳定的主要保障。国家积极干预产业政策，通过建立种种福利制度（如医疗卫生、教育等）为社会工资制定标准"。③ 主要资本主义国家不仅在经济方面呈现出繁荣的局面，在社会生活领域也呈现出乐观和积极的信号，民主政治和资本积累之间的矛盾关系似乎消失了。

---

① 斯威齐. 资本主义发展论［M］. 陈观烈，秦亚男，译. 北京：商务印书馆，2013：312.
② 孟捷. 战后黄金年代是怎样形成的——对两种马克思主义解释的批判性分析［J］. 马克思主义研究，2012（5）.
③ 哈维. 新自由主义简史［M］. 王钦，译. 上海：上海译文出版社，2016：11.

表 5-1　　西方主要国家 GDP 增长率（年均增长的百分比）　　单位：%

国　家	1950~1973 年	1973~1999 年
法　国	5.0	2.2
德　国	6.0	2.1
意大利	5.6	2.3
日　本	9.2	2.9
英　国	3.0	2.0
美　国	4.0	3.0

资料来源：OECD（2000）；BEA（2000）；Madison（1995，1983）。

然而，繁荣和乐观并未持续太久，从 20 世纪 70 年代初开始，主要资本主义国家出现了经济停滞与通货膨胀并发的局面，具体表现为增长率的下降以及失业率和通胀率的同时攀升。美国的核心通胀率从 70 年代初开始飙升，并在 80 年代初达到高峰（见图 5-2），而失业率从 1970 年到新自由主义改革前的 1983 年也明显地逐步攀升，并最终突破了 10% 的高位（见图 5-3），显然，这和凯恩斯经济学的菲利普斯曲线所揭示出的通胀和失业率有着稳定的此消彼长的规律是不符的，同时，"资本积累的严重危机信号随处可见"，"各国的财政危机（如英国 1975~1976 年不得不依靠国际货币基金组织的援助）造成税收大幅下滑，社会支出急速增长"，"曾经至少在 1945 年之后为发达资本主义带来高增长率的镶嵌型自由主义显然

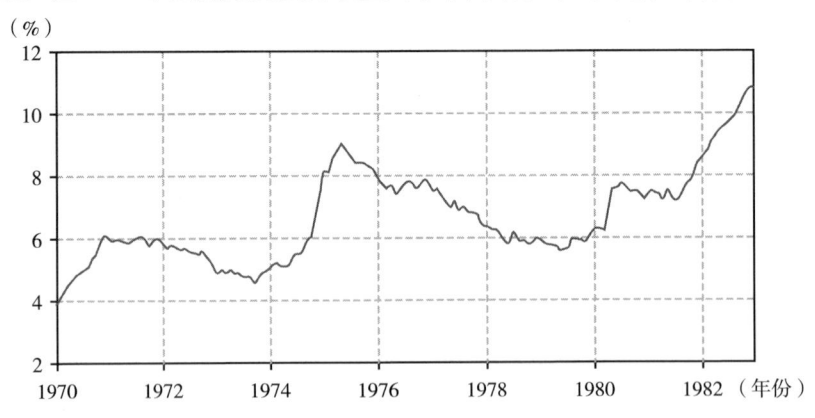

图 5-2　1970~1982 年美国失业率

资料来源：Trading Economics。

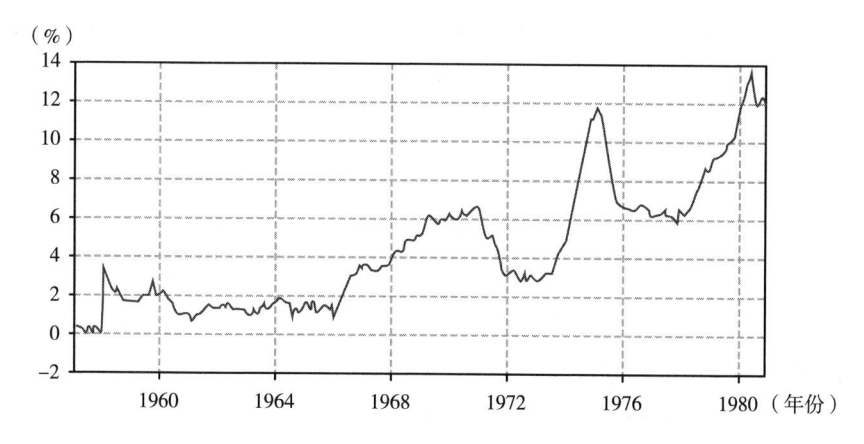

图 5-3　1945~1981 年美国核心通胀率

资料来源：Trading Economics。

穷途末路，不再奏效了"①。70 年代的危机标志着"二战"后"黄金时代"的结束，也标志着凯恩斯主义政策的失灵，资本主义世界需要另觅新途以应对危机。

事实上，20 世纪 70 年代的危机本质上属于资本积累和民主政治矛盾加剧的危机，二战后"镶嵌型自由主义"（embedded liberalism）不仅使劳工福利和工资份额大大提升，更使企业商业权力和上层阶级的经济权力受到大大的限制，资本的逐利本性要求必须从这种受社会和政治约束的"镶嵌"中脱离出来，因此重建市场自由就成了相应利益集团的必然追求。在哈维（Harvey，2016）看来，70 年代危机的解决方案一开始并不是新自由主义，而是社团主义，企图通过强化国家对经济的控制走出危机，甚至"许多发达资本主义国家中劳工和城市社会运动的结合似乎隐约暗示着一种社会主义替代性方案的出现，以取代资本家和劳工之间的社会妥协"。但是，"这些方案在 20 世纪 70 年代中期被证明与资本积累的要求不符"②。因此，到 70 年代中期，上层阶级不得不作出决断，以保护自己免于政治上和经济上的双重失利。这也意味着，新自由主义的改革本质上是上层利益集团俘获政治权力进而有偏向性地改变市场分配结构的政策选择。杜梅内尔和列维通过翔实的数据，仔细分析后认为，新自由主义化过程从一开始

---

①② 哈维. 新自由主义简史 [M]. 王钦，译. 上海：上海译文出版社，2016：12-14.

就是一项旨在重新恢复阶级权力的计划。迪维和林庚厚（2015）则通过分析70年代以来与金融化相伴随的制度和收入的动态变化，认为金融部门通过强化自己的政治影响力，使美国政府出台了一系列放松监管的政策以保证本部门的利润率持续增长，并估计出在1980~2008年，金融化导致大约5.8万亿~6.6万亿美元的收入转移到金融部门，其中约2/3是利润。[①]

综上所述，我们可以得出如下结论：二战后积累模式的危机暴露出资本主义国家深层次上民主政治和资本积累之间矛盾的加剧，使资本主义国家不得不调整政策以应对新的形势，上层阶级和资本利益集团通过绑架民主政体的国家政策取得了有利于恢复本阶级经济和政治权力的阶段性胜利，体现为新自由主义政策的普遍实施，新自由主义政策可以看作在分配领域对市场分配机制所做的有偏向性的改革。

另外，这种改革之所以能够获得长期的生命力，还在于新自由主义政策的实施又伴随着第二次全球化的兴起和第三次科技革命的深化，这两者结合在一起，和新自由主义合力塑造了以发达国家为中心的"中心—外围"式资本主义不平等交换的世界体系和国际产业链的分工体系。"中心—外围"的世界体系保证了资本主义中心国家的利润率和经济增长率，一定程度上缓解了主要资本主义国家经济增长乏力的困局，国际产业链的分工体系使得中心国家的"金融—服务业化"得以顺利实现，同时也由于"去工业化"造成了传统白领工人面临失业的威胁，从而使民主和资本主义之间的矛盾愈加复杂化。

5.3　新自由主义全球化的危机：民主制度的失灵和债务国家的兴起

5.3.1　新自由主义积累模式的危机与民主制度的失灵

新自由主义革命既然也是一次"来自上层的革命"，那么其主导的积

[①] 唐纳德·托马斯科维奇-迪维，林庚厚. 收入不平等、经济租金和美国经济的金融化[J]. 刘沆，译. 政治经济学报，2015（2）.

累模式就势必会造成让少数人获益、多数人受损的结局，事实上，新自由主义的理念和现实之间是有严重偏差的，按照新自由主义的理念，其目标是为了塑造以公平竞争、自由市场、反对政府干预等一系列要素为特征的自由资本主义，但是在实践操作中，国家和政府却不可避免地站在了企业和资本利益的一方，通过强制性的法律削减工会的力量，解除部分社会福利的约束，并为"大而不能倒"的金融企业和私人部门所遭遇的风险埋单。正如哈维（2016）指出的："国家的强制武装被用于保护企业利益，并在必要时镇压反对者。这里所说的没有一样与新自由主义理论吻合。新自由主义者担心特殊利益群体会败坏和颠覆国家，这种情况却最明显不过地在华盛顿发生了，那里的大批企业说客成功地促使立法朝有利于他们特殊利益的方向走。"① 因此，新自由全球化在实践中就不可避免地造就了以下日益严重的后果。

第一，资本/收入比长期扩大，收入不平等加剧。新自由主义政策所造就的结果首先表现在资本/收入比上，据托马斯·皮凯蒂（Thomas Piketty, 2014）的研究，20 世纪 70 年代以来资本在发达资本主义国家中都得到了回归，私人资本与国民收入之比在 1970 年相当于 2~3.5 年的国民收入，在 2010 年则扩大到相当于 4~7 年的国民收入。② 这是资本和收入对比的情况。就收入差距而言，80 年代以来，上层阶级的收入在国民总收入中的占比也迅速提高，以美国为例，前 10% 人群的收入占美国国民收入的比重从 20 世纪 50~70 年代的不足 35%，逐步跃升至 2000~2010 年的 45%~50%，其比重已达到甚至超过第二次世界大战前的份额。另外，据 2015 年经济合作与发展组织（OECD）数据调查显示，如今经济合作与发展组织地区，最富有的 10% 的人群收入已是最贫困的 10% 人群收入的 9.6 倍，明显高于 20 世纪 80 年代 7.1 倍的差距，并且比 2000 年 9.1 倍的比例有所扩大。

第二，中心国家制造业外迁，国内产业金融化、服务业化的趋势加

---

① 哈维. 新自由主义简史 [M]. 王钦，译. 上海：上海译文出版社，2016：79.
② 皮凯蒂. 21 世纪资本论 [M]. 巴曙松等译. 北京：中信出版社，2014：175.

快,传统中产阶级的利益受损。新自由主义在放松资本和贸易管制的同时,势必会带来要素在世界范围内的流动。从时间上来看,20 世纪 80 年代新自由主义改革之后,随着 90 年代两大阵营中苏联的解体和东欧的剧变,第二次经济全球化浪潮借助于美元在全世界的流通和第三次科技革命的深化而兴起,国际上的贸易分工体系也逐步得到建立和强化。在大卫·科茨(David Kotz)看来,全球化趋势和新自由主义的兴起有很大的关联性,新自由主义的目的既然是为了重建资本和公司企业的政治经济权力,那么通过跨国公司和全球产业链的建立获得超额利润和价值剥削就成了其必然选择。[①] 中心国家通过技术和研发优势在获得产业链高附加值环节利润的同时,也不可避免地带来了本国产业"去工业化"和"服务化"的趋势,这进一步带来了就业和收入结构的变化,中产阶级的利益在这一过程中受到了一定程度的损害,进一步引发了带有民粹色彩的保护主义和种族主义,我们在 2016 年美国总统大选中也可以明显看出这一点。

第三,民主制度失灵,"民主政治"逐步演变为"金主政治",政治政策被利益集团绑架,议会投票率普遍下降。民主和资本积累之间的矛盾,在民主制度的失灵中表现得最为明显。在哈贝马斯(2011)看来,西方民主制国家的权力已经从人民手中易手,被技术官僚所俘获。朱安东指出,自 1981 年以来,美国可以被认为已变成一个寡头政治的国家,国家权力集中在一小撮富人手里,他们往往拥有巨大的财富,在银行界、金融界或军事方面处于高层地位并且在政治上强势,普通民众对决策的影响力微乎其微。并且这种趋势通过国家权力日益打破种种法律限制,"美国联邦最高法院在 2010 年取消了对公司政治捐款的限制,2014 年 4 月又宣布取消个人对联邦候选人及政党参与竞选活动最高捐款总额的上限"[②]。另外,西方主要国家的议会参选率自 20 世纪 70 年代以来持续下滑(见图 5-4),其原因并非民众对于一切都满意,而是因为在新自由主义转型中承受失败的低收入阶层以及社会底层无法从政府换届、执政

---

① 李其庆,刘元琪. 全球化与新自由主义[M]. 桂林:广西师范大学出版社,2003:3-14.
② 编写组. 中国:经济与世界[M]. 北京:经济科学出版社,2017:61.

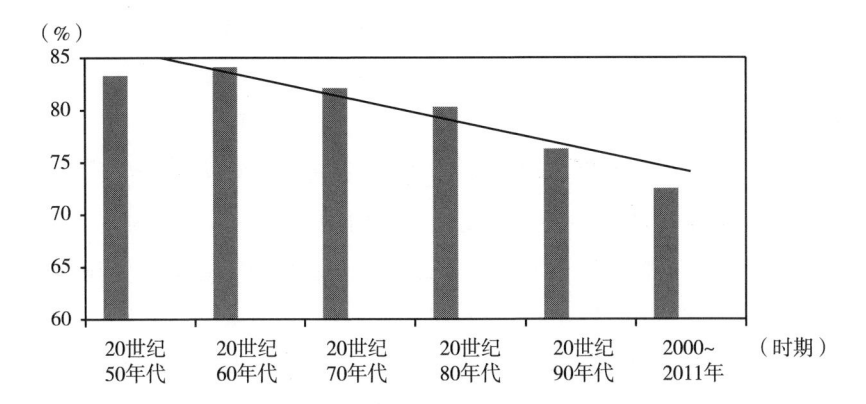

党变更中看到任何有利于自己的希望。①

图 5-4　20 世纪 50 年代至 2011 年西方主要国家议会选举的参选率

注：西方主要国家包括美国、英国、法国、德国、日本、加拿大、意大利、澳大利亚、奥地利、比利时、丹麦、芬兰、希腊、爱尔兰、卢森堡、荷兰、新西兰、挪威、葡萄牙、西班牙、瑞典、瑞士。

资料来源：民主和选举援助国际研究所（IDEA），投票率数据库。引自施特雷克（2015）。

那么，对于民主制度和资本主义所演化的新危机有没有解决的路径可供选择呢？或者说，资本主义国家能否通过进一步地深化新自由主义从而获得新生呢？——就像 20 世纪 80 年代通过新自由主义改革走出 70 年代的危机一样。回答是否定的，因为当前西方国家已经不具备再度深化新自由主义的能力，经过近 40 年的新自由主义模式的持续性深化，"民主"的诉求和"资本主义"的诉求已经从两个方向绑架并且大大削弱了政府自由行动的能力，政府在成为缓和阶级矛盾的调节力量的同时，也成了入不敷出的利益支付方和债务背负方。

5.3.2　西方民主制度和资本主义关系的新演化形式：从"税收国家"到"债务国家"

前面已经指出，民主制度和资本主义在本质上是一对矛盾的存在。而

---

① 施特雷克. 购买时间：资本主义民主国家如何拖延危机［M］. 常晅，译. 北京：社会科学文献出版社，2015：83.

在现实中，化解或者调和这对矛盾的一个重要手段就是国家的中间性作用，具体而言，战后福利国家的兴起使这对矛盾大大缓和，民主制度和资本主义的紧张关系被繁荣和乐观的景象所替代。而20世纪70年代以来两者的矛盾冲突可以用斯特里克（2012）以下这段话简要概括："在70年代，民主对社会正义的诉求和资本主义对依据边际生产力来分配或对'经济正义'的要求之间的冲突，首先是在国内的劳动力市场上表现出来的，在这些国家，工会依据政治上有了保证的完全就业所施加的工资压力，引发了通胀的加剧。当实际上由通货贬值所造成的再分配效应在经济上变得不可持续，迫使政府冒着高度政治风险停止这种做法时，冲突在选举舞台再次出现了。在这里，它引发了公共支出和公共收入之间越来越大的差距，并由此引起公共债务急速上升，为的是响应选民对于超过民主资本主义经济能够奉献给它的'税收国家'的限度的福利和服务要求。"①

理论上我们可以认为，在一个劳资关系比较缓和的制度下，民主制度与资本主义的矛盾是可以不通过国家来调和的。但是，这种假设在现实中是不存在的，利润是企业的核心目标，只要有可能，劳动力的价值一定会被压低到生活必需品的层次，一方面获取更多的利润，另一方面可以保证劳动力的工作动力和工作效率。所以，现实中的劳资关系总是有趋于紧张和矛盾激化的趋势。因此，福利国家是资本主义国家在调和这对矛盾时的必然选择。

但是，福利国家在解决这一外在矛盾的同时，又产生了一个新的内在于自身的矛盾：一方面，国家为满足选民对政府的预期和要求必须提供更为广泛的公共福利来获取民意或执政的"合法性"，这需要足够的税收做保证；另一方面，国家为满足资本的逐利要求又必须尽可能多地减少市场干预、放松市场管制、营造对公司企业有利的经济环境，这又使税收的提升面临着普遍压力。这种内在的矛盾使福利国家不得不解决一个日益积累的危机——财政危机。早期的财政社会学对这一议题有过研究，其中以葛德雪（Goldscheid）为代表。葛德雪深受马克思主义影响，他在1917年和

---

① 沃尔夫冈·斯特里克. 民主资本主义的危机［M］. 温敏编译. 当代世界与社会主义，2012（4）.

第 5 章
21 世纪初叶逆经济全球化的发生机制:基于西方民主制度与资本主义关系的视角

1925 年的两篇文章中建立了一个二元分析框架,并通过研究财政史发现,"与公民选举权的增加相适应,公共财政日益增加,这给公共债权人提供了利用国家来进行剥削的机会,前者利益与资本家和统治阶级利益相一致,他们使国家越来越依赖于债务。在这种情况下,国家偿债的税收压力导致了社会斗争中的示威运动","因此,财政危机实际上反映了财政制度和资本主义的危机"[①]。

詹姆斯·奥康纳(James O'Connor)1973 年的《国家的财政危机》一书使财政危机理论在诸多危机理论中凸显出来。奥康纳的理论建立在以巴兰和斯威齐为代表的"垄断资本学派"的"经济剩余理论"之上,"垄断资本学派"认为资本主义过渡到垄断阶段之后,剩余的吸收和消费不足成了一个关键问题,而国家在剩余的吸收上充当了重要角色。但"垄断资本学派"对国家职能的分析还局限在分配领域,尚未将国家作为经济生产组织加以分析,这一点被奥康纳发挥。[②] 在奥康纳看来,资本主义国家并非只充当"守夜人"的角色,而是面临着"积累"和"合法化"的双重要求,即国家必须同时为资本积累提供"社会资本"和为维护社会和谐提供"社会支出"。由于"社会资本"的支出最终为私人所占有,导致"费用的社会化和利润的私人占有造成了一种国家支出和国家收入之间'结构上缺口'的财政危机"[③]。

"税收国家"的财政危机理论,可以看作民主与资本积累的双重诉求在国家层面的现实反映。不过,与这些危机理论家预想的不同的是,"国家的财政危机"并没有成为致命的因素对资本主义国家造成威胁,其中原因并非新自由主义的政策实施使福利规模有所缩减进而缩小了国家的税收支出。事实上,由于"福利刚性"的存在,资本主义国家的福利支出可以提升缓慢,但已很难得到压缩(见表 5-2)。笔者认为,原因主要在于货币的信用化。20 世纪 70 年代,维持"二战"后国际货币运转的布雷顿森林体系终于解体,美元与黄金脱钩,从此货币步入完全信用化的时代,货

---

① 刘志广. 财政社会学研究评述[J]. 经济学动态,2005(5).
② 何畏. 国家职能的嬗变与资本主义的国家调节——詹姆斯·奥康纳的国家财政危机理论[J]. 学术研究,2010(6).
③ 顾海良. 奥康纳和他的"国家的财政危机"理论[J]. 世界经济,1990(7).

币的信用化导致货币的发行脱离了贵金属的约束,因此国家债务的发行也突破了关键的障碍,"税收国家"逐渐转变为"债务国家","债务国家"将矛盾激化的危机推迟到了未来,在表面上缓和了民主和资本积累之间的矛盾,其实为更剧烈的危机埋下了祸根。

表5-2　　　　美国联邦政府项目支出情况(占国内生产总值的比例)

时期	国防	社会保障	医疗保障	健康(医疗补助)
20世纪40年代	17.0	0.1	—	0.1
20世纪50年代	10.4	1.1	—	0.1
20世纪60年代	8.7	2.6	0.4	0.3
20世纪70年代	5.9	3.8	0.9	0.4
20世纪80年代	5.8	4.5	1.6	0.6
20世纪90年代	4.1	4.4	2.2	1.1
21世纪前10年	3.8	4.3	2.7	1.4

资料来源:美国公共与预算管理办公室(1941~1970年),美国国会预算办公室(1971~2010年).引自哈伯德,凯恩.平衡[M].陈毅平,余小丹,伍定强,译.北京:中信出版社,2015:255.

5.3.3 "债务国家"的兴起对资本积累和民主制度的意义及影响

"债务国家"的兴起是新自由主义全球化以来的一个重要现象。据OECD统计数据显示,在政府债务占GDP的比例上,自2011年法国和英国突破100%的防线之后,七国集团(G7)国家中除了德国尚维持在80%左右外,其余国家全部持续在100%的高位线之上增长。可以说,债务国家是当前世界主要资本主义国家的普遍现象。

从民主制度与资本主义矛盾关系演变的视角看,债务国家是调和此矛盾的必然产物。一方面,受制于资本积累的需求,新自由主义国家不仅需要建立一个利于资本流动和资本获利的调节制度,还得在垄断公司和大型企业陷入危机时充当"救市者"的埋单角色,这势必使国家的收入和支出大缺口不断扩大;另一方面,受制于"福利刚性"和民众的社会公共需求,国家的社会保障、医疗及健康支出不仅没有压缩的空间还有不断增加的趋势,这使国家只能靠更多的债务维持这种长期入不敷出的财政状况。以美国为例,当前其政府债务占国内生产总值的比重已经突破100%,并有继续攀升的趋势,而数据显示,当前美国政府的债务规模已达到了"二战"期间的水平,巨大的国家债务将大大束缚国家的行动能力(见图5-5)。

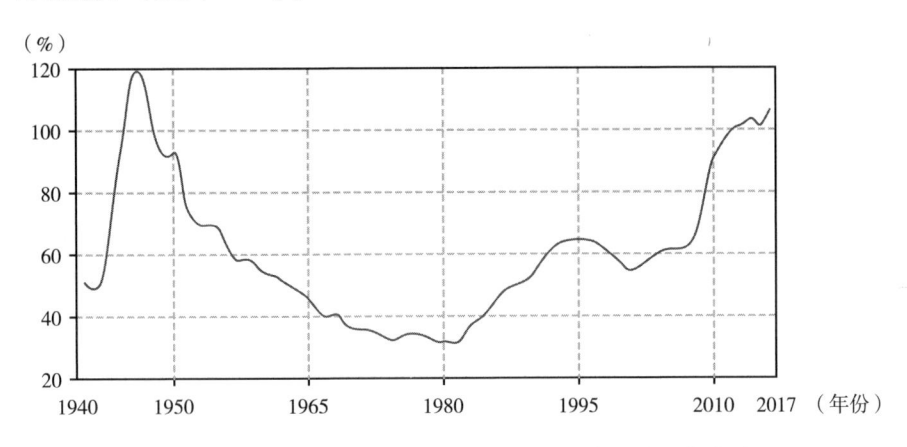

图5-5 1940~2017年美国政府债务占国内生产总值比重

资料来源:Trading Economics。

从目前来看,特朗普政府上台之后一直酝酿的减税计划毫无疑问只是利于提高资本利润率的新自由主义政策的延续,而这种选择是以不断提高政府债务上限为代价的(不过,如果没有这样的政策,美国经济的重振以及资本的回流都将不太可能)。我们也可以看到,当前的政策其实是种危险的平衡。另外,民众和相关群体的利益受损又会通过扭曲民主政治的方式得到反映,在现实中表现为各种带有民粹色彩的民族主义甚至种族主义运动和保护主义运动不断对现有政治秩序造成冲击。

更为严重的是,民主制度和资本主义的矛盾在当下已经日益累积成为一种"政治上的衰败",进而对整个资本主义制度的健康运转造成腐蚀和侵害,曾对西方民主制度抱有"历史终结"之信念的福山(2014)也开始透露出对民主政治纠偏能力的怀疑:"民主政治体制有利于改革的自我纠正机制,但它也让强大的利益集团能够钻空子,以合法的方式阻挡迫切需要的变革,最终导致整个体制的衰朽。这正是美国近几十年一直发生的事实,许多政治制度存在越来越严重的机能障碍。僵化的认知和根深蒂固的政治力量相结合,让体制改革的努力统统流产。在政治秩序不受到巨大冲击的情况下,没有人能保证目前这种情况会发生很大的改变。"①

拉尔夫·米利班德在其1969年《资本主义社会中的国家》一书中认为,"自由民主制度与基本上是剥削的资本主义结构之间的平衡是脆弱的""民主和资本主义必然不能长期共存"②。针对20世纪60年代末的滞涨危机,他预言资本主义社会也许会出现一种新的极权主义以解决日益尖锐的矛盾。虽然这一预言并没有实现,但是为我们观察当前资本主义和民主之间的矛盾演变提供了一个视角,以上所分析的三种危机:两极分化的经济危机、国家的债务危机、民族主义的政治危机,集中起来使得新自由主义全球化的模式越来越不可持续,如果不施以良性的改革,最终将必然以某种导火索的出现引发资本主义世界系统性的危机,而对这种危机的应对和解决必然会再度首先出现在国家政治层面,资产阶级国家在生产关系和政治上的大调整也将不可避免。

正是在这一现实基础上,西方国家在近几年普遍产生了一种新的现象——民粹主义。

第一,经济全球化"不可能三角"理论中对民主制度健康运转的前提假设已经部分程度遭到了破坏,现实的发展并未完全按照理论的预设发生。因为在"不可能三角"理论中,民主制度是可以通过自身的有效运行来协调全球化所产生的一系列问题的,但是正如前面所分析的,西方的民主制度演变到现在,已经出现了某种"衰败"的迹象,政治极端现象日益凸显,对正常的民主制度的运转已经造成了某种负面的影响。

第二,服务于跨国资本尤其是金融资本的新自由主义全球化正在逐渐走入自身设定的死胡同,之所以说是"自身设定",是因为主要的反抗和不满并非来自受新自由主义全球化影响的国家,而恰恰是新自由主义全球化发轫的动力国,而这些反抗在现实层面的主要表现,即西方民粹主义现

---

① 福山:《衰败的美利坚》,http://www.guancha.cn/fu-lang-xi-si-fu-shan/2014_10_12_275200.shtml,2014年10月12日。
② 本·阿格尔.西方马克思主义概论[M].慎之等,译.北京:中国人民大学出版社,1991:433.

象的兴起。

5.4 西方民主制度对新自由主义全球化的反击：西方民粹主义现象的兴起

5.4.1 西方民粹主义现象的兴起

民粹主义，通常是指一种社会思潮，其基本含义是：极端强调平民的价值和理想，把平民化与大众化作为所有政治运动和政治制度合法性的最终来源；依靠平民大众对社会进行激进改革，并把普通群众当作政治改革的唯一决定性力量；通过强调诸如平民的统一、全民公决、人民的创制权等民粹主义价值，对平民大众从整体上实施有效的控制和操纵。民粹主义表面上以人民为核心，但实际上是最缺乏公民个人尊严与个人基本权利的观念。民粹主义者崇拜"人民"，但他们崇拜的是作为一个抽象整体的"人民"，而对组成"人民"的一个个具体的"人"却持一种极为蔑视的态度。民粹主义者反对权威，但他们又容不得反对派，甚至容不得"旁观者"。

从现实层面看，民粹其实是民主的一种变异。民主意味着"民意的合法性"，不过，这也并不意味着民主没有任何限制，在西方目前的政治制度下，民主在政治事务中虽然占有很重的分量，但并没有绝对化。以美国为例，其总统选举在地方可以认为是"直接民主"，但是在全国却最终体现为代议制的"间接民主"，这就在一定程度上弱化了直接民意对政治的影响力，而在其立法、司法、行政的"三权分立"政治体制中，司法权也完全不来自民主选举，同时，国会对民选的总统起到了有力的平衡作用，从而一定程度上避免了民意凌驾于一切权力之上的民粹后果。也就是说，虽然在理论上民主极易滑向民粹，但在具体的政治秩序建构中，西方民主制度尽力避免了这种结果的发生。

从理论层面看，民粹其实是民主制度的一种过激表现，两者的关系十分微妙。一方面，在其理念诉求上，民主意味着"人民当家做主"，而民粹也是通过诉诸人民获得权力，其呈现出来的结果也是"人民当家做主"；另一方面，在权力的合法性来源上，民主意味着权力来自多数人的支持，具体体现在选票的多数上，而民粹也意味着权力来自多数人的支持或多数人的"民意"，具体也体现在选票的多数上。所以有学者称，"民主和民粹，具有高度重合性"。而民主则又分为多元性民主和一元性民主，如果是后者，"那么，本质上'民主'必然走向'民粹'"①。也有学者认为，民粹主义是西方民主的伴生物，是西方民主自身机制的一种必然结果。②还有学者认为，在大众民主时代，在一切为了选票的情况下，民粹主义变得不可避免。③

所以，既然民粹主义的目的仍是"为了选票"，那么我们就不得不继续追问：政客迎合民粹主义是为了获得哪部分选民的选票？为什么这部分选民的选票变得如此关键？而这部分选民又为什么在此时会做出与经济全球化相悖的反向选择？根据我们前面的分析，参与民粹主义运动的主要群体，是那些在新自由主义全球化中利益受到损害而等不到补偿的选民，例如，本国"铁锈地带"的蓝领工人，这部分选民由于受到工厂外迁和"去工业化"的影响，生活质量大不如前，因此主张保护本国制造业的贸易政策；又如，本国白人中产阶级，这部分选民由于外来移民的涌入面临着日益严峻的竞争，因此更加倾向于抵制墨西哥来的拉丁美洲移民进入。所以，这些现象的出现不过表明，当新自由主义全球化的弊病积累到一定程度时，民主制度开始对这种全球化模式展开了反击。

5.4.2　西方民粹主义兴起的原因：西方民主制度对新自由主义全球化的反击

根据经济全球化的"不可能三角"理论，资本主导的经济全球化力量过强时，会对民主制度造成一定的抑制，民主政治必须收缩其影响以使资本可以在全球范围内自由无阻地流动，但这种抑制并非没有代价，尤其是在一种不合理、不公平的经济全球化规则下，长期积累的弊病会在某一时

---

① 刘瑜. 民粹与民主：论美国政治中的民粹主义 [J]. 探索与争鸣, 2016 (10).
② 林德山. 民粹主义是西方民主的伴生物——对欧洲民粹主义与民主关系的辨析 [J]. 当代世界, 2017 (3).
③ 郑永年. 当代民主出现了什么问题？[J]. 领导文萃, 2014 (9)（下）.

刻导致过激的解决方式。目前来看，民粹主义和民族主义的兴起，即是这种过激的解决方式，这种情形之前并非没有发生过，在第 2 章关于第一次逆经济全球化的回顾中我们就已经看到，第一次逆经济全球化的兴起也是借助民族主义和民粹主义的导火索，最终导致"一战"和"二战"的爆发，重创了当时经济全球化的进程。在民族主义和民粹主义的影响下，国与国之间会更多地奉行贸易保护主义政策，奉行本国利益至上的原则，因此，必须对当前西方的民粹主义有所警惕，寻找正确的解决途径，以免陷入更大的分裂和对立之中。同时，也要深刻地意识到，民粹主义虽然是民主制度的一种极端化，但其问题的根源却并不在民主制度这一机制本身，其背后的行为主体是利益无法得到满足的选民，只有解决好这部分民众的切身利益，才能从根本上解决民粹主义的问题。

另外，民粹主义的兴起也暴露出自 20 世纪 80 年代以来席卷全球的新自由主义已经陷入了困境，新自由主义的全球化模式越来越不可持续。所以，如果不改变当前经济全球化的模式，即便按照"不可能三角"理论强化民主制度的执行，也只能是扬汤止沸的权宜之计，最终仍面临着以下两大关键问题。

其一，即便有民主制度的保证，并最终做出了一定的政策回应，但如果不深刻地变革新自由主义的积累模式，仍无法改变贫富差距日益拉大的现实，选民们不过是在政治层面满足了某种成功的幻觉，在经济层面仍然收效甚微，也正是如此，才会有学者认为特朗普对民粹主义的迎合不过是一种政治策略，是一种"伪民粹主义"，因为其在根本上并未触动金融资本的核心利益，也并未将分配的天平更多地偏向大多数的民众一边——事实上，如前面所分析的，当前美国国家的债务化使得政府的能力大不如前，重现"二战"后"黄金三十年"的辉煌几乎不可能。所以，我们也可以从中看出资本主义民主制度的有限性和表面性，而对这种民主制度的改造，需要寻求新的方法和途径。

其二，这种民主制度的强化，很有可能会将问题的原因找错对象，最终导致两败俱伤并使局面进一步恶化。就目前已经表现出来的迹象来看，民粹主义已经将部分问题引向了歧途，民粹主义者们将自身面临的困境归因为经济全球化带来的全球竞争压力，其实只看到了问题的一半，问题的另一半来自国内的政策,这就正如把国内问题转向国外的政客常用的手段一样,因为对本国资本家的反抗屡遭失败,最终只能把问题归结为外来移民、发展中国家的产品竞争等外部因素,这只会误导民众,将问题复杂化并有可能引上歧途。例如,美国传统的蓝领中产阶级之所以日趋衰落,跟本国金融资本的不断膨胀、不断挤压产业资本有着直接的关系。新自由主义政策实施以来,美国公司的金融化程度不断提高,金融行业的高利润和轻资产特征吸引了大量资本和人力的进入,马克思曾深刻地指出,资本运动从 G 到 W 再到 G′,总是试图挣脱中间的环节直接从 G 过渡到 G′,金融资本正是这样一种资本逻辑的产物,所以当一个经济体过度金融化之后,必定会影响到传统产业的发展,而对金融资本的不加限制和约束,正是导致美国国内民粹主义兴起的真正原因,因为从全球产业链的利润分割上看,美国在参与经济全球化的过程中收割的正是高利润、高附加值的部分,本不应对全球化有抵触的态度,而之所以出现这种情况,只能说明这些高额的国际收入都被少数人分割了——美国国内前 10% 人群的收入占国民收入的比重自 20 世纪 80 年代以来不断攀升的事实也证实了这一结论。

所以,要从根源上解决问题,就要对当前的新自由主义全球化模式做出全方位的调整,世界经济需要新的全球化模式来改善现有弊病。根据以上的分析,至少要在以下三个方面作出实质性的改进。

第一,约束金融资本,固本强基,构建以工业为主体力量的产业结构。对金融资本,必须加以限制和管制,否则再继续演化下去,经济上的进一步失衡只会导致政治上的更加激进和不稳定。

第二,改善民生,以民生绩效辅助民主制度。不能单方面强调民主制度而忽略对民生的改善和公平正义的实现,那样的民主制度只是一个解决不了实际问题的空壳:选民们定期选出一个执政者,然后被这个执政者领导若干年,如果不满意就继续再选另一个,对民主制度的过度强调使问题有没有得到解决反而成了次要存在。如果只是这样一种民主制度(称其为"选主制度"更为合适),那么"民主"这一工具最终并没有起到"工具"的作用,反而自身成了要追求的"目的",这就陷入舍本逐末的困境了。

第三，在国际关系上，建构平等、互惠、和平、共赢的良性模式。当今的世界秩序，在一定程度上仍存在大国恃强凌弱的情况，美国作为全球第一强国，其在国际上的霸权行为一直都未根除，曾多次绕过联合国等国际组织对他国内政进行粗暴干涉，并在进行经济贸易时附带一定的政治条款，或者以意识形态之名对个别国家采取歧视性政策。可以说，这些做法都不同程度地影响到了目前的国际治理秩序，并损害了现有国际机构和国际调节机制的公信力。对霸权主义的反抗无疑是弱国反对当前全球化模式的一大原因，因此，要更好地解决这些问题，就要寻求新的全球治理理念，并构建新的国际治理模式。

中国的实践经验和理论发展都具有丰富的意义。中国的经济发展经验可以作为化解西方国家产业空心化"病症"的一剂良药，同时，中国的民生治理经验也可以对西方民主制度暴露出来的问题提供有益的参考，而中国的"一带一路"倡议和不断参与全球治理的理念和主张又可以为未来新一轮经济全球化的秩序构建提供"中国方案"。

5.5　美国对外政策转向的经济根源及未来可能性走向分析

自特朗普政府上台之后，美国开始实施一系列保护主义政策，主要体现在提高部分产品关税、限制外来劳动力流入等，同时在国际上也逐渐收缩其安全保护战略，减少对国际社会公共产品的投入，提出"美国优先"口号，以期集中资源和力量发展本国经济和实现本民族利益。这种明显具有新现实主义特征的转向具有丰富的指示意义，一方面它宣告了近几十年来美国主导的在全球范围内极力推广的新自由主义国际秩序在实践上的失败；另一方面也预示着未来国际秩序将进入一个高度不稳定的脆弱敏感期。

与此同时，国际政治经济学领域的新现实主义思潮在美国本土也得以借机复燃，并与现实层面的保护主义政策交相呼应，对"二战"后逐步建立起来的新自由主义的国际秩序造成了不小的冲击。例如，进攻性现实主义的代表人物约翰·米尔斯海默(2019)就认为,自由主义霸权注定是徒劳无益的,其倡导的民主和平论、经济相互依存论和国际制度和平论都是站不住脚的。① 而黄亚生(2019)则观察到,目前美国民主党和共和党两党已经形成一个"现实主义共识",就是用国际关系理论里的现实主义思维模式和策略来处理中美关系问题。② 可见,随着美国在对外政策上保护主义的兴起,理论领域内的冷热也悄然发生了转变,倡导相互依存、互利共赢的新自由主义国际秩序观正在逐渐退潮,代之而起的则是奉行本国利益至上、本民族利益优先的新现实主义国际秩序观。

那么,我们不禁要问:这一转变是如何发生的?美国对外政策为何在此时转向了新现实主义?新自由主义最初所构想的国际政治经济秩序为什么最终没有实现?而新自由主义的实践又为什么会走入泥潭?本书通过对马克思主义政治经济学中价值生产与价值分配两个概念的挖掘,区分了国家对外经济的三种类型:生产型、贸易型与掠夺型。这三种类型的经济模式体现在国际政治经济秩序上就表现为:前两者为自由主义范式的生成奠定了基础,后者则为现实主义范式的产生铺就了道路。历史地看,美国国内经济结构在20世纪80年代之后经历了一系列重大转变,这些转变长期积累的结果使美国经济体逐渐弱化了其生产型和贸易型的特征,而越来越呈现出以金融资本为代表的掠夺型特征,最终造成新自由主义经济政治秩序在实践中的失败,新现实主义得以重新兴起。美国如果不从根本上矫正其新自由主义政策所导致的一系列弊病,那么新现实主义就会是一种必然的危险选择,因此,在逆经济全球化的现象背后,我们也必须关注美国未来的对外政策。本部分试图构建一个理解美国对外政策转向的内在理论逻辑,在此基础上,进一步指出美国未来政策的可能性走向。

5.5.1 国家对外经济的三种类型:生产型、贸易型与掠夺型

国家对外经济是生产社会化发展到一定阶段的必然结果,随着生产力

---

① Mearsheimer, J. J. The Great Delusion: Liberal Dreams and International Realities Greatpower Politics [M]. New Haven: Yale University Press, 2019.

② http://huangyasheng.blog.caixin.com/archives/212131.

第 5 章
21 世纪初叶逆经济全球化的发生机制：基于西方民主制度与资本主义关系的视角

的提升、社会分工的细化、交通和通信工具的改进，经济生产活动必定会冲破国界和区域性的地理、政治界限，逐渐形成一种全球性质的世界市场和世界经济。正如马克思恩格斯指出的："不断扩大的产品销路的需要，驱使资产阶级奔走于全球各地，它必须到处落户，到处创业，到处建立联系。资产阶级由于开拓了世界市场，使一切国家的生产和消费都成为世界性的了。"[①] 可见，国家对外经济的建立是经济发展的客观必然，也是一国更好地实现本国利益的现实选择。不过，国家对外经济并不都是互利共赢、平等友好的，在不同的历史时期，同一国家在世界经济中的行为表现也会呈现出不同的面貌，这取决于该国在世界经济活动中所处的位置以及承担的角色。要理解为什么同一国家在不同时期会有不同的对外经济政策，首先就要从经济活动的完整链条中理解价值生产和价值分配是如何进行的。

1. 价值生产与价值分配

价值理论是马克思主义政治经济学的基础理论，正是对价值生产和价值分配问题的充分关注，使马克思政治经济学在对经济运行真实逻辑的把握上，要远比忽视价值理论的主流经济学更为深刻。在主流经济学看来，均衡价格即意味着商品的价值，价值是主观的，取决于商品对消费者的效用，而在马克思主义政治经济学看来，商品的价格和价值具有明显不同的内涵，价值是商品的客观属性，是凝结在商品中的社会必要劳动时间的体现，价格则是价值的外在表现。将这两种逻辑运用到生产要素的价格上，就会产生两种截然不同的结果：主流经济学认为在均衡价格下所有的要素都得到了它应得的报酬，分配的结果就意味着经济的正义；马克思主义政治经济学则认为劳动力这一生产要素虽然得到了它应得的工资，但是工人获得的工资会小于其劳动力所创造的价值，分配的结果可能意味着经济的非正义。

因此，在马克思主义政治经济学看来，价值的生产与价值的分配遵循

---

① 共产党宣言 [M]. 中共中央马克思恩格斯列宁斯大林著作编译局译. 北京：人民出版社，2009：31.

着两条不同的逻辑：价值生产遵循的是社会必要劳动时间的逻辑，而价值分配遵循的是生产资料所有权的逻辑。在价值恒等式 $w=c+v+m$ 中我们可以看出，商品的价值被分成了不变资本（c）、可变资本（v）和剩余价值（m）三部分，如果商品按照等价值出售，资本家通过对生产资料的占有，得到了 $c+m$ 部分，工人则得到了 v 部分。进一步地，我们知道，在价值的生产过程中，人类的活劳动要借助原材料、自然力、资本、技术、信息等一系列非劳动力要素得以实现，活劳动的时间则构成了价值新增加值 $v+m$ 部分，与其他非劳动力要素的作用区分开。而在价值的分配过程中，商品的价值分配则按照所有权原则进行，这一过程又分为两个主要部分：第一，价值生产过程中的要素所有者，这部分中人类的活劳动同其他非劳动力要素被视为同质化的生产要素，按所有权归属进行分配；第二，价值实现过程中的要素所有者，这部分主要包括从事商业活动或与商业活动有关的要素所有者。从资本的形式来看，产业资本主要取得第一部分的价值分配，商业资本主要取得第二部分的价值分配，而从产业资本和商业资本中暂时分离出来的金融资本则分得两种职能资本所取得的价值分配额，其中的逻辑如图 5-6 所示。

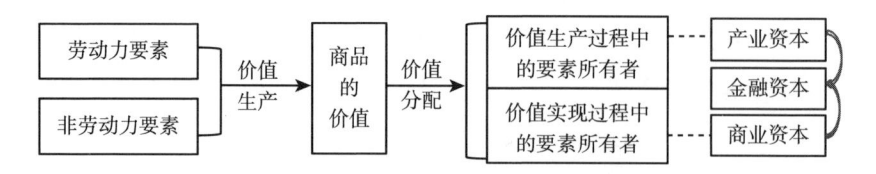

图 5-6　商品的价值生产与价值分配

因此，从价值分配的角度来看，如果某一经济体所分配到的价值主要是由于从事生产活动而获得的，那么就可以将这种经济体称为生产型经济体，而如果某一经济体所分配到的价值主要是由于从事商业活动而获得的，那么就可以将这种经济体称为商业型或贸易型经济体。此外，金融资本本身不创造价值，其所获得的价值分配主要来源于产业资本和商业资本，带有一定的掠夺性质，因此，如果某一经济体所分配到的价值主要是由于从事金融活动而获得的，那么就可以将这种经济体称为掠夺型经济体。至此，我们可对国家对外经济的类型进行更为细致的分析。

2. 国家对外经济的三种类型：生产型、贸易型与掠夺型

一般认为，近代的全球化从1492年地理大发现开始，不过国家对外经济则远比地理大发现要更早，古代中国的丝绸之路、中世纪阿拉伯世界的海陆贸易，都出现在地理大发现之前，我们以三个有代表性的例子说明国家对外经济的三种类型，这三个例子分别是明清时期的中国、中世纪的阿拉伯世界，以及近代的西班牙和葡萄牙。

第一，生产型的国家对外经济。这种经济体的特征是本身以商品的生产为主，在商品的价值生产环节投入了高比例的社会劳动，商品价值的创造主要在本国经济体内部完成，而对外经济则主要承担商品价值实现环节的功能。这样一种经济体的主要代表便是明清时期的中国，这一时期由于手工业技术的高度发达和工艺品精细化程度的提升，以茶叶、丝绸、瓷器为代表的中国商品大量销往海外，成为当时欧洲皇室贵族竞相追逐的奢侈品，以至于在17和18世纪的欧洲产生了追捧中国文化、艺术的"中国风"，中国商品凭借质量和技艺成功地占据了商品价值链的高端，取得了巨大的贸易顺差。这样一种对外经济是生产型的，因为其经济体主要以生产为主，商品的生产环节基本都是在本土实现，对外经济只是为了拓展实现商品价值的市场而已。

第二，贸易型的国家对外经济。这种经济体的特征是本身不从事商品的生产，而是通过商业活动获取商品买卖的差价，其行为不对商品的价值增值产生影响或者仅仅增加其运输、仓储、保管等部分影响，简单而言，商品的价值创造在前一阶段已经完成，这种经济体主要承担商品价值实现的功能。可以看出，贸易型的国家天然有发展对外经济的驱动力，而且由于其角色的特殊性，其对外经济同时进行的，这样一种经济体的典型代表便是中世纪的阿拉伯世界。阿拉伯世界由于自身自然资源和要素禀赋的限制，比较难以发展精细的商品制造业，但是其独特的地理位置则为其进行跨国和跨地区贸易提供了天然的便利。在鼎盛时期阿拉伯商人，几乎垄断了亚欧大陆之间的主要海陆贸易，来自亚洲的香料、丝绸、瓷器等商品，必须经过阿拉伯商人才能顺利进入欧洲，这种经济模式为阿拉伯世界带来了巨大的财富，直到欧洲海上新航线开辟之后才

逐渐式微。这种对外经济是贸易型的，因为其经济体本身基本不进行商品价值的生产活动，主要通过执行商品价值实现的功能获得价值分配。

第三，掠夺型的国家对外经济。这种经济体的特征是本身既不从事商品的生产，也不从事商品的买卖，而是通过某种形式的掠夺获得商品的价值分配。这种经济最原始的形式是暴力掠夺，传统以游牧民族对农耕民族的掠夺为代表，近代以西班牙和葡萄牙的崛起为代表。由于航海技术的发达和海上武装力量的先进，西班牙和葡萄牙在近代先行占据了南美、东南亚等地区的优势地位，通过一种暴力殖民的方式对这些地区的资源和财富进行大肆掠夺，使这两个国家在近代迅速崛起。这样一种对外经济是掠夺型的，并带有一定的非经济活动的军事特征。过渡到现代之后，随着国际秩序的逐步建立，直接的暴力掠夺越来越难以在国际社会中取得合法性，以金融资本为代表的非暴力掠夺就逐渐成为掠夺型对外经济的主要形式。如上所述，金融资本本身不创造价值，其所获得的价值分配主要来源于产业资本和商业资本，因此带有一定的掠夺性质，所以我们可以把通过金融资本获得价值分配的对外经济行为称为掠夺型的对外经济。

5.5.2 国际关系的两种范式：自由主义与现实主义

国际关系的建立是国家对外经济发展的必然结果，既然国家对外经济有三种可能性的途径，那么每一种途径所导致或者要求的国际关系也会有所不同。一般而言，生产型和贸易型的对外经济强调国际合作和市场开放，认为国与国之间是一种相互依存的关系，任何一个国家经济的发展离开其他国家都会遭受损失，世界市场和世界范围内的分工合作是每个国家发挥自身比较优势的不二之选。这样一种国际秩序的要求其实可以看作自由主义在国与国之间的延伸，在自由主义看来，完全竞争开放的市场能够最有效地配置资源，市场主体之间是相互依存、互利共赢的关系，如果我们把每个国家作为市场参与的主体，便可在更高的层面合乎逻辑地推导出国际关系的自由主义范式。

自由主义范式则将市场置于和国家同等重要的位置，并且在目的论

第 5 章
21 世纪初叶逆经济全球化的发生机制：基于西方民主制度与资本主义关系的视角

意义上更看重市场的位置。从自由主义范式角度来看，全球性市场的形成极大地提高了资源在世界范围内的配置效率，国际分工的深化和全球产业链的形成，使各国都能通过开放经济会自身的要素禀赋得到最优化配置；从纯粹经济学角度来看，经济全球化和全球性的市场能使整体福利得到提升，并且现实地看，跨国公司、国际机构等一系列非国家组织已越来越成为一种独立于国家主权之外的力量，在国际经济、政治舞台上起着重要作用。自由主义的代表人物包括罗伯特·基欧汉（Robert Keohane）和约瑟夫·奈（Joseph Nye），其代表性理论有复合相互依存论、敏感性理论和脆弱性理论等，自由主义的国际秩序观认为国与国之间是相互依存、密不可分的利益共同体，未来社会发展的前景是国家权力越来越让步于世界统一的市场和非国家组织，一个全球性的自由市场的建立是自由主义范式的理想构想，而在这样一种构想中，国家的角色不再如传统中那般重要，其权力和地位都会有所削弱，其功能更多的类似于世界市场的"守夜人"。

另外，掠夺型的对外经济则与生产型和贸易型有着明显的区别。从掠夺型的经济体的角度来看，世界的资源和财富是一定的，而各国对资源和财富的占有则是非此即彼的零和博弈，一国如果想要占有更多的财富，首先要强化本国的掠夺能力，使自身在"掠夺竞赛"中胜出，其次再通过打击、瓦解其他国家的防御能力使其资源和财富失去保护的屏障，进而可以顺理成章地实现掠夺和占有更多的财富——在古典社会游牧民族的劫掠行动和现代社会国际金融资本的"剪羊毛"行为中，我们都可以看到这样一种逻辑的存在。显然，这样一种逻辑认为，国家的对外经济是冲突的而非和谐的，国与国之间仍然遵循凭借实力说话的"丛林法则"，强国和弱国之间的地位、权力都是不平等的，在国际关系中特别强调对本国、本民族利益的捍卫。这样一种对外经济行为的国际关系结果，即是现实主义的产生。

现实主义范式属于国际关系中比较经典的一种。现实主义认为，在国际关系和国与国之间的经济贸易中，国家的利益是首要且根本的，经济全球化固然使世界各国和各地区逐渐成为不可分割的整体，但这并不意味着一国的利益要服从于全球的利益，在全球化的背景下，国家与国家之间的竞争还是十分明显且激烈的，全球化并没有从根本上改变经济行为的民族国家性质。例如，虽然跨国公司在国际事务中的影响力日益提升，以至于呈现出和主权国家分庭抗礼的局面，但事实上，所有跨国公司都属于某一主权国家，其行为和战略都深深地受到母国的政策、法律等多方面的限制。因此，现实主义认为，并不存在一个目的论意义上的"世界经济"，或者说经济全球化只是民族国家实现自身利益的手段，只有国家构成目的，其利益也具有根本性。在此基础上，现实主义进一步提出了国际公共产品理论和霸权稳定理论，其代表人物包括金德尔伯格（Kindleberger）和罗伯特·吉尔平（Robert Gilpin）。有必要进一步指出的是，现实主义对美国的国际政策影响深远，在美国的政界和学界均拥有巨大的影响力。

因此，通过以上两方面的论述，我们基本上可以得出以下两种对应关系：生产型和贸易型的经济体，其对外经济的结果是自由主义范式的国际秩序得以建立，而掠夺型的经济体，其对外经济的结果是现实主义范式的国际秩序得以建立（见图5-7）。

生产型和贸易型的经济体	→	自由主义范式的国际秩序
掠夺型的经济体	→	现实主义范式的国际秩序

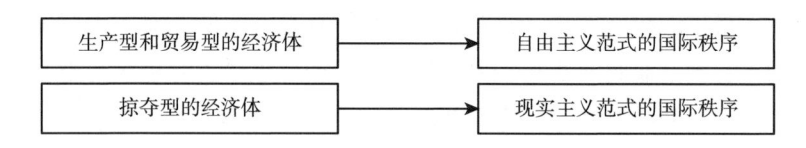

图5-7 国家对外经济的类型与所对应的国际秩序

在此基础上，我们可进一步地考察美国对外政策从自由主义转向现实主义的经济层面的原因。简而言之，美国国内经济从20世纪80年代开始，出现了生产外包、产业转移、金融资本崛起、劳动收入占比下降等一系列现象，使美国经济体中靠制造业为主的价值生产特征越来越弱化、以金融资本为主的价值掠夺特征越来越明显，而劳动占比的下降和资本占比的提升也使美国国内经济面临一系列新问题，最终在现实层面导致了以下两种结果：第一，价值掠夺使美国的对外政策偏向强调本国利益至上的现实主义，对国外一些创新产业和高科技公司则加以打压；第二，产业外迁和制造业的衰落使美国传统的"蓝领"工人将处境的恶化归咎于经济全球化，进而在国内兴起了一股保护主义的思潮和运动。

5.5.3 美国国内经济结构的变迁及其结果

从20世纪80年代开始，西方国家"二战"后的"30年黄金期"逐渐进入尾声，为应对70年代的滞胀和持续的经济低迷，在供给学派和货币学派的影响下，英美等西方国家开启了以自由化、市场化、私有化为核心内容的新自由主义改革，具体措施包括降低企业赋税、削弱工会力量、私有化部分国有企业、放松对资本的监管和约束等，新自由主义的改革者信奉市场至上的理念，认为市场是有效的，政府管得越少越好。与此同时，随着全球化的深入，尤其是90年代之后社会主义阵营的解体，西方国家的全球产业链布局发生了重大变化，一些劳动密集型和环境成本较高的生产环节通过外包的形式从本土剥离出去，在劳动力成本和环境成本都更为低廉的发展中国家进行规模化生产，本土则主要保留高附加值、高利润的生产环节，使本土经济逐渐呈现出以知识、技术、品牌等为主要内容的轻资产化特征。此外，新自由主义改革也是一场有利于金融部门和金融资本的改革，使得在各资本类型之间，金融资本相对于其他资本明显取得了占优地位，华尔街与美联储联手操纵着美国的经济政策和政治走向，最明显的事实是2008年全球金融危机之后，那些因房贷而破产的中小家庭没有及时得到政府救助，而因为"太大而不能倒"的金融企业和享受高薪待遇的高层管理人员反而通过议会议案得到了财政部的拨款，金融行业对美国政治决策的影响力由此可见一斑。

新自由主义使国内产业金融化、服务业化的趋势加快的同时，由于全球化的兴起，发达国家的夕阳产业、低端制造业也纷纷外迁至劳动力成本和环境成本都更有优势的后发国家，致使本国的传统中产阶级利益遭受损失。需要指出的是，美国产业去工业化的动力也在于新科技革命之后的技术优势，技术优势的存在，使美国可以获得相对其他国家更高的超额利润，而我们知道，超额利润的来源依然是劳动过程中的剩余劳动，带有"超剥削"的性质，因此，这样一种技术垄断型的超额利润生产机制，既是国际产业转移的原因，也是国际不平等交换的基础，是美国经济逐渐呈现出"掠夺型"特征的另一个方面。

新自由主义在放松资本和贸易管制的同时,势必会带来要素在世界范围内的流动。从时间上来看,20世纪80年代新自由主义改革之后,随着90年代两大阵营中苏联的解体和东欧的剧变,第二次经济全球化浪潮借助于美元在全世界的流通和第三次科技革命的深化而兴起,国际上的贸易分工体系也逐步得到建立和强化。中心国家通过技术和研发优势在获得产业链高附加值环节利润的同时,也不可避免地带来了本国产业"去工业化"和"服务化"的趋势,进一步带来了就业和收入结构的变化,中产阶级的利益在这一过程中受到了一定程度的损害,尤其是制造业的就业人数,从80年代以来有明显的大幅下滑的趋势(见图5-8),产业的国际转移和制造业的外迁使"铁锈地带"的"蓝领"工人状况恶化严重,这些利益受损的群体进一步将问题归咎于经济全球化,认为是国外的工人和移民抢走了他们的"饭碗",进而引发了近年来在美国已多次出现的带有民粹色彩的保护主义和种族主义。

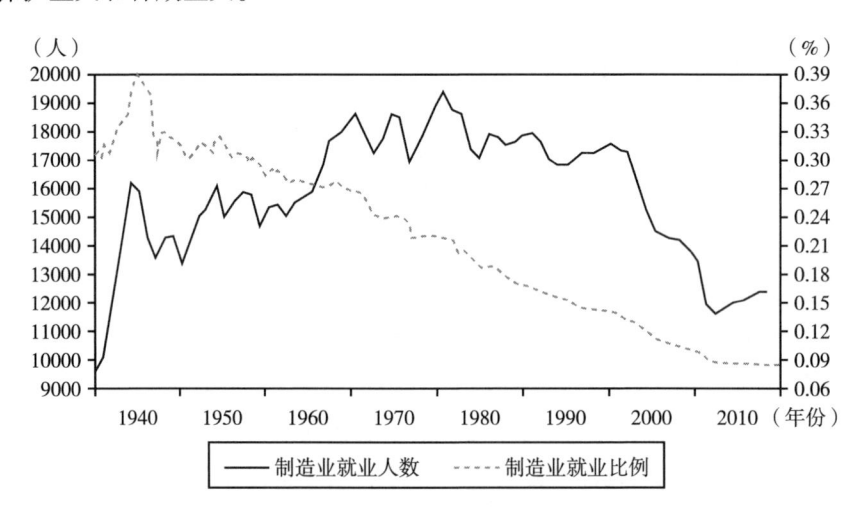

图 5-8 1940~2010 年全球化与美国制造业就业的持续下滑

注:制造业就业比例 = 制造业就业人数/总就业人数。
资料来源:美国劳工局的统计。

美国从20世纪70年代宣布美元与黄金脱钩,从此顺利地开启了美元国际化的进程,80年代随着里根政府的上台又开启了新自由主义改革,90年代随着苏联社会主义阵营的解体,开始将劳动密集型的产业集中向中国等发展中国家转移,这些经济变化的最终结果,使美国经济逐渐从一个价值生产型的经济体转化成价值掠夺型的经济体，具体表现为金融资本的崛起、制造业的衰落、贫富差距分化日益严重等方面。而金融资本占有剩余价值的基本方式是从商业资本和产业资本中"食利"，制造业占有超额剩余价值的基本方式是通过技术优势来维持，这两种剩余价值的占有方式都需要通过某种垄断的手段获得，因此我们看到，美国极力要维护的垄断优势主要有两个：第一，美元的国际通用货币地位；第二，美国的高科技术优势。前者已有大量的先例可作证明，美国20世纪80年代对日元的打击、21世纪开始对伊拉克的战争，以及持续不断地对欧元的阻扰，实质上都是为了保证美元的霸权地位不至于受到挑战，只要美元依然是全球商品结算的通用货币，美国就可以继续通过信用透支的方式消费即期的全世界资源和财富，就可以维持美国作为食利者的地位。至于维持自身的高科技优势地位，从美国最近几年对中国高科技公司的打压中可见一斑。在剩余价值生产机制中，技术先进的企业可以通过缩小必要劳动时间生产更多的相对剩余价值，从而获得技术红利意义上的超额利润，如果说这样一种生产方式在生产力意义上有积极作用的话，那么如果在生产关系和分配关系上不能得到改进，就必然会导致相对人口过剩、失业率上升、贫富分化加剧等一系列社会问题，最终会反过来对这样一种价值生产方式造成冲击，而美国的产业结构从90年代以来借助全球化之力出现了大幅度的调整，创造大量就业岗位的制造业不断萎缩，更是加剧了美国国内近年来保护主义势头的兴起。

这种国内经济结构的内在变化，酝酿了现实主义思潮兴起的土壤，使美国在对外经济政策方面出现了从自由主义到现实主义的转换。所以美国现在的对外政策是有着深远的经济基础的。当然，美国现实主义重新抬头的另一个原因则在于对中国崛起的防范和压制，从政治逻辑来看，一方的增强即意味着另一方的相对削弱，中美贸易即使对中美两国都有益处，但如果中国实力增长的速度明显快于美国，那么就必然会在国际权力上形成一种此消彼长的状态，这是作为霸权主义的美国所不能接受的。在生产已经全球化的时代，贸易战从经济角度看必然是两败俱伤，但是如果通过贸易战可以制服中国，那么即使"伤敌一万自损八千"也仍然是权力博弈角度下的理性选择，而我们也看到，这种现实主义的选择也正是美国对中国正在采取的新的战略对策。

5.5.4 美国未来对外经济政策的可能性走向

根据以上分析，我们可以就美国未来对外经济政策的可能性走向做一个大致的预判。美国未来对外经济政策的第一种可能是走向国家利益至上的新重商主义，这种新重商主义其实是新现实主义的代名词，主要内容为贸易保护主义、关税政策及技术壁垒的限制，通过国家行为引导资本、产业回流美国等，这种行为也是目前美国在多个领域正在实施的措施。笔者认为，这种现实主义的走向在短期内可以施行，但长期一定走不通。首先，贸易保护主义本身是逆全球化的历史发展潮流的，经济全球化是社会生产力和社会分工发展到一定阶段后必然出现的现象，不是人为力量可以逆转的，某个国家可以在短期内为了维护自己的利益而在政治上采取保护主义的政策，但是经济层面的生产力发展具有决定性作用，经济制度的安排也必须与这一发展趋势相一致，否则就会通过强制力的形式变革经济制度，使生产关系能够适应生产力的发展。其次，现实地看，美国的"再工业化"迟迟未有成效，这与生产的全球化有密切的关系，不同于重商主义时期主要以成品贸易为主的经济全球化，现在的国际贸易中半成品和零部件贸易已占主要地位，这就使传统的关税政策不再足够有效，再加上本国熟练工人的断代，美国的"再工业化"阻力重重。[①] 最新的数据表明，制造业占美国经济比重降至72年来新低，过去几年，虽然特朗普政府呼吁大力重振美国制造业，但制造业占美国经济的比重反而在下降。[②] 所以，经济层面的现实主义选择已基本宣告失效，至于政治层面的现实主义，如果发生新的"冷战"或区域冲突，这将是债务高企的美国所无法承受的，换言之，即使美国有意图对新兴大国采取全方位的遏止政策，但财政和贸易长期积累的"双赤字"状况已大大限制了政府的行动能力。

[①] 获2013年普利策新闻奖的《iPhone为何中国制造？》一文，对此做了精彩的阐述。
[②] http://www.jjckb.cn/2019-10/31/c_138516522.htm.

美国未来对外经济政策的第二种可能是继续维持并延续新自由主义的国际秩序。相比现实主义，自由主义在理论上显然更容易让国际社会接受，一个全球性市场的建立和开放经济的塑造，既可以促进各国人民的福祉，也可以强化国与国之间的联系，世界越来越成为一个休戚与共、相互依存的利益共同体，这至少在愿景上是比现实主义更优的选择。不过，阻碍美国继续维持新自由主义国际秩序的因素也不容小视。首先就是美国自身能力的衰落，美国现在的政府债务占 GDP 比重已位居 OECD 国家中的第五位，可以预见，金融化和债务的长期积累将使美国的国际能力大不如前，这也是美国提出要降低其在海外维持国际秩序的运营成本的原因。此外，新自由主义造成的贫富极化和劳工阶级的弱化也对自由主义秩序本身构成了一系列威胁。因此，美国若想继续延续其在过去几十年中塑造的新自由主义式的国际秩序，首先就要对新自由主义的弊病做出医治，要通过一系列经济社会改革向大资本征收高额累进税、改善民生和劳资关系，培育更具活力的经济体和更加公平的经济分配制度，显然，这对美国而言将是一场不亚于 20 世纪初"进步主义"运动的系统性改革，势必阻力重重。

美国未来对外经济政策的第三种可能是走向一种兼具自由主义和现实主义特征的混合型政策模式，最有可能的情形是经济上的自由主义和政治上的现实主义兼而有之，在通过经济自由主义继续维护美元霸权地位、获取货币和技术垄断利润的同时，在安全领域逐渐退出自由主义的愿景，采取一种节约成本的、本国利益至上的现实主义策略。另外，经济上的自由主义也会有所区别地对待：在对待新兴大国时持一种现实主义的态度，对待其他贸易伙伴时则持一种自由主义的态度，弱化多边贸易体制的地位，强化双边贸易机制和区域合作。笔者认为，这种选择对于美国而言是三种可能中可能性最大的一种，因为这种选择既能避免政策全盘转向所带来的国内外阻力，也能够降低美国在海外承担的过多成本，从而集中资源应对对自身利益较为重要的国际事务。

以上几种美国对外经济政策的可能性选择，对中国而言都不算是有利，即使是较为有利的自由主义政策，也依然是一种自由主义霸权政策，其背后明确地体现着美国的货币霸权和军事霸权。中国作为发展中的大国，一向坚持走和平发展之路，奉行独立自主的和平外交政策。针对近年国际上兴起的逆全球化浪潮和贸易保护主义趋势，中国也提出了一系列对于构建新型经济全球化的愿景和目标，并逐渐形成了一个丰富的理论体系。这一理论体系的核心指导思想是"人类命运共同体思想"，在其外围则是"共商共建共享"的建设原则，其具体的实践路径则是"一带一路"倡议的实施，这样一个日渐成熟的理论和实践探索，我们可以统称其为引领经济全球化的"中国方案"。

第 6 章

引领经济全球化的"中国方案"

从第 5 章的分析中我们可以看出,由于新自由主义的全球化在处理国家、资本和工人三者之间的利益时过度地偏向资本(尤其是金融资本),使发达资本主义国家一项运转有序的民主制度陷入某种程度的失灵状态,民主的过激反应使以保护主义和民族主义为特征的逆经济全球化现象迅速蔓延开来。经济全球化陷入了阶段性的困局。

与此形成鲜明对照的是,在西方发达国家对经济全球化报以失望和消极态度之时,以中国为代表的发展中国家却在为更进一步推进经济全球化不断地做出积极的努力。这种反差在 2017 年 1 月的达沃斯世界经济论坛期间表现得尤为明显:中国国家主席习近平在论坛开幕式上发表主旨演讲时指出,"世界经济的大海,你要还是不要,都在那儿,是回避不了的。想人为切断各国经济的资金流、技术流、产品流、产业流、人员流,让世界经济的大海退回到一个一个孤立的小湖泊、小河流,是不可能的,也是不符合历史潮流的"①。

中西方之间对经济全球化的反差态度,一方面为我们描绘了目前世界各国对待经济全球化的基本现实,另一方面也为我们提出了一系列需要进一步思考的问题:中国为何能在西方国家的保护主义和民族主义种种泥潭中独树一帜?中国提出的以构建"人类命运共同体"为核心理念的新型全球化模式能够破解西方所陷入的全球化困局吗?中国又何以可能引领新一

---

① 习近平. 共担时代责任 共促全球发展 [N]. 人民日报, 2017-01-18 (003).

轮的经济全球化呢？在新一轮经济全球化的构建中，又有哪些值得借鉴并付诸行动的"中国方案"？可以说，对这些问题的回答，不仅能够化解西方人对中国目前的国际行为所存在的一些误解和困惑，也能够为全球经济走出逆全球化困境贡献出"中国智慧"。

6.1 引领经济全球化：中国何以可能

改革开放以来，中国经济取得了举世瞩目的成就，中国在世界上的地位得到了快速提升，影响力也不断扩大，中国的发展为世界做出了巨大贡献。同时，中国的发展也离不开世界，正是通过开放国门、融入世界经济，中国的生产要素才得以展现出巨大的活力，生产技术才得以快速提升，人民生活水平也得以不断改善。可以说，中国在融入经济全球化的过程中，一方面，积累了丰富的建设经验和方法，对世界经济起到了至关重要的作用，这是中国能够引领经济全球化的主观条件；另一方面，世界经济发展到今天，已无法脱离中国这一全球第二大经济体而独善其身，这是中国能够引领经济全球化的客观条件。

6.1.1 改革开放以来中国与世界经济的关系

改革开放以来，中国与世界经济的关系大致可以分为两步：从"引进来"到"走出去"。所谓"引进来"，是指引进国外资本、引进国外先进技术，激活中国的生产要素市场。所谓"走出去"，是指中国制造和中国技术走向海外，满足国外市场的需求，帮助其他国家推进道路、桥梁、港口等基础设施建设。具体来看，在时间上又可细分为以下三个阶段。

第一个阶段，1979~2000年，主要体现在设立经济特区，引导外资和国外先进技术进入中国。经济特区的理念首先由改革开放总设计师邓小平提出，最初的称呼为"出口特区"，1979年，深圳、珠海、汕头和厦门四个出口特区设立，按照规划，出口特区主要通过关税优惠、政策特惠等措施，营造良好的投资环境，鼓励外商来中国投资办厂，进而引进国外先进的技术和管理方法，促进特区的经济发展。1980年，中共中央和国务院决定将四个出口特区改称为"经济特区"。1988年，海南也被设立为经济特区，至此，五大经济特区全部成立。

经济特区自设立以来，吸引外商投资和外贸进出口总额都得到了明显提升，中国本土的富裕劳动力承接世界经济产业链的转移，不仅激发了自身所蕴含的经济潜力，也为世界经济贡献了力量。1980~2000年，五大经济特区的GDP总产值从41.27亿元增长到3493.08亿元，占全国GDP的比重从0.91%提升到3.91%，人均GDP从541元增长到24349元，是全国平均水平7078元/人的三倍多。外贸进出口总额从4.482亿美元增长到862.19亿美元，占全国外贸进出口总额的比重从1.18%提升到18.18%（见图6-1和图6-2）。

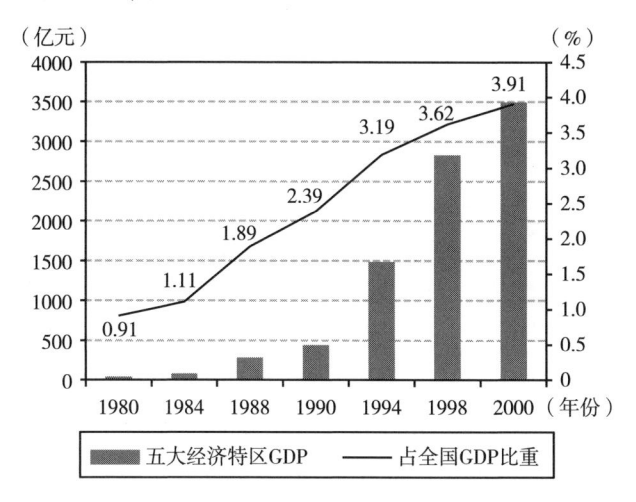

图6-1 五大经济特区GDP及占全国比重

资料来源：五大经济特区统计年鉴、中国统计年鉴。

整体而言，这一阶段中国通过与世界经济的部分接触，取得了改革开放以来的显著成果，为进一步扩大开放提供了可行的经验。不过，经济特区的设立，最初毕竟只是实验性的，是"摸着石头过河"的探索性选择，国内各界对于融入世界经济的结果尚存在不少疑虑，所以从各个方面来讲这一阶段的规模都比较有限，而且开放区域也仅局限于中国南方的几个沿海城市，在贸易容纳量、投资便利度、参与贸易往来的国家和地区等方面都有很大的提升空间,只有进一步提升对外开放度,才能使中国这样一个大国全方位、多层次、宽领域地参与到世界范围内的竞争与合作之中。于是,在经过多次筹划协商和充分准备之后,中国正式申请加入世界贸易组织。

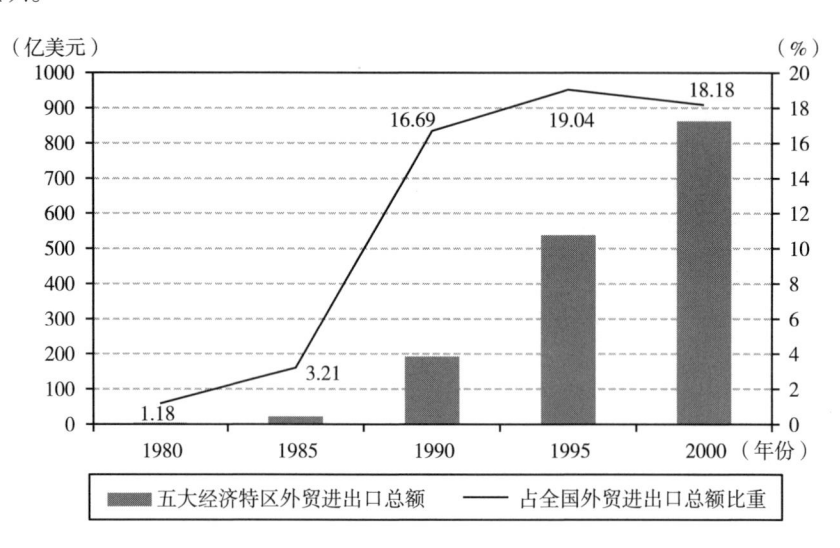

图 6-2 五大经济特区外贸进出口总额及占全国比重
资料来源:五大经济特区统计年鉴、中国统计年鉴。

第二个阶段,2001~2012 年,主要体现在加入世界贸易组织,中国经济与世界经济有了更深入、更广泛的联系。2001 年 12 月 11 日,经过多次谈判和协商,中国正式加入世界贸易组织,成为其第 143 个成员。加入世界贸易组织,既是中国改革开放后自身发展的需要,也是世界经济全球化深入一定阶段的必然要求。世界贸易组织的前身是关税及贸易总协定(GATT),其宗旨为降低成员国之间的贸易壁垒、促进成员国之间经济往来的紧密程度,不断推进深化世界经济一体化进程。自成立以来,世界贸易组织已经吸引了世界上绝大多数国家参与,中国的加入是世界贸易组织发展壮大的体现,也意味着中国特色社会主义市场经济制度进一步得到了完善,中国自改革开放以来的制度和经济建设得到了世界范围内的认可,中国经济与世界经济的联系程度进一步加深。

2006 年,中国以 12860 亿美元的出口额成为世界上最大的出口国,相当于世界贸易总额的 10.7%。中国境内的外国直接投资在 1990 年还是每年35亿美元,但到2005年,已提高到每年600亿美元,增长了将近20倍。① 同时,中国的外汇储备额也攀升至世界首位,这一方面意味着中国在外汇市场上有了更多的主动权,另一方面也意味着中国制造走向了越来越广阔的世界市场,中国和世界经济的联系,不再仅仅局限于几个特区城市和小范围的招商引资,而是全面地融入世界分工体系中,充分利用自身要素禀赋优势,迅速建立起自己的优势产业体系,通过和世界各国的贸易、投资往来,取得了卓有成效的建设成就,全方位、多层次地融入经济全球化的浪潮中。

总结这一阶段的经验和成就可以看出,加入世界贸易组织以来,中国经济这艘巨轮终于驶入了世界经济的汪洋大海之中。这种选择既意味着面对全球范围内竞争的挑战,也意味着世界市场带来的巨大机遇,中国在两者的平衡中不仅取得了经济上的显著成就,也通过参与全球贸易对世界经济的规则有了进一步的熟悉,并积累了一定的技术成果和制度成果,这些成就和经验都为中国下一步主动参与并引领经济全球化奠定了基础。

第三个阶段,从2013年至今,主要体现在提出"一带一路"倡议,中国主动地参与到世界经济的建设发展中。2013年"一带一路"倡议的提出,标志着中国与世界经济的互动合作进入一个更为崭新的阶段,它是由中国率先提出的具有国际视野的经济合作建设,是中国主动参与并引领经济全球化的实践路径。"一带一路"倡议,上接中国几千年的悠久历史传统,下续21世纪中国发展的新方向,对内而言,是中国协调东西部区域均衡发展的一个政策借力点;对外而言,是中国积极参与全球治理、引领世界各国探索经济全球化新模式的有力凭借,更是中国携手沿线国家共同打造政治互信、经济融合、文化包容的人类命运共同体的重要途径。

"一带一路"倡议自提出以来,已落实建成"丝绸之路经济带三大走向""21世纪海上丝绸之路两大走向""六廊""六路""多国""多港"等众多国际合作项目,国际影响力不断提升,截至2018年底,中国已累计同122个国家、29个国际组织签署了170份政府间合作文件,"一带一路"

---

① 安格斯·麦迪森. 中国经济的长期表现[M]. 伍晓鹰,马德斌,译. 上海:上海人民出版社,2016:7.

建设的参与者遍布亚洲、非洲、欧洲、大洋洲和拉丁美洲，2013~2018年，中国与"一带一路"沿线国家进出口总额达64691.9亿美元，中国对"一带一路"沿线国家贸易和投资总体保持增长态势，并且中国与"一带一路"沿线国家的贸易增长率对中国外贸的总增长率带动效果明显（如图6-3所示）。

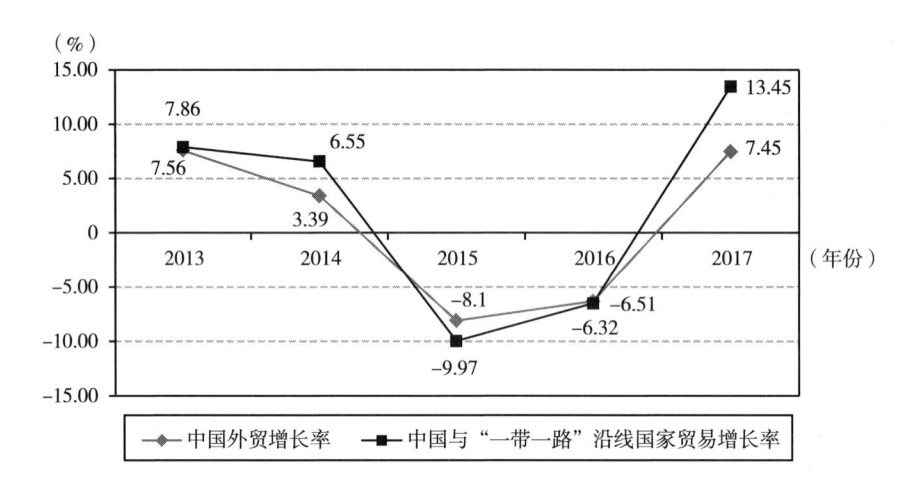

图6-3 2013~2017年中国外贸增长率及中国与"一带一路"沿线国家贸易增长率

资料来源：海关总署。

另外，在2010年5月的中央新疆工作会议上，中央正式批准霍尔果斯、喀什设立经济特区，这既是之前五大经济特区模式的延续，也是"一带一路"框架下建设的新内容。2019年3月15日，第十三届全国人民代表大会第二次会议通过了《中华人民共和国外商投资法》，以法律形式加强外商投资合法权益保护，提振了外国投资者来中国投资的信心，充分彰显了新时代我国进一步扩大对外开放的决心。

整体来看，这一阶段中国与世界经济的关系已经不再局限于被动地参与，在经济全球化陷入困境的情况下，"一带一路"倡议不仅担负着重振世界经济的眼前任务，更负有构建以合作共赢为核心的新型国际关系的时代使命，通过"一带一路"建设，中国愿与世界各国打造对话不对抗、结伴不结盟的伙伴关系。正如习近平总书记所指出的："面对时代命题，中国愿同国际合作伙伴共建'一带一路'。我们要通过这个国际合作新平台，增添共同发展新动力,把'一带一路'建设成为和平之路、繁荣之路、开放之路、绿色之路、创新之路、文明之路。"[①]

6.1.2 改革开放以来中国取得的建设成就

第一,中国经济取得了举世瞩目的长期、快速发展,创造了"中国奇迹"。改革开放以来,中国经济保持了长期高速的发展,国内生产总值(GDP)增长率基本维持在9%以上,个别年份甚至达到了14%以上的超高速增长(1992年、2007年)。人均GDP也从1993年的2334元/人提升到2017年的59201元/人(见图6-4),25年间大约增长了25倍,比同期任何其他亚洲国家都要高,并大大快于欧美国家的增长速度。目前,中国已经成为仅次于美国的世界第二大经济体,并有望在2030年超越美国成为世界第一大经济体。从图6-4可以看出,改革开放以来中国GDP的增长速度一直远高于世界GDP的增长速度,对世界经济的增长一直起着重要的带动作用,据联合国发布的公告称,2017年中国对世界经济的贡献高达1/3。

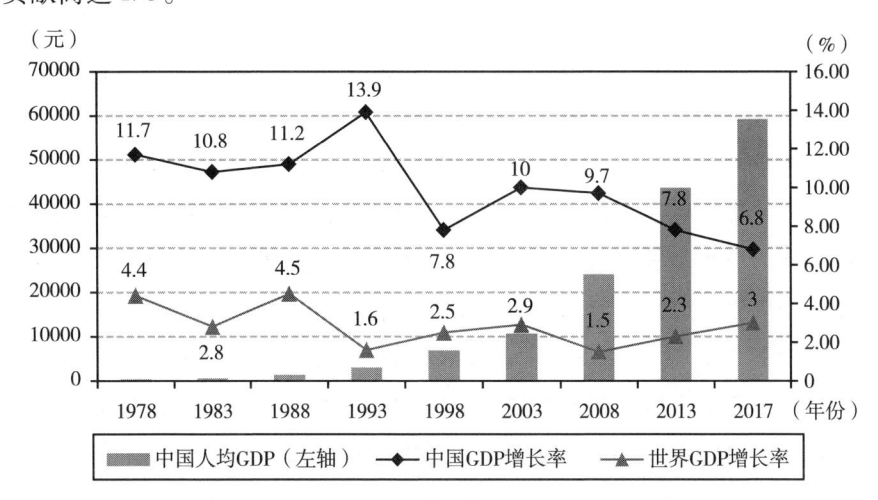

图6-4　1978~2017年中国人均GDP以及中国和世界GDP增长率
资料来源:国家统计局官网;联合国统计司。

[①] 习近平在2018年中非合作论坛北京峰会开幕式上的主旨讲话[N].新华网,2018-09-03.

针对中国经济在过去40多年中取得的卓越成就，理论界冠之以"中国奇迹"，并将过去中国的经验总结为"中国模式"——尽管对这一模式的具体内容理论界尚存在不同的看法，但毫无争议是，即使在世界范围内来看，中国经济的增长也确实称得上一个"奇迹"。国内学者史正富称之为"超常规的经济增长"，在史正富看来，改革开放以来中国的经济增长呈现出两大明显特征：一是经济增长率前所未有；二是经济增长的稳定程度显著高于同期其他国家。① 总之，不论从哪个角度看，中国经济作为一个整体所取得的成功，是举世瞩目的。

第二，中国的工业化、城市化、信息化快速推进。改革开放以来，中国经济不仅取得了数量上的耀眼成就，就其发展质量而言，在各个方面也都取得了实质性的进步。在工业化方面，改革开放之前，我国已基本建立起了完备的工业体系，但与世界同期其他发达国家相比工业化的阶段还相对落后。改革开放之后，我国进入了加速工业化的阶段。1978~2018年，我国的工业增加值从1621.5亿元增加到279997亿元，这41年中，工业对GDP增长的贡献率超过50%的年份有17个，在40%~50%的年份有14个，可以说，工业化的推进对我国经济发展居功甚伟。而从制造业增加值来看，1978年，我国制造业增加值规模尚不及美国的1/6、日本的1/3、德国的1/2，但是在2000年、2006年和2011年分别超过德国、日本和美国，发展成为世界第一制造业大国。②

城市化的进程与工业化同步。一般而言，工业化必然带来生产的集中化，生产的集中化使人口也趋于集中，以村落散居为特征的农村社会也随之趋于向人口集聚的城市社会过渡，这首先表现在城市规模的扩大、城市数量的增多以及农村人口向城市的大规模转移上。1978~2017年，中国城镇化率由17.9%提高到58.5%，城市数量由193个增加到657个，城镇常住人口由1.7亿人增长到8.1亿人，实现了人类历史上最大规模的从乡村到城镇的人口转移。2017年，我国GDP总量超过万亿元的城市有14个，其总和占全国GDP总量的比例达到28.6%。同时，在城市化的过程中，

---

① 史正富. 超常增长：1979-2049年的中国经济[M]. 上海：上海人民出版社，2013：9.
② 郭朝先. 改革开放40年中国工业发展主要成就与基本经验[J]. 北京工业大学学报（社会科学版），2018（6）：1-11.

第6章
引领经济全球化的"中国方案"

也形成了类似长江三角洲、珠江三角洲、京津冀等协同发展的大规模城市群，成为带动我国经济增长和参与国际合作与竞争的主要平台。

信息化随着第三次科技革命在世界范围内普遍兴起，主要包括IT技术的普及、互联网、物联网和通信网络的建设等，其目的是通过新的IT及互联网通信技术的使用，提高传统组织方式、生产方式及管理方式的效率，从而对经济和社会结构做出更高效的改造。在当代社会，信息化的推进程度是一个国家高科技技术实力的体现，和工业化一起构成了生产力发展的主要内容。我国的信息化建设在20世纪80~90年代与发达国家差距明显，进入21世纪，我国迅速进行赶超，通过引进技术和自主研发互相匹配的模式，与发达国家的差距越来越小，在某些领域（如5G网络、互联网商业）甚至走到了世界的前列，这得益于我国对信息产业政策的持续性支持，才使得我国在自主研发和信息基础设施建设等方面均进展迅速。

第三，中国的民生建设成绩突出，脱贫工作举世瞩目。注重民生建设，是我国社会主义建设的一个鲜明特征，改革开放以来，我国在民生方面取得的成就更是令世界瞩目。在教育、就业、收入分配、社保、医疗等领域，广大群众都切实地分享到了改革开放和经济发展带来的红利。据统计，改革开放40年来，全国居民的人均可支配收入大幅增加，中等收入群体不断扩大。九年义务教育巩固率达93.8%，基本养老保险覆盖超过9亿人，医疗保险覆盖超过13亿人，居民预期寿命由1981年的67.8岁提高到2017年的76.7岁，[①] 人民群众的生活质量和生活水平不断得到提高。

另外，中国的脱贫工作也取得了举世瞩目的成就。众所周知，贫困是个世界性的难题，无论发达国家还是落后国家，都在摸索解决这一问题的有效途径。如美国这样的发达国家，虽然经济总量和经济发展程度均名列世界首位，但贫富分化问题一直得不到有效的解决，财富积累的另一极是贫困的长期化和固定化。中国作为世界人口第一大国，在人均资源占有量处于劣势的情况下，能在短短几十年间让大多数国民过上充足富裕的生活，这不能不说是一个奇迹。从脱贫人口的规模来看，改革开放40多年来，我国贫困人口累计减少7.4亿人，贫困发生率下降94.4个百分点，尤

---

① 习近平. 在庆祝改革开放40周年大会上的讲话［N］. 人民日报, 2018 – 12 – 19.

其是自从党中央于 2013 年首次提出精准扶贫开始,与数千万群众的民生紧密相关的扶贫工作不断取得进步,截至 2017 年,全国农村累计脱贫 5564 万人,相当于一个中等国家的人口总量,这样的成就,不可谓不巨大。而从收入差距的缩小程度来看,相对贫困也得到了逐步解决,城乡差距、地区差距也都在不断缩小。中国的民生建设成就放在世界范围内,都堪称罕见的奇迹。

6.1.3　中国改革开放和现代化建设的经验

我国取得的改革开放和现代化建设成就,有多方面的经验值得总结。这里从政治、经济、民生、开放四个方面加以论述。

第一,坚持党的领导,坚持社会主义制度。任何一项事业若要取得成功,都需要一个能够统一各个群体意志的核心来领导,这不仅是我国现代化建设的经验,也是世界各国的现代化建设经验。新制度经济学家阿西莫格鲁考察了世界许多国家的建设经验,得出一个结论,即国家在经济方面的成败首先在于制度方面的建设是否能够成功。也就是说,经济建设的前提是制度建设,而政治制度建设正是制度建设的关键内容,政治效率的高低其实已经预示了经济建设的最终成效,许多国家之所以在拥有丰富的资源禀赋条件下依然陷入饥荒和贫困,首要原因就在于这些国家在政治上一直处于不稳定状态,导致社会行动无法有序地组织起来,经济发展更是困难重重。

中国共产党是为人民谋求幸福的政党,带领着全国各族人民走社会主义道路、建设社会主义现代化强国,因此,党的领导保证了我国在现代化建设过程中始终能够有一个强有力的领导核心带动各项事业的发展,保证了各项事业的建设能够不偏离社会主义的根本方向,从这个意义上而言,坚持党的领导,也就是坚持社会主义制度。正如习近平总书记指出的:"改革开放 40 年的实践启示我们:中国共产党领导是中国特色社会主义最本质的特征,是中国特色社会主义制度的最大优势。"[①] 所以,我们也可以

---

① 习近平. 在庆祝改革开放 40 周年大会上的讲话 [N]. 人民日报,2018 – 12 – 19.

看到，正是在党的正确领导下，我国改革开放事业才能够取得举世瞩目的成就，我国的社会主义建设事业才能够日新月异不断壮大。可以说，离开了党的领导，就不会有中国特色社会主义建设的伟大成就。

第二，紧紧围绕经济建设这一中心。一项事业能够取得成功，仅仅有核心的领导还不够，还要有正确的方法。中国共产党是靠马克思主义理论武装起来的政党，辩证唯物主义和历史唯物主义是其指导各项工作的基本方法。历史唯物主义揭示了人类存在和生活的基本内容是物质生产活动，正是在这一基础的实践活动之上，才形成了生产关系、经济基础及上层建筑等复杂的社会结构，因此，经济建设在整个社会结构中就有了根本意义，这也正是我国在过去40多年中各项事业得以顺利进行的基础保证。以经济建设为中心，就可以摒弃许多不必要的争执和分歧，调动各个群体的意志，统一到经济建设中来，也可以解放思想，破除旧有观念的阻碍，只要有利于发展经济，有利于提高人民生活水平，都可以迈开步子大胆尝试。

围绕经济建设这一中心，在我国社会主义市场经济的具体实践上体现为公有制经济和非公有制经济的共同发展、政府和市场各司其职、各尽其责。毫不动摇地巩固和发展公有制经济和毫不动摇地鼓励、支持、引导非公有制经济，都是我们取得现代化经济建设成就的经验。坚持公有制经济的主导地位，能保证我们的国民经济建设不会偏离社会主义的本质要求，鼓励和支持非公有制经济的发展，能够使我们的国民经济更加有活力和竞争力。另外，充分发挥市场在资源配置中的决定性作用，更好地发挥政府作用，也是我国经济建设成就的基本经验。而当前阶段，我国社会的主要矛盾依然体现为人民日益增长的美好生活需要和不平衡不充分的发展之间的矛盾，所以更应该再接再厉，继续围绕经济建设这一中心，推进经济的高质量发展。

第三，坚持在发展中保障和改善民生。除了强有力的领导核心和以经济建设为中心的政策方针，一个国家要取得经济的长期健康发展，还需要坚持在发展中不断保障和改善民生，这也正是我国改革开放以来能够长期保持经济高速、稳定发展的又一重要经验。对民生状况的关切、对民生问题的重视，是我国历届领导人不约而同的共识。事实上，有学者认为，与西方的"民主政治"相对，我国的政治可以称为"民生政治"，"民生政治"并不排斥"民主政治"，而是认为"民主"只是政治行为的工具，构不成政治行为的目的，政治领导人的施政目的和施政方向是为了改善"民生"，而"民生"的改善程度也是检验政治领导人政绩及合法性的主要内容。

党的十七大报告将"民生政治"作为一种政治话语和执政理念正式提出。党的十七大报告提出"学有所教、劳有所得、病有所医、老有所养、住有所居"等一系列构建民生社会的指标，"标志着中国民生政治时代的到来"[1]。在2018年5月4日纪念马克思诞辰200周年的大会上，习近平总书记又强调指出："人民对美好生活的向往就是我们的奋斗目标。我们要坚持以人民为中心的发展思想，抓住人民最关心最直接最现实的利益问题，不断保障和改善民生，促进社会公平正义，在更高水平上实现幼有所育、学有所教、劳有所得、病有所医、老有所养、住有所居、弱有所扶，让发展成果更多更公平惠及全体人民。"[2] 可以看出，自提出以来，"民生政治"不仅在政策方针上逐渐得到了强化，在具体内容上也在不断丰富。

第四，坚持扩大开放，不断推动人类命运共同体的建设。中国改革开放以来的经济发展过程，也是不断扩大对外开放、不断与世界经济融为一体的过程。对外开放是我国经济建设的基本国策，也是我国经济之所以能取得高速、持续发展的基本经验。通过不断扩大开放，一国的生产要素可以参与到全球范围内的优化配置中，可以更好地发挥自身优势，找准本国在世界经济体系和国际分工链中的准确位置，进而能够更加充分地调动国内资源，实现产业的优化布局和国民经济的高质量发展。同时，通过参与国际竞争，本国企业也能够具备更为国际化的广阔视野，国外先进的技术经验、管理经验都可以吸引进来为自身所用，进而更好地激发出本国经济的活力，使本国更好地与世界各国携手并进，共同营建公平高效、和谐有序的国际经济秩序。

---

[1] 张博. 民生政治VS福利政治：中西方的比较及启示［J］. 东北师范大学报（哲学社会科学版），2015（2）.

[2] 习近平. 在纪念马克思诞辰200周年大会上的讲话［N］. 人民日报，2018－05－05.

人类命运共同体建设，是我国对外开放事业在新时期的主要内容，也是我国推动新型经济全球化的目的和旨归。我国参与经济全球化的过程之所以没有出现西方国家大规模的反经济全球化、逆经济全球化的思潮和运动，在于我们的建设理念与旧有的霸权主义的经济全球化完全不同，霸权主义的经济全球化使中心国家和外围国家之间的差距越拉越大，霸权国可以为了自身的利益牺牲他国的利益、侵犯他国的主权，通过剥夺性积累稳固自身的国际地位，这就势必会激起大大小小的反对浪潮。我国的对外开放，目的是为了通过与世界各国的密切合作，建立一个平等互助、合作共赢、互相尊重主权、共同推进世界和平的人类命运共同体，这是我国对外开放事业在新时期取得进步的重要经验，也是我国在未来参与新型经济全球化建设的指导思想。

6.1.4 中国成就对西方逆经济全球化的启示

第一，就政治建设而言，西方大多数国家施行的是两党制或多党制，党派竞争选举、轮流执政，这是西方国家根据自身历史经验探索出来的一种政治形式，也被西方认为是一种更为民主、更为高效的政治实践模式。不过，在现实运行中，两党制或多党制固然有鼓励竞争、鼓励监督的一面，但也往往走向极端化，演变成不良政治生态。

虽然中西方的政治模式并不完全相同，但中国的协商民主制度对西方目前的民主政治困境有一定的启发和借鉴意义，西方两党制或多党制下完全可以通过多种途径增强政治互信，求同存异、削减分歧，共同致力于国民经济建设。

第二，就经济发展而言，政府和市场应互为补充、相得益彰，不应非此即彼，或厚此薄彼。西方的经济学界有一种长期存在的偏见，认为在市场经济中，政府和市场的关系是非此即彼的二元对立存在，这种思潮经过以奥地利学派、货币学派为代表的新自由主义的强化和传播，在经济学界得到了不少学者的赞同，以至于形成了某种偏执性的"集体无意识"：似乎只要是政府参与的经济行为，对市场就一定是侵害的，而政府需要做的，仅仅是保护市场，让其尽可能地回到毫无干扰的"自发状态"，这样才能最大限度地保证市场的效率。其实，只要对经济史有些许的常识，就会清楚地看到政府在各国经济发展过程中都起到了关键性作用，无论是英国的工业革命，还是德国、美国的工业化进程，没有政府参与经济活动，对特定的产业、特定的部门予以战略性保护和培育，就不可能取得成功。政府和市场之间应该是相辅相成、共同促进的协作共生关系。①

  目前西方的主要国家依然深受新自由主义思潮余波的影响，对市场加以放任，其结果必然是两极分化的日益加剧和国家能力的日趋衰败，何况这种"放任"其实还是有特定方向的放任，国家对金融资本大开方便之门，对劳工阶层的利益诉求和工会活动则牢牢收紧，是一种有偏向性的自由主义，这种偏向性在2008年全球金融危机中表现得尤为明显，政府的财政救助有选择地给予了富裕的华尔街金融阶层，对深陷"次贷危机"中的广大人民的诉求则反映冷漠。西方国家如果要走出目前"政治失灵"和逆经济全球化的困境，有必要调整其一直以来所奉行的政府和市场彼此对立的政策主张，构建积极健康的政府和市场关系，约束资本的贪婪本性，使经济的发展不至于"脱嵌"而导致更大范围的危机。

  第三，民生和民主同样重要，甚至民生要重于民主，不应颠倒"手段"和"目的"。西方目前"民主政治"的失灵，根本原因在于在实践中过于注重"民主"的形式，而轻视了"民主"的实质及目的。"民主"本身只是手段，是一种化解社会矛盾、保障人民自由权利、改善民众生活水平、维护社会安全稳定的手段，而构不成目的。因此，在看待西方民主政治失灵的问题上，我们首先应该具有一种"目的/手段"的辩证眼光。只有把"民主"当作手段来看待，才不至于在现实实践中偏离"民主"的初衷和目的。

  注重民生的经济发展导向，就是要切实地解决民众实际面临的困难，而不是一味地强调程序上的"政治正确"。西方民主政治的失灵，很大程度上与其过度强调形式上的合法性而忽略了实质上的合法性有关。以总统选举为例，候选人为了获得巨额的选举经费，通常需要游说各个利益集

---

① 政府和市场关系在方法论上的解读，以及政府的产业政策应以何种方法作指导，参见葛浩阳. 仅仅是"政策"之争吗？——方法论视角下"产业政策之争"再回顾 [J]. 人文杂志, 2018 (12).

团，一旦获得赞助，在竞选时期以及执政期间必然会考虑利益集团的要求，而利益集团背后往往是大资本家的代表，普通民众除了选票无法在实质上给予候选人以有效的支持，这就导致了一个常见的"选主政治"悖论：候选人的执政政策为大资本家、大赞助商所左右，但在竞选时却又不得不讨好握有大量选票的普通民众，民众即使预料到自己会被利用，也无法在事前做出预防，最多只能在五年后利用选票重新做出选择。可以说，由于一味地追求民主程序上的合法性，西方的政治运作已经失去了其自身的本来目的。与之不同，中国民生政治的合法性不仅仅来自民众的选票，更来自政治人物自身的政绩，这个"政绩"，即是对民众诉求的满足程度和实际执政的民意效果。相比之下，合理地吸收中国"民生"建设的成功经验，将有助于纠正西方国家经济治理失序的现状。

第四，本国和他国不是你输我赢、你败我胜的敌对关系，而是休戚与共、合作共赢的伙伴关系。西方国家受自身发展经验的影响，习惯用一种对抗性的思维看待国际关系。其实这也可以理解，因为西方历史上几乎每个国家的崛起都是伴随着战争和军备竞争，如大英帝国的崛起、德国的崛起、美国的崛起等，无不和战争密切联系在一起，囿于这种固有的经验，西方人看待国际关系时不免会持一种你输我赢、你败我胜的敌对思维。但是，随着生产力的发展和经济全球化的深入，世界历史已经发展到了新的阶段，国际分工和国际合作也达到了新的层次，国与国之间已经在事实上形成了密不可分的利益共同体，以邻为壑的对立思维已经越来越不适用于国际形势的发展。

所以，西方国家若要走出逆经济全球化的泥潭，必须摒弃这样一套固有的陈旧观念，用新的眼光打量世界形势，必须认识到，休戚与共、合作共赢的伙伴关系才是未来国际关系中应当秉持的理念。这方面，中国一直在呼吁世界各国构建新型的国际秩序，中西方各国可以也应该在这方面达成共识。正如习近平总书记指出的："我们要支持开放、透明、包容、非歧视性的多边贸易体制，促进贸易投资自由化便利化，推动经济全球化朝着更加开放、包容、普惠、平衡、共赢的方向发展。"[1]

---

[1] 习近平. 在庆祝改革开放40周年大会上的讲话[N]. 人民日报，2018-12-19.

6.2 引领经济全球化的"中国方案"

自 2001 年加入 WTO 后，中国与世界经济的联系越来越密切，而世界性的市场和国际上的竞争也让中国不断地在融入中学习、在学习中赶超，可以说，中国经济之所以能够取得举世瞩目的成就，离不开世界经济这个辽阔的海洋，中国是经济全球化的受益者，也是经济全球化的贡献者。随着中国经济对世界影响力的日益提高，中国也更多地融入了全球化秩序的建构中，在这一过程中，中国已日渐形成了具备自身特色的关于经济全球化的方案，这套方案从指导思想到治理理念，从治理理念到具体实践，自上而下组成了一个完整丰富的体系，尤其是自"一带一路"倡议提出和落实以来，中国在国际上主动参与新型秩序的构建，主动引导全球各国共同治理全球事务，在相当程度上已具备了世界性的影响力。

英国《金融时报》首席经济评论员马丁·沃尔夫也表示，中国为世界经济提供的全球化方案将至关重要："由于美国特朗普政府采取贸易保护主义政策，所以美国市场不再像以前那样开放，这样一来，中国市场在全球的影响力就会逐渐提升。因此，中国的贸易战略将会变得格外重要。预计在 15~20 年以后，中国市场将成为全球最大的市场，中国的贸易政策也将成为全球化的主导。可以说，中国将引领新一轮全球化浪潮。"[1] 中国引领新一轮经济全球化的方案，从指导思想到具体实践包括以下几个方面：在指导思想上，提倡构建"人类命运共同体"，反对形形色色的民族主义、种族主义以及孤立主义；在治理观念上，以"共商共建共享"为治理原则，反对在国际事务上的"一言堂"，反对单方面的霸权行为，反对发展成果为少数国家所独享；在具体实践层面，积极推动以"一带一路"倡议为主要内容的国际合作，落实相关的项目建设和制度架构，在既有的国际秩序中为发展中国家和落后国家争取权益。

---

[1] 李大巍，魏燕妮，刘晓颖. 中国将引领新一轮全球化浪潮——访英国《金融时报》首席经济评论员马丁·沃尔夫 [J]. 中国经济报告，2017 (4)：30-32.

需要说明的是，中国目前以及未来所做的一切，都不是要推翻目前的国际秩序，而是要完善、修补、扩容目前的国际秩序安排，正如习近平总书记所说的："'一带一路'建设不是另起炉灶、推倒重来，而是实现战略对接、优势互补。"①

6.2.1 塑造新型国际关系，构建"人类命运共同体"

按照马克思的"世界历史"理论，可以看到，当今的世界已经进入一个全新的发展阶段，互联网的普及、物联网的兴起，以及人工智能、大数据的突飞猛进，使人类社会无论在生产层面还是在信息交流层面都明显不同于第三次工业革命之后的世界，伴随着第四次工业革命的方兴未艾，"世界历史"日渐进入了一个新阶段，"这个时代经济全球化、社会信息化、文化多样化，这些潮流已经滚滚向前，全人类已经形成共识，在追求合作、和平、发展、共赢"②。而"世界历史"每推进到一个新的阶段，都需要新的思想和新的认识来指导人类的实践，如果说国与国之间的现实主义选择是二战后国际秩序的一个典型特征，那么人类命运共同体的形成则是当下新型国际关系中的一个重要方面，因此，与之相应的"人类命运共同体"思想也随之而生。

"人类命运共同体"思想是以习近平同志为核心的党中央在新的世界形势下，对解决新时期国际关系问题和人类历史发展方向等问题所做的深入系统的思考，也是对马克思主义经济全球化理论的重大创新。2015年9月习近平出席纪念联合国成立70周年大会，并发表题为《携手构建合作共赢新伙伴 同心打造人类命运共同体》的讲话，首次在重大国际组织中提出人类命运共同体的概念并详细阐释核心思想。习近平说："当今世界，各国相互依存、休戚与共。我们要继承和弘扬联合国宪章的宗旨和原则，构建以合作共赢为核心的新型国际关系，打造人类命运共同体。"③ 2017

---

① 习近平. 携手推进"一带一路"建设 [N]. 人民日报，2017-05-15.
② 逄锦聚. 为构建人类命运共同体作出更大贡献 [N]. 解放日报，2017-10-13.
③ 习近平. 携手构建合作共赢新伙伴 同心打造人类命运共同体 [N]. 人民日报，2015-09-29.

年 1 月，习近平在联合国日内瓦总部发表题为《共同构建人类命运共同体》的重要讲话，从理论到政策建议全方位地阐述了为何要构建人类命运共同体，以及如何构建人类命运共同体。在这一讲话中，习近平提出要从坚持协商对话、坚持共建共享、坚持合作共赢、坚持交流互鉴、坚持绿色低碳五个方面共同构建人类命运共同体。①

"人类命运共同体"这一思想体现了中国人对当今世界的深刻理解，包含着丰富的中国智慧，这一思想最初由中国人创造，并最终在 2017 年 2 月的联合国决议中写入了联合国文件，这既说明"中国智慧"可以为改善全球治理提供公共思想产品，也说明这一思想已成为世界各国的普遍共识。

"人类命运共同体"的思想，要求世界各国应当摒弃狭隘的短视行为，视全人类为一个统一的利益共同体。一国一地的行为会在全球范围内形成"蝴蝶效应"，影响其他国家和地区的人民，在这个意义上，任何局部问题其实都成为了世界问题，任何国家内部的问题都应该放到世界范围内来考量，而世界问题的解决当然需要世界的智慧，一意孤行地以本国利益为至上的单边主义行为，最终不仅会损害他国的利益，本国利益也会受到影响。事实上，人类命运共同体的形成，使本国的发展离不开世界，只有世界发展好了，本国才能发展得更好，所以，帮助他国其实就是帮助自己，反之，如果不顾世界现实，抵制或者试图摒弃他国搞孤立主义，那么最终也将会被世界所摒弃。因此，习近平在 2018 中非合作论坛北京峰会中提出："中国主张多予少取、先予后取、只予不取，张开怀抱欢迎非洲搭乘中国发展快车。"② 这样一种眼光和做法，既在短期内带动了世界的进步，也在长期内促进了中国的发展，这是一种全球化的双赢选择，也是在当代各国联系密不可分的现实下最智慧的选择。

"人类命运共同体"的思想，核心特征体现出一个"共"字。整体主义的思维方式是中国传统思想的一个重要特点，这种思维方式衍生出了"天下主义"的世界观——天下是天下人的天下，天下应该由天下人

---

① 习近平. 共同构建人类命运共同体 [N]. 人民日报，2017-01-20.
② 习近平. 携手共命运 同心促发展 [N]. 人民日报，2018-09-04.

共治，也衍生出了相互融合、相互依存的"共生"思想——任何一方离开另一方都无法单独存在，只有在互相联系互相依赖的过程中双方才可以共同发展，世界不再是由"你"和"我"拼接成的一个互相排斥的平面，而是由"我们"共同构建的一个具有包容性的空间，正是由于"我们"的存在，世界才变得立体和丰富起来。可以说，这一思想是对当前逆经济全球化的一剂解药，也对未来构建新型经济全球化有着积极的指导作用。

"人类命运共同体"思想的提出，立足现实，展望未来，是新一代中国领导人对经典马克思主义经济全球化理论的发展，也是对解决当前逆经济全球化现象提供的"中国智慧"。从某种程度而言，新自由主义主导的资本主义经济全球化其实是为"资本的全球化"提供了便利，最终建构起来的也只是"资本命运共同体"，在"资本"面前，具体的个人消失了，一切行为都围绕着资本增殖的目的展开，因此才带来了诸如国与国之间和一国内部的贫富差距加剧、落后国家经济增长乏力等难题。"人类命运共同体"思想则明确地提出经济全球化的方向和目的是构建全世界范围内人类命运休戚与共的整体，而且也只有在这一基础上，人类才能最为普遍地联系起来，这对传统的"国家共同体""民族共同体""意识形态共同体"等诸多的局部共同体都是一个根本性的超越，也对进一步推进经济全球化和塑造新型国际关系提供了有力的思想指导。

6.2.2 以"共商共建共享"的全球治理观推动新一轮经济全球化

新型国际秩序的构建需要有新的治理理念，过去以西方发达国家主导的全球秩序带有极大的强迫性和单向性。所谓强迫性，是指在参与全球治理中，发达国家通过各种软硬条款，迫使落后国家接受其提出的政治或其他方面的附加条件，变相地干预其他参与国的内政；所谓单向性，是指发达国家在主导全球治理时，往往不能平等地对待每个国家，对弱国和小国，以及意识形态、政治制度与自身异质的国家，有很大的歧视和偏见，这样一来，国与国之间的关系就不是平等层面上的共同治理，是一个主动一个被动式的单向输出。这些做法不仅极大地损害了落后国家的利益，也影响了世界各国参与经济全球化的热情，使在这一治理观念主导下的全球秩序越来越不可持续。要破除这种困局，就必须以新的治理观推动新一轮的经济全球化。中国"共商共建共享"全球治理观的提出，可谓对症下药、正逢其时。

"共商共建共享"的全球治理观，是在2015年10月中共中央政治局第27次集体学习中首次提出来的。这一新的理念，是对当前逆经济全球化现象开出的"中国方案"，也是中国对未来经济全球化提出的要求和原则。一方面，它承认过去的经济全球化的确存在不足和问题，尤其是全球范围内贫富差距的拉大和部分地区陷入增长困境；另一方面，它立足于改善目前全球治理的困境，为塑造更为公平和有效的良好治理环境提供新的思路。

"共商"，是指经济全球化面临的问题应由各个国家共同商议解决，这一理念是对不负责任的单边主义行为的超越。全球各个国家经济的发展已经形成了一个休戚与共的整体，任何部分的变动都会"牵一发而动全身"，影响到其他国家的发展，而在国际关系中，每个国家不论领土大小、实力强弱都应当是平等的存在，因此，在涉及共同利益的问题上，通过征求各方意见进而达成共识，将是最优的博弈结果。"共商"的治理理念，意味着各个国家有平等的话语权，大国和强国应该承担更多的治理责任，而不是凭借实力为达到自身目的不惜牺牲小国的利益。事实上，"共商"是全球化的基本要求，如果国与国之间连共同商议问题都做不到，遇到难题单方面地选择损人利己甚至损人不利己的行为，只会给全球化带来更加负面的效果。从历史上看，第一次经济全球化的夭折，就与当时各个国家之间缺乏共同商议的常规机制有着直接的联系。

"共建"，是指国际化的合作平台和治理机构应该由各个国家共同建设、共同参与，这一理念是对本国优先、本国至上主义的超越，也是对各自为政的"关门主义"的超越。同时，也只有通过共同建设，才能更深地促进国与国之间的交流合作，才能将国与国之间的利益更多地结合在一起，进而使全球各国在风险来临的时候能够主动摒弃孤立主义的行为，参与到荣辱得失与共的全球治理体系中。而在新自由主义推行的资本主义经

第 6 章
引领经济全球化的"中国方案"

济全球化的过程中，一些国际机构事实上已经变相成为发达国家对发展中国家进行掠夺的工具。正如曾担任世界银行副行长的斯蒂格利茨所指出的，国际货币基金组织和世界银行这些助推经济全球化的国际机构并没有使发达国家和发展中国家之间的关系发生根本的改变，并且发展中国家面临的主要障碍正是国际货币基金组织造成的。① 因此，"共建"的治理理念，为今后国际合作平台的建设提供了更为合理的思路。

"共享"，是指经济全球化的成果应由各个参与国共同分享，这一理念针对的是全球范围内收入分配不平等、经济发展不均衡等现象。众所周知，落后国家对经济全球化的指责中的一个重要方面是，经济全球化不仅没有解决落后国家的发展问题，反而使自己与发达国家的差距越拉越大。正如斯蒂格利茨所指出的，尽管发达国家向发展中国家许以诸多经济全球化的美好承诺，但并没有兑现，世界上大约有 12 亿人口生活在绝对贫困线（每天生活费用低于 1 美元）之下，而大约有 28 亿人口（占世界总人口的 45%）每天生活费用不足 2 美元。② 显然，经济全球化的成果并没有造福全球，而"共享"治理理念的提出，即是针对目前全球化的此一弊端，以期努力减少全球发展的不平等和不平衡，使各国人民共同分享世界经济增长的成果。

"共商共建共享"的全球治理观是中国面对西方主导的经济全球化退潮下提出的新的解决思路，它更加注重国与国之间的平等合作、互利共赢，强调国与国之间不论大小、强弱都应该平等对待、互相尊重，这一治理观念体现了国际民主的思想，也体现了中国传统思想中的"天下"观，"四海之内皆兄弟"，国与国之间即使存在竞争关系，也是在同一个共同体内的竞争，不应演化成互相对立甚至敌对的敌我关系，竞争是一面，合作则是另一面，而且是越来越关键的一面，是"竞争/合作"这一组矛盾的主要方面，遇到问题只有各相关国家共同商议、共同谋划、共同解决，才能实现共赢式发展。中国倡导的全球治理，通过与国际社会的共商、共建、共享，必将为中国发展和人类进步作出划时代的贡献，中国智慧也将

---

① 斯蒂格利茨. 全球化及其不满[M]. 李杨,章添香,译. 北京：机械工业出版社,2010：20.
② 斯蒂格利茨. 全球化及其不满[M]. 李杨,章添香,译. 北京：机械工业出版社,2010：19.

在应对全球挑战中迸发出更加耀眼的光芒。

6.2.3 "一带一路"倡议、核心框架与建设成就

1. "一带一路"倡议及建设理念

作为"共商共建共享"全球治理理念的载体，中国提出的"一带一路"倡议积极地在实践层面将新的治理理念推广到世界。自2013年提出以来，"一带一路"建设已经吸引了100多个国家和国际组织响应支持，先后有中巴经济走廊、孟中印缅经济走廊、中蒙俄经济走廊等多个区域合作新倡议，与"一带一路"匹配的亚洲基础设施投资银行建设也吸引了包括英国在内的世界各国的参与，同时，金砖国家新开发银行、丝路基金、南南合作援助基金、国际发展知识中心等组织机构也陆续成立，这些落地生根的举措都丰富了中国参与全球治理的体制机制。近些年来，中国还利用主办各种国际会议的机会，不断向世界推广"一带一路"倡议，并通过各种方式逐步消除国际上对"一带一路"所存在的疑惑和误解，使得这一倡议越来越为更多的国家所认同和接受。"一带一路"在资源整合和互补优化等方面的效果体现在：在国际上，沿线国家间的劳动力等资源有着明显的互补效应;[①] 在国内，不同层面的金融体系对"一带一路"具有多层次的支持作用。[②] "一带一路"建设既是"共商共建共享"全球治理观的体现，也担负着在实践深化和推广这一新型治理观的使命。

"一带一路"倡议的提出，体现了中国领导人对当代中国实践规律的准确把握，也体现了其对世界当前发展现状的深刻认识。第一，从世界经济走势来看，世界经济自2008年国际金融危机之后一直处于平庸增长期，至今尚未有明显的起色，"一带一路"倡议的实施可以带动欧亚非大陆新一轮的生产力革命，推动世界经济稳步健康发展。第二，从国际机制角度

---

① 张原，刘丽. "一带一路"沿线国家劳动力市场比较及启示 [J]. 西部论坛，2017 (5)：93-110.

② 林川，杨柏，陈伟. 论与"一带一路"战略对接的六大金融支持 [J]. 西部论坛，2016 (1)：19-26.

第 6 章
引领经济全球化的"中国方案"

看,全球治理存在严重赤字,欧美国家乱象纷呈,对全球治理的新方向提不出有效的建构方案,"一带一路"作为中国的倡议,为改善全球治理提供了可行方案。第三,从中国国内的发展现状来看,中国经济已经进入了新常态,中国已经到了全面建成小康社会的最后阶段,"一带一路"建设可以帮助我国跨越经济上的"中等收入陷阱"、避免政治上的"塔西佗陷阱",在经济发展质量上实现新的飞跃,在政治治理能力上得到进一步提升。第四,从中国与世界的关系来看,中国外交需要"再平衡"。众所周知,近年来由于美国等西方国家抱着传统的对抗性思维观察中国,对中国的发展提出了种种不友好的论调——"修昔底德陷阱"就是其中之一,在这种思维影响下,西方国家针对中国设置了诸多新的障碍和拦阻。而通过"一带一路"建设,可以为中国化解此阻力提供新的助力,有利于构建合作共赢的网络型全球伙伴关系。

在党的十九大报告中,"一带一路"被提到多次,并且已经写入党章。"一带一路"已经成为新时代中国特色社会主义在国际上的一张靓丽名片,不仅是中国引领新一轮经济全球化的主要举措,更是构建人类命运共同体的重要平台,体现了中国作为一个世界大国的责任和担当,也体现了国与国之间可以通过合作达到"共赢"的理念。

这种"共赢"理念体现在以下几个方面。首先,"一带一路"对中国有好处。"一带一路"的实施,使中国的优质产能得以在世界舞台上亮相,这一方面可以通过世界消费市场拉动中国国内的生产能力,另一方面也使中国能够跟其他国家在同一平台上公平竞争,促进国与国之间的技术交流和技术升级。其次,"一带一路"对沿线国家尤其是周边国家有好处。目前参与"一带一路"的国家主要集中在中亚、非洲、东南亚等欠发达和不发达的地区,这些国家长期以来在经济建设和社会发展上面临各种各样的难题,而中国恰好和这些国家有着相似的经历,通过"一带一路"建设,中国将自身的发展经验提供给这些国家参考,对这些参与国的发展有着更多益处。最后,"一带一路"对世界也有好处。"一带一路"建设具有开放性、包容性等特征,不排斥任何希望通过和平建设走上富强之路的国家,与以往发达国家对落后国家的援助不同的是,"一带一路"照顾参与各方的舒适度,注重与各国现有发展的战略对接,并且不寻求排他性的利益。

这是一个网络化关系的构建，网络之中没有固定的中心和边缘区别，网络的结点与结点之间也没有主次之别，少了任何一个结点，网络都将失去完整性，同时，少了任何一个结点，对网络的影响也将是同效的。这种新型国际关系的建设，可以有效地破解"中心—外围"世界体系结构的诸多弊病。

2. "一带一路"的核心框架——"六大经济走廊"建设

"一带一路"倡议共有"四大主体框架"，包括"六廊""六路""多国""多港"，其中"六廊"是指六大国际经济合作走廊，也是主体框架中的核心框架。

在"一带一路"倡议下，中国积极提出了"六大经济走廊"的建设规划，包括中蒙俄、新亚欧大陆桥、中国—中亚—西亚、中国—中南半岛、中巴、孟中印缅六大经济走廊。这六大经济走廊分别从东西南北各个方向为中国构建区域经济一体化提供了有力的支撑。在建设的过程中，中国不但拥有广泛的机遇，也面临着诸多需要协调的问题，这对中国参与全球经济治理起到了积极的促进作用，也有助于迅速提高中国对国际问题的应对处理能力。这六大经济走廊的特点和影响因素分析如表6-1所示。

表6-1　　　　　　　　中国周边经济走廊影响因素分析

走廊名称	涉及国家	政治因素	安全因素	宗教因素	文化因素
新亚欧大陆桥	中国、哈萨克斯坦、俄罗斯、白俄罗斯、乌克兰、德国	当事国不认为中国会与之争夺主导权，政治风险低	部分中亚国家担心中国主导中亚安全格局	以东正教、天主教国家为主，哈萨克斯坦伊斯兰教比较世俗化，宗教风险低	文化差异、国家发展模式不同，互不输出文化价值观，民众之间相对陌生，文化互通存在难度
中蒙俄	中国、俄罗斯、蒙古	俄罗斯、蒙古国非美国盟友，政治风险低	对中国崛起存观望态度，安全竞争风险中等	中国、俄罗斯、蒙古没有宗教纷争，宗教风险低	中国和俄罗斯存在一定文化差异；中国和蒙古文化接近，有共享的历史传统

续表

走廊名称	涉及国家	政治因素	安全因素	宗教因素	文化因素
中国—中亚—西亚	中国、吉尔吉斯斯坦、乌兹别克斯坦、土库曼斯坦、伊朗、土耳其、罗马尼亚、荷兰	没有争夺区域领导权的意志,地缘冲突风险低	恐怖主义与极端势力蔓延,安全环境面临严峻挑战	沿线大多为伊斯兰国家,其教义并不完全接受世俗化国家,宗教风险大	文化差异大,交往障碍与风险明显
中巴	中国、巴基斯坦	印度的地缘政治压力	涉及印巴争议区域	巴基斯坦部族林立、教派纷争频发,宗教风险大	文化存在较大差异,风险较大
孟中印缅	中国、孟加拉国、印度、缅甸	印度防范中国争夺南亚控制权,地缘竞争意识敏感	印度警觉崛起的中国会提出更多领土与安全缓冲区要求	以佛教为主,与中国的世俗化社会较为接近	与中国文化差异较大,文化风险中等
中国—中南半岛	中国、东盟10国	东盟国家多与中国地缘政治分歧不大,地缘政治风险较小	经济靠中国、安全靠美国,在南海问题上与中国的安全分歧较多	东盟伊斯兰国家多为岛国,其他国家比较世俗化,宗教风险较小	东南亚国家与中国的文化渊源较深,民心相同程度高

资料来源:王栋,曹德军.再全球化:理解中国与世界互动的新视角[M].北京:社会科学文献出版社,2018:119-120.

总之,"一带一路"建设的核心是"通",包括政策沟通、设施联通、贸易畅通、资金融通、民心相通等多个方面,是一个涉及全方位的经济合作体系,其秉持的理念是"共"——共商、共建、共享,只有共同合作才能破解经济全球化过程中面临的一系列新旧问题。"一带一路"通过港口、道路、桥梁等基础设施的建设,体现了实实在在的助力沿线国家发展经济改善民生的效果。同时,"一带一路"不仅仅注重经济合作等方面的"硬联通",更注重暖人心的"软联通",通过这些方方面面的举措,"一带一路"可以使沿线国家的人民在不同文化的基础上,友好往来平等相待,世界各文明之间也将不再是"文明的冲突",而是文明间的相互尊重和相互理解,这才是未来全球化的当行之路。

3. "一带一路"建设成就

"一带一路"倡议自提出并实施以来,已取得了多方面的显著成就。

第一，进出口贸易额和经济贡献度方面。据中国"一带一路"网公布数据，2013～2017年，中国与"一带一路"沿线国家进出口总额达69756.23亿美元，与相关国家贸易增速高于中国对外整体增速，成为我国对外贸易的重要推动力量。而截至2018年9月，中国与"一带一路"沿线国家进出口总额超6万亿美元，为当地创造24.4万个就业岗位，上缴东道国税费累计20.1亿美元，新签对外承包工程合同额超过5000亿美元，建设境外经贸合作区82个，对外直接投资超过800亿美元。

第二，港口建设和港口贸易方面。目前，我国港口已与世界200多个国家、600多个主要港口建立航线联系，海运互联互通指数保持全球第一，而我国与"一带一路"国家的港口联通度要明显高于其他交通设施联通水平，其中，与韩国、印度、印度尼西亚三个国家的港口运输交流最为频繁，并带动了贸易合作的发展。数据显示，我国与亚洲大洋洲、西亚的贸易合作水平较高。2017年，韩国、越南、马来西亚、印度、俄罗斯等国是中国最主要的"一带一路"贸易伙伴（见图6-5）。

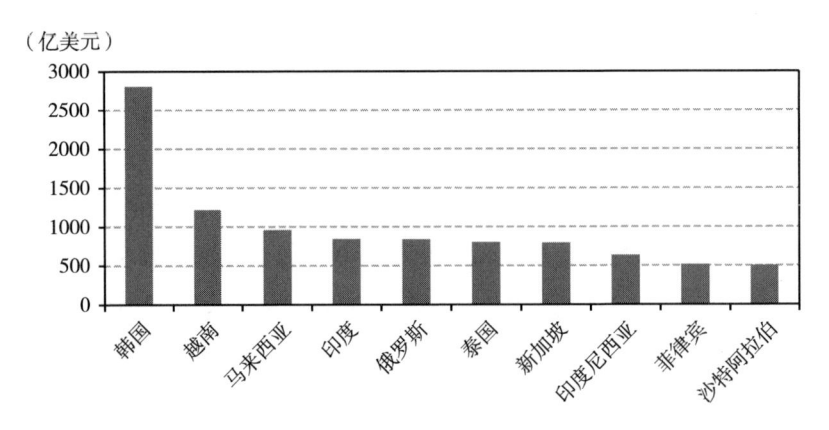

图6-5　2017年中国"一带一路"前十大贸易伙伴
资料来源：中国"一带一路"网。

第三，投融资和金融合作方面。"一带一路"倡议实施以来，投融资体系建设不断推进，开发性和政策性金融支持力度持续加大，多双边投融资机制和平台发展迅速，为"一带一路"建设提供了强有力的支撑。金融合作方面，我国与亚洲、大洋洲、南亚地区国家的金融合作表现优秀，与阿联酋、巴基斯坦、俄罗斯、哈萨克斯坦、韩国、泰国等16个国家的金融合作进展良好。截至 2018 年 7 月底，亚投行成员已达 87 个，其中来自"一带一路"沿线的国家超过六成，而由中国出资 400 亿美元成立的丝路基金，2017 年获增资 1000 亿元人民币，已签约 19 个项目；同时，有 24 个国家设立中资银行各类机构 102 家，新加坡、马来西亚、印度尼西亚、泰国数量最多，人民币跨境支付系统覆盖 40 个"一带一路"沿线国家的 165 家银行。

第四，铁路建设和铁路贸易方面。我国与世界其他国家的铁路联通水平很高，其中中欧班列贡献不小并增速明显。截至 2018 年 8 月底，中欧班列累计开行数量突破 10000 列，到达欧洲 15 个国家 43 个城市，国内开行城市也达到 48 个，返程班列数达到去程班列数的 69%，运载货物也由最初的电脑、手机等电子产品逐步扩大到服装鞋帽、粮食、葡萄酒、汽车及配件等日常生活必需品。目前，中欧班列线路主要分布在德国、俄罗斯、哈萨克斯坦、塔吉克斯坦、波兰、白俄罗斯等国家。2011~2017 年中欧班列开行数量如图 6-6 所示。

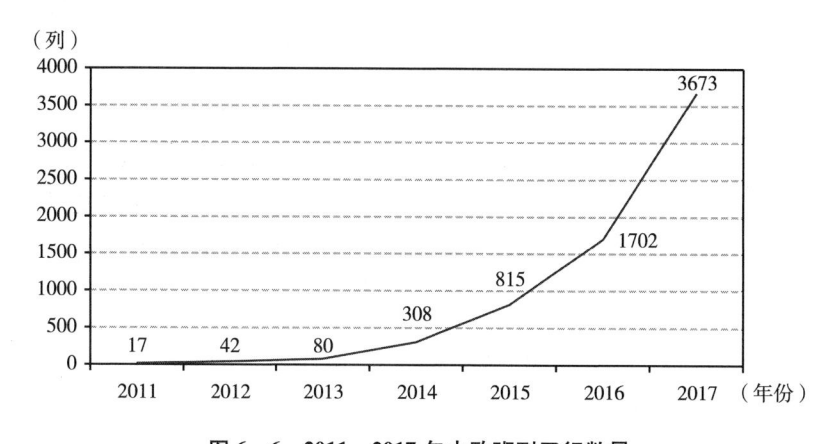

图 6-6　2011~2017 年中欧班列开行数量

资料来源：中国"一带一路"网。

第五，文化交流和国际交往方面。截至 2018 年 4 月底，我国与 61 个"一带一路"沿线国家共建立了 1023 对友好城市，占我国对外友好城市总数的 40.18%。2017 年，中国与"一带一路"沿线国家双向旅游交流达 6000 万人次左右，与 2012 年相比，"一带一路"沿线出境人数和入境人数分别增长 2.6 倍和 2.3 倍左右，"一带一路"沿线国家旅游成为世界旅游的新增长点。同时，我国已与 29 个"一带一路"沿线国家实现了公民免签或落地签，范围扩展到西亚地区。在"一带一路"沿线国家设立孔子学院 173 所、孔子课堂 184 个。

6.2.4 "一带一路"倡议是中国版的"马歇尔计划"吗

自"一带一路"倡议提出以来，国际上就一直存在着不同方式的解读，针对中国对外投资的不断提升，国际上一种常见的理解就是将中国的"一带一路"倡议与"二战"之后美国对欧洲国家的"马歇尔计划"相提并论，认为中国是试图通过此举来塑造更广泛的国际影响力，并进一步对现存的以美国为主导的国际秩序构成威胁。

对于这种论调，已经有众多学者进行了批判。金玲（2015）认为，"一带一路"倡议以平等互利为原则，与"马歇尔计划"有着根本差别，"马歇尔计划"在本质上是一种政治与安全战略，只不过美国通过经济援助将其表现了出来，其主要目的是针对战后以苏联为代表的社会主义阵营，政治目的明显，应将"一带一路"倡议与之理性区别对待。① 洪邮生、孙灿（2016）认为，"一带一路"倡议既不是简单地囿于现行的国际体系，也不是对它的挑战，而是对现行国际秩序中不合理方面的改善和变革，通过"一带一路"，中国可以为世界提供新的公共产品，引导国际规则向着更合理的方向发展，这也正是其意义所在。② 卢山冰、刘晓蕾、余淑秀（2015）认为，不同于"马歇尔计划"的世界霸权诉求，"一带一路"是和谐共赢的战略构想，而其覆盖的国家和地区以及对未来沿线国家产生的影响，都不是"马歇尔计划"所能够比拟的。③

可以看出，"一带一路"倡议和"马歇尔计划"虽然在形式上有不少相似之处，但在根本上有着明显的不同。众所周知，决定事物属性的不在

---

① 金玲. "一带一路"：中国的马歇尔计划？[J]. 国际问题研究，2015（1）：88 - 99.
② 洪邮生，孙灿. "一带一路"倡议与现行国际体系的变革——一种与"马歇尔计划"比较的视角[J]. 南京大学学报（哲学·人文科学·社会科学），2016（6）：28 - 38.
③ 山冰，刘晓蕾，余淑秀. 中国"一带一路"投资战略与"马歇尔计划"的比较研究[J]. 人文杂志，2015（10）：36 - 43.

其表象，而在其本质，同样是对外投资和援助，可以用作建立自身霸权地位的手段，也可以作为建构平等友好和谐共赢的国际秩序的工具。手段和工具本身都不能说明其性质和目的，性质和目的是使用的主体所赋予的。事实上，中国领导人在国际场合已经多次表明，"一带一路"倡议只是国与国之间经济层面合作的平台，不涉及对各国国内政治、文化、社会等其他方面的干预，必须尊重各国的主权，在实行国际经济援助的时候绝不允许附加政治条款，这跟"马歇尔计划"实施的目的和性质是明显不同的。同时，在"一带一路"所涉及的国家中我们也可以看到，许多国家都是在现行西方主导的经济全球化秩序下发展不力和相对落后的国家，这些国家没有享受到全球化带来的好处，国内各方面的基础差、底子薄，社会不稳定因素较多，是西方发达国家不愿涉足的国家和地区，中国以和平发展的姿态主动与这些国家和地区建立联系，本身就需要极大的勇气和信心，这和"马歇尔计划"中对原本就是强国的欧洲国家的援助是不可同日而语的。

除此之外，国际上对"一带一路"的误解还包括以下几个方面。一是债务陷阱论。这种论调认为中国对沿线国家的援助使这些国家的发展陷入严重依赖外资的地步，是给这些国家设置"债务陷阱"。二是产能污染论。这种论调认为"一带一路"建设是中国的污染产能向其他国家的转移，会对这些国家的生态环境造成影响。三是破坏安全论。这种论调认为伴随着"一带一路"建设，中国的军事实力也会随之拓展到利益攸关的地区，这将会破坏当地的地区安全。四是输出模式论。这种论调认为中国是在通过"一带一路"建设输出自己的模式。五是规则替代论。这种论调认为"一带一路"所秉持的建设规则将会对现行国际规则秩序造成冲击，并最终替代当前的规则。六是抢夺"饭碗"论。这种论调认为中国是在与沿线国家的本国企业抢夺"饭碗"。七是腐败滋生论。这种论调认为中国不附加政治条件的经济合作将会鼓励沿线某些国家的腐败现象，使这些国家的执政者不通过政治改革就可以延续政治寿命。

总体上看，以上这些针对"一带一路"倡议的论调基本上都属于国际社会自带"有色眼镜"的解读，尤其体现了西方社会对中国和平发展道路的提防和戒备，但实际上并不符合事情的真实面貌，这些观点其实更多地反映了西方在过去的全球化过程中自己所信奉的理念和行动的逻辑，而当他们面对一套陌生的价值理念和实践方案时，总是不自觉地用自己的世界观来看待新生事物，这其实也是认识论上的一个常见误区。中国对"一带一路"的倡议、畅想和规划，绝对不会出现上述种种误读所描绘的结果。中国的发展是和平发展，中国的国防建设也是防御性的国防建设，这跟西方通过军事优势蛮横入侵第三世界的发展路径是根本不同的。中国对"一带一路"沿线国家提供的建设，几乎都是在国际上具备优势竞争力的高精尖产业，不存在落后产能向国外转移的特点；同时，中国"走出去"的产业也不是在和沿线国家抢饭碗，经济合作是双向互补的，如果这些国家认为中国在"一带一路"建设过程中存在非平等、不友好的行为，双方的合作也不会进一步地展开。而至于说中国试图通过"一带一路"替代当前的国际规则，那要看是什么样的国际规则，如果是不平等且带有歧视的规则，那当然要替代，因为这些规则本身就含有不合理的成分；而如果是能够促进世界各国平等往来、友好互利的规则，那当然需要提倡并强化。

第7章

经济全球化的未来展望：
构建新型经济全球化

经济全球化经历了数百年的跌宕起伏，历史已经证明，它的基本发展趋势不会因一时一事的挫折而改变，改变的只是它的内容和形式。进入21世纪，中国特色社会主义进入新时代。中国作为世界上最大的发展中国家，日益融入经济全球化，成为推动经济全球化发展的重要力量。未来的经济全球化会以一种什么样的形式呈现出来？会有一些什么样的重大突破？本章将对此作一展望，并探讨新型经济全球化的可行性路径。基本结论是：由于资本主义自身的天然弊病，使资本主义主导的经济全球化越来越陷入其必然的三大困境——国内社会困境、全球生态困境和国际治理困境。唯有对这样的经济全球化加以改革，经济全球化才会有光辉灿烂的明天。而改革的方向，除了重建以人民和人民权利为中心的新型经济全球化，现实中可能再没有更好的选择。

7.1 资本主义主导经济全球化的必然困境

资本主义主导的经济全球化在以下几个方面陷入必然的困境：消费主义的普遍化使人类无限度地浪费和掠夺自然资源，资本的普遍化使两极分化日益加剧并且在资本自身的逻辑内难觅解决之道，资本之间的无序竞争使生产的边界不断威胁到地球能承受的生态极限，资本权力在国际上的扩张使帝国主义成为资本主义无法避免的结果,与此同时,战争和贫困也就成了人类难以逃脱的困境。

7.1.1 资本主导下的生产困境:消费主义和生态危机

资本主义的普遍化带来消费主义的普遍化,在消费主义的影响下,人们消费的目的不再仅仅为了满足对商品使用价值的占有,而是衍生出一系列使用价值之外的因素不断地刺激着消费者去超越自身需求过度地占有和浪费商品,凡勃仑曾提出"炫耀性消费"的概念,西方马克思主义者则提出"异化消费"的概念,其实都揭示出了在这种消费主义观念普及下资本主义社会中出现的种种偏离了消费本质和消费原初目的的现象。受这种消费主义文化观念影响,消费者迷失在不断消费的迷狂之中,对物的使用价值的占有不再是消费的主要考虑内容,商品所附带的社会价值和心理价值成了消费者过度消费的主要考虑因素。

这种消费主义其实和资本主义的生产逻辑是一脉相承的。众所周知,资本主义的生产包含着使用价值的生产和价值的生产两个方面,而资本家所看重的是价值的生产,商品的使用价值只不过是资本家在追逐剩余价值过程中一个无法回避的"烦琐过程",而一旦能脱离使用价值的生产实现剩余价值的占有,资本家便尽力地脱离这种"烦琐过程",实现从 G 到 G' 的直接增殖过程。这也正是马克思所揭示出的在资本主义生产方式下,资本必定有不断金融化的趋势。与这种"重价值、轻使用价值"的生产逻辑相一致的,是同样"重价值、轻使用价值"的消费逻辑,而资本家为了实现商品"惊险的一跃",必定通过如广告、宣传、名人效应、上流社会的示范等各种手段潜移默化地影响着消费者的消费观念,过剩的生产只有在被消费出去之后,资本的价值增殖过程才算圆满结束,因此,这种消费主义的观念也不过是资本主义生产方式下的必然产物,同时,这种观念指导着人们不停地通过过度消费来塑造着自身的身份幻象,反过来又继续刺激着生产不断扩大,资源被超负荷地攫取消耗,这样一来,就不可避免地产生了资本主义生产方式下的生态危机。

资本主义生产方式下的生态危机不同于工业社会的生态破坏。工业社会的生态破坏是指在以石油、煤炭等化石燃料为基本能源的生产方式下，生态环境因为这些污染物的排放而遭到一定程度的破坏，这其中的逻辑是一般性的，即只要采取工业化的动力和生产方式，就一定会比农业或畜牧业的生产方式对生态环境造成更大程度的破坏。但是，资本主义生产方式下的生态危机却是特殊性的，是以价值和剩余价值为生产目的的资本主义生产方式所塑造出来的典型特征。首先，为了攫取更多的剩余价值，超过实际需要的商品被源源不断地生产出来，这些过量的生产必然会带来过度的生态破坏，使自然生态需要承受比满足人类正常需要时更多的负担；其次，由于生态环境尤其是大气层、海洋、国际河流等具有明显的全球共有属性，因此这些领域亟须国与国之间能够达成一致的意见来保护生态，使人类的生产活动能够以有序的、可持续的方式进行，但是，资本之间的竞争却是无序的，而受资本力量影响的国家行为又使国与国之间的合作充斥着资本利益的角逐，导致国际间的生态合作虽然有所成果但与预期仍有相当大的差距，而且霸权国家往往会为了自身的利益罔顾国际共识，关键时刻举起自身优先的旗帜，置国际协议于不顾——美国特朗普政府为了本国利益退出《巴黎气候协定》的行为就体现了生态合作的国际困境。这一困境的解决之道，在于两个方面：首先，在国内方面要改变以资本为中心的经济生产模式，使生产的目的从追逐剩余价值转移到消费使用价值上来；其次，在国际方面要构建以人民和人民权利为中心的国际合作，以各国人民的普遍权利诉求为目的，将资本牢牢地束缚在实现人民自由幸福的准则之下，从根本上改变目前国际合作的诸多困境。

7.1.2 资本权力的国际扩张：帝国主义与战争

资本主义全球化还必然会带来资本权力国际性的扩张，这使跨国资本越来越成为一种超越国家之上的权力力量，影响和塑造着各个国家的行为，也就是说，卷入经济全球化的世界各地区不仅依然受到传统的"国家"权力的支配，还受到来自"跨国公司"权力的塑造，在某种程度上，这两种力量已经成为影响全球经济的"双重主权"，而这也势必会造成一个不可避免的矛盾：主权国家通常被认为是保障、保护本国人民利益的关键屏障，而资本权力的国际扩张使主权国家的力量和能力都受到了一定的挑战，这势必会削弱主权国家对本国人民利益的保护——这也正是"不可能三角"所揭示的问题，因此，资本的权力扩张倾向会使帝国主义成为不可避免的后果，在以资本利益为驱使的帝国主义模式下，资本之间因为利润率和市场竞争使战争不可避免——列宁曾深刻地指出，帝国主义就是战争。因此，资本主义全球化的推进必然会带来一个不稳定的世界，这种不稳定并非外来的，而是内生于资本主义体系内部的，也正是在这个逻辑下，西方国家才会对中国的崛起报以种种警惕和怀疑，因为按照资本主义全球化的逻辑来看，中国的崛起如果依然是按照旧有的资本主义世界体系来塑造自己的身份，那么迟早会通过新的霸权来替代旧的霸权，就像当初新兴的美国替代衰落的大英帝国一样——"修昔底德陷阱"的提出，也正是这种思维逻辑的产物。

所以，如果我们要寻求一种新的更具良性的经济全球化模式，就需要对这一弊病做出根本性的克服。众所周知，战争是人类社会从古至今一直存在的现象，战争虽然对整体而言意味着必然的消耗，但是为了正义、自由、和平等目的而进行的战争也是必需的，不过，在资本权力的主导下，战争被异化为一种为实现资本"掠夺性积累"的暴力手段，在当代资本主义国家，军工产业的产业巨头往往对国家政策有着重大的影响，战争和军火交易成了一门发财致富的生意，在这样一种驱动力下，和平必定只能是一种良好的愿景——美国国内的枪支泛滥之所以无法"一禁了之"，背后有着军火商对政客的巨大利益输送。一个更为优质的经济全球化，不仅要规范并约束资本之间的无序竞争冲动，也必须能够约束资本对军火和战争的侵染，使一国的军事力量能够始终如一地完全服从于本国国民对稳定、安全以及和平秩序的需求。在这方面，相对西方国家在军事方面不时有充当"世界警察"并粗暴干预他国内政的霸权冲动，中国所奉行的防御性国防政策无疑是一种更为优越的选择。

7.2 新型经济全球化的可能性探索

资本主义经济全球化的必然弊病和困境为我们提出了探索经济全球化

其他路径的任务。回顾历史我们会发现,资本主义经济全球化方案其实并非唯一的选择,在苏联社会主义建设时期,社会主义阵营中就提出过另一种社会主义经济全球化的替代方案,虽然其最终随着苏联的解体成为历史,但其中的建设经验为我们探索新型经济全球化有着积极的启发意义。而新型经济全球化的构建,应当在吸取资本主义经济全球化和社会主义经济全球化两方面经验教训的基础上,探索出一条能够切实造福全球的经济全球化模式。

7.2.1 历史上社会主义经济全球化的尝试及其对新型经济全球化的启示

1. 历史上社会主义经济全球化的尝试

国内学者李慎明早在2006年就论述了全球化的另一种替代方案——社会主义的全球化。他认为,世界社会主义运动已经从低潮走入了复兴,伴随着资本主义世界陷入越来越深的泥潭,社会主义的全球化有望在21世纪得到全面的复兴和实现。① 而国外学者莱斯利·斯克莱尔(Leslie Sklair)也认为,从两极分化危机和生态的不可持续危机两方面看,资本主义正在走向失败,通过逐渐消除消费主义文化—意识形态,代之以人权文化—意识形态,可是实现从资本主义全球化向社会主义全球化的转型。② 可以说,虽然目前世界经济体系仍处在资本主义占主导地位的阶段,但社会主义全球化的可能性已经得到中外学者的诸多研究和探索。事实上,社会主义全球化不仅在理论层面有所阐述,在实践层面历史上也有过探索的经验,作为目前世界上最大的社会主义国家,这些理论探索和历史经验都为我国构建和推进新型经济全球化提供了一定的借鉴和启发。

"二战"之后,美国为了帮助西欧迅速从疮痍中恢复过来,针对欧洲

---

① 李慎明. 另一种全球化的替代:社会主义在21世纪发展前景的展望[J]. 马克思主义研究,2006(1):23-26.
② 斯克莱尔. 资本主义全球化及其替代方案[M]. 梁光严等译. 北京:社会科学文献出版社,2012.

提出了"马歇尔计划",在西欧接受美国援助的情况下,苏联为了防止东欧受此影响出现脱离苏联的倾向,于1947年提出了与"马歇尔计划"针锋相对的"莫洛托夫计划",主要目的在于加强苏联与东欧的经济联系,援助东欧的经济发展。在"莫洛托夫计划"基础上,苏联分别与保加利亚、捷克斯洛伐克、匈牙利、波兰等东欧各国签署了一系列经济协议。此后,1949年1月5~8日,苏联、保加利亚、匈牙利、波兰、罗马尼亚、捷克斯洛伐克6国政府代表在莫斯科通过会议磋商后,宣布成立经济互助委员会;同年4月,经济互助委员会首届会议在莫斯科召开,规定经济互助委员会的宗旨是在东欧人民民主国家和苏联之间"建立密切的经济联系"。1962年6月,经济互助委员会第16届会议修改章程,规定非欧洲国家也可参加,经济互助委员会首次对欧洲以外的国家开放,随后,蒙古、古巴、越南也相继加入了经济互助委员会。1969年4月,在经济互助委员会第23次特别会议上,提出了"社会主义经济一体化"方针,虽然没有明确提出社会主义经济全球化的概念,但这可以看作是社会主义经济全球化的雏形方案。1988年6月,经济互助委员会与欧洲共同体签署联合声明,双方互相承认,并正式建立关系。

这表明在"冷战"期间,世界经济并非只有以"布雷顿森林体系"为代表的资本主义经济全球化的实践,在社会主义阵营内部也有经济全球化的尝试,因此,我们也可以说,经济全球化原本就并非只有一种方案可以选择,只不过在后来社会主义阵营解体之后,资本主义的经济全球化在竞争中取得了暂时的胜出,并随之试图通过各种手段推广自身的全球化方案。

由于社会主义国家在"冷战"后期日益陷入困境,1991年6月28日,在布达佩斯举行的经济互助委员会第46次会议上,经济互助委员会正式宣布解散,而同年12月,欧洲共同体在马斯特里赫特首脑会议上通过了《欧洲联盟条约》,在该条约的指导下,1993年11月1日,欧洲联盟正式诞生。可以看出,经济互助委员会与欧洲共同体之间有着微妙又复杂的关系,而欧洲联盟的诞生,也意味着经济互助委员会和欧洲共同体完成了自身的历史使命。

2. 社会主义经济全球化的尝试对新型经济全球化的启示

经济互助委员会的最终解体，也为我们进一步思考新型经济全球化提供了借鉴和启迪。从历史经验来看，我们至少可以得出以下几点认识。

首先，新型经济全球化应该体现出友好和平、互助互信的特征，而不是为了应对某种外在的挑战，以对抗姿态呈现出来的一种临时策略。回顾经济互助委员会的成立、发展和最后的解体，一直体现着社会主义阵营为了防范资本主义阵营的渗透而采取的应对之计，这种背景下的社会主义经济全球化，有通过贸易往来互补所需的经济目的，也有联合各国壮大社会主义阵营的地缘政治目的，这就势必会影响到社会主义经济全球化目的的纯粹性，也就不可避免地随着两大阵营政治力量的此消彼长而经历兴衰成败。

其次，新型经济全球化应该是一种平等互利、合作共赢的全球化，而不能沾染上资本主义经济全球化的旧有弊病。在经济互助委员会存续时期，虽然各成员国确实从区域经济一体化中得到了不少益处，但是个别国家的大国沙文主义倾向也是比较明显的，这就导致了成员国之间身份的不平等和话语权上的被动。在经济互助委员会这一组织制度的安排下，由于苏联在经济、军事和政治方面具有巨大的影响力，使苏联成为该组织的领导者，所以，东欧国家和其他成员国均认为其处于组织的次要地位，而苏联则在"协调国民经济计划"的旗号下通过制订指引性的计划经济对成员国进行经济上的干预，也是一度存在的现象。

最后，经济全球化和超国家权力之间的关系，也是我们思考未来新型经济全球化所必须要考虑的命题。由于经济互助委员会并非一个超国家组织，其做出的决议也不具有国际法律的约束效应，所以只要有成员国认为其决定有损于本国利益，该成员国就可以拒绝执行，虽然这种情况较少出现但也并非没有，如阿尔巴尼亚就因为拒绝接受苏联的指令而最后宣布退出该组织。因此，摆在资本主义全球化面前的问题同样也摆在了社会主义全球化面前：如何处理局部和整体的关系，如何使全球性的经济活动背后有强有效的执行机制，都是我们进一步思考新型经济全球化时需要面对的问题。

7.2.2 新型经济全球化的基本内涵及要求

1. 新型经济全球化的基本内涵

新型经济全球化的构建并非源于某种理论上的推演，而是基于现实发展和时代需要对未来经济全球化方向的判断。随着新的科技革命的不断突破和人类交往生活的日益紧密，互联网、物联网、大数据、人工智能、3D打印等新的技术手段正在把人类社会构建成一个密不可分的网络社会，你中有我、我中有你，全球产业链和全球市场使世界各地的人们越来越息息相关，这些新事物、新现象都为人类命运共同体的真正形成奠定了物质生产上的基础。伴随着新的技术手段的普及，也一定会有新的生产关系与之相适应地出现，因此，人类命运共同体的形成，使我们对经济全球化的未来展望有了一定的现实依据。结合以上对经济全球化旧有模式的分析，笔者认为，未来的新型经济全球化应该具备包容、普惠、平衡、共赢、平等等基本内涵。

第一，新型经济全球化应该是包容性的经济全球化。旧有的经济全球化模式之所以会陷入困境，就在于其本身具有一定的排他性，具体表现在：能够很容易地容纳与自身国情和自身制度模式相近的国家加入进来，但对于国情和制度模式跟自己不同的国家则较难容纳，甚至采取某些歧视性政策将这些国家排除在贸易体系之外。因此，这种经济全球化模式必然会有有限的边界，容纳度也有局限。而新型经济全球化一定是包容度更广的全球化，使世界上各个国家，不论大小强弱、实行何种制度，都可以在同一个平台上进行经济合作和贸易往来。

第二，新型经济全球化应该是普惠的经济全球化。所谓"普惠"，是指各国能够普遍地享受到经济全球化带来的实惠，而不是让经济全球化成为中心国家掠夺外围国家的工具，使富国愈富穷国愈穷。这是对过去资本主义经济全球化模式的改造，也是对新自由主义思潮主导下的经济全球化模式的纠偏。在未来的新型经济全球化中，应当更多地考虑和照顾弱小国家的利益，更加公平地对待发展中国家和落后国家，只有构建一个普惠的经济全球化模式，才能保证经济全球化健康持续的发展。

第三，新型经济全球化应该是平衡的经济全球化。当前的经济全球化之所以陷入困境，其中一个主要原因在于各方面的"失衡"：国家与国家之间利益关系的失衡、国家内部不同群体之间利益关系的失衡、经济全球化和主权国家之间关系的失衡……所谓"平衡的经济全球化"，就是在推进经济全球化进程时，能够平衡考虑各方的诉求和呼声，避免将事态做极端化处理，能够平衡国与国之间的发展，发达国家在满足自身需求的情况下能够更多地帮助落后国家取得更快更好的发展。

第四，新型经济全球化应该是共赢的经济全球化。以往的经济全球化令一些国家不仅没有通过参与其中改善自身的状况，反而导致了本国的发展进程受阻、资源和环境条件恶化等不良结果，因此全球各地的反全球化运动层出不穷。新型经济全球化应该克服这种弊端，使各个参与国都能够赢取更多的发展成果，国与国之间应该通过共同协商、共同合作解决个别国家在参与经济全球化过程中的发展问题，要深刻地意识到只有少数国家能赢的模式是必定不可持续的，而这种不可持续反过来也会使这些少数国家也陷入输局，最终的结果必然是"共输"，因此，新型经济全球化应该吸取旧有经济全球化模式的教训，努力构建成为一个具有吸引力的"共赢"平台。

第五，新型经济全球化应该是平等的经济全球化。新自由主义的全球化模式有着强烈的"中心—外围"特征，这样一种结构已经先天地决定了只要这个模式本身没有被打破，那么参与其中的各国就必然意味着不平等。随着互联网和物联网等信息技术的快速发展，世界正越来越趋于网络化，在网络化的关系中，不存在某个固定的中心，因此，网络化也意味着各个国家之间将更加平等，这能够保证参与经济全球化的各国无论大小和实力强弱，都能受到同等的对待，也能够保证参与经济全球化的各国真正地做到共商、共建、共享。

2. 新型经济全球化的基本要求

以包容、普惠、平衡、共赢、平等等特征为基本内涵的新型经济全球化，目前来看应至少做到以下两方面的基本要求。

第一，建立开放、透明、非歧视性的多边贸易体制。目前来看，受美国贸易保护主义政策和单边主义行为的影响，世界经济的多边贸易体制正在受到威胁。在这种情况下，更应该对新型经济全球化报以坚定的信心，各个国家应该打破壁垒、破除怀疑，加大开放力度，增进经济全球化的透明度，平等对待、一视同仁，维护来之不易的多边贸易体制，并推动其向着更为健全、更为丰富的方向改进。

第二，建立贸易投资更加自由化、便利化的要素流动体制。新型经济全球化的构建，必须依靠更大规模、更加便利的国际要素流动机制。目前来看，逆经济全球化的抬头使各国的资本、技术等生产要素有退回本国寻求保护的趋势，从根本上来说，这种结果的出现主要还是由于国际间的要素流动机制存在一定的壁垒和障碍所致，本国要素和国外要素存在区别性对待的现象，各个国家为了保护本国产业、本地就业，人为地树立起了要素跨国流动的障碍。新型经济全球化的构建，要求各个国家要适应生产力发展的要求，建立起一套更加自由、更加便利的要素流动体制，推动世界经济向着高层次、高质量方向发展。

7.2.3 中国参与构建新型经济全球化的路径选择

作为世界第二大经济体，中国在参与构建新型经济全球化方面不可缺席，而现实地看，中国也已经在这方面探索并做出了自己的路径选择，具体体现在以下三个方面。

首先，积极推动"一带一路"建设，以共商、共建、共享的理念参与塑造新型经济全球化的崭新模式。"一带一路"建设是中国参与构建新型经济全球化的重要实践内容和探索路径，正如习近平所指出的："在'一带一路'建设国际合作框架内，各方秉持共商、共建、共享原则，携手应对世界经济面临的挑战，开创发展新机遇，谋求发展新动力，拓展发展新空间，实现优势互补、互利共赢，不断朝着人类命运共同体方向迈进。"[1]

"一带一路"倡议自提出以来，在短短数年内已取得了卓有成效的建

---

[1] 习近平. 开辟合作新起点 谋求发展新动力 [N]. 人民日报, 2017-05-16.

第 7 章
经济全球化的未来展望：构建新型经济全球化

设成果，在顶层框架上基本形成了"五大建设方向"和"四大主体框架"，其中"五大建设方向"又包括丝绸之路经济带三大走向和21世纪海上丝绸之路两大走向。丝绸之路经济带三大走向：一是从中国西北、东北经中亚、俄罗斯至欧洲、波罗的海；二是从中国西北经中亚、西亚至波斯湾、地中海；三是从中国西南经中南半岛至印度洋。21世纪海上丝绸之路两大走向：一是从中国沿海港口过南海，经马六甲海峡到印度洋，延伸至欧洲；二是从中国沿海港口过南海，向南太平洋延伸。"四大主体框架"包括"六廊""六路""多国""多港"，其中"六廊"是指六大国际经济合作走廊：新亚欧大陆桥、中蒙俄、中国—中亚—西亚、中国—中南半岛、中巴、孟中印缅经济走廊；"六路"是指公路、铁路、航运、航空、管道、空间综合信息网络，这些是基础设施互联互通的主要内容；"多国"是指与一批先期合作国家率先建立联系，争取示范效应，体现合作成果；"多港"是指共建一批重要港口和节点城市，繁荣海上合作。在顶层框架之下，"一带一路"建设的合作内容广泛、全面，主要涉及政策沟通、设施联通、贸易畅通、资金融通、民心相通五个方面，可以说，这些都是中国参与新型经济全球化的具体路径和实践落实。

其次，围绕"一带一路"建设，同各方一道打造多个国际合作新平台，强化国际交流机制，为世界共同发展增添新动力。"一带一路"是一个具有巨大包容力和广泛辐射力的国际性合作倡议，围绕着该倡议，中国已打造了多个国际合作新平台，并强化了相关国际交流机制。2013年10月2日，习近平提出筹建亚洲基础设施投资银行（AIIB）（以下简称"亚投行"）倡议，亚投行的定位是一个政府间性质的亚洲区域多边开发机构，其主要功能在于重点支持基础设施建设，宗旨是促进亚洲区域的建设互联互通化和经济一体化的进程，并且加强中国及其他亚洲国家和地区的合作。截至2018年12月，亚投行已有93个正式成员国。

2017年5月14~15日，"一带一路"国际合作高峰论坛在北京举办。这次高峰论坛是"一带一路"框架下最高规格的国际活动，也是新中国成立以来由中国首倡、中国主办的层级最高、规模最大的多边外交活动，是中国国际地位和影响力显著提升的重要标志。来自29个国家的国家元首、政府首脑与会，来自130多个国家和70多个国际组织的1500多名代表参会，覆盖了五大洲各大区域。通过高峰论坛，各国之间形成了共5大类、76项、270多项的成果清单。论坛期间，中国与20多个国家和国际组织商签"一带一路"有关合作文件。中国同柬埔寨、土耳其、巴基斯坦等多国签署加强基础设施建设和促进交通运输合作协议，同30个国家签署政府间经贸合作协议。

除此之外，中国近年来通过筹办G20峰会、中非合作论坛、亚太经合组织会议、中国—东盟博览会等一系列国际性会议，不断地向世界传达共建"一带一路"、推进新型经济全球化建设的倡议，这些影响力广泛的会议及合作计划从不同方面体现着中国参与新型经济全球化构建的努力和方向。

最后，在国际合作和国际决议中更多地争取发展中国家的权益，促进国际机构向着更平等、更合理的方向改革。目前的国际规则有着鲜明的发达国家占主导地位的特征，少数的发达国家通过国际机构能够更深、更广泛地影响世界，而发展中国家和落后国家则一直处于弱势地位，其诉求和声音经常被忽略。中国作为发展中国家中的最大经济体，有责任与广大的发展中国家一道，推动国际机构向着更合理的方向改进。而事实上，中国在这方面已经做出了不少贡献。在国际货币基金组织中，中国不失时机地开展工作，促使其相关规则更多反映发展中国家的利益，如在2008年全球金融危机发生后，中国就积极促成国际货币基金组织于2009年对《对成员国政策双边监督的决定》的操作指引进行了修订，取消了给会员国贴标签的做法；在世界银行，中国也为其自身的制度建设做出了诸多贡献，如积极参与世界银行促进世界削减贫困的工作，配合世界银行将中国的减贫经验制度化、标准化等，为世界银行的全球减贫安排提供智力与规则支持；在参与世界贸易组织的规则制定及修改的能力上，中国也有所提升，2008年，中国首次成为多哈谈判的七个核心成员之一，提高了中国在多边贸易体制中的地位和在国际贸易规则制定上的话语权。[①] 此外，中国还在金砖国家的合作方面发挥了积极作用，使金砖国家作为一个整体在世界上

---

① 张宇燕，冯维江. 中国的和平发展道路 [M]. 北京：中国社会科学出版社，2017：31-35.

的地位得到不断的提升,从而保障了发展中国家能够在国际合作中争取到更多的话语权。

7.3 余论:马克思主义国际政治经济学的发展

前面就中国经济在实践领域取得的成就以及构建新型经济全球化的"中国方案"在近些年取得的成果进行了论述,本部分则从另一个视角——国际政治经济学的视角,提出一个新的理论命题,即从更长期的历史视野来看,"中国道路"所取得的实践成果对于我们进一步发展马克思主义国际政治经济学有哪些理论上的助益和启发?众所周知,马克思主义国际政治经济学是马克思主义在国际关系领域的一个分支,因此,对这一理论的发展,其实也是对马克思主义的发展。本部分,笔者想把对于这个问题的初步思考呈现出来,也期望能够得到该领域研究者的意见和不同观点的争鸣。

7.3.1 国际政治经济学的三大范式

国际政治经济学(International Political Economy)自20世纪70年代兴起以来,在学科内容上不断得到拓展和丰富,在理论深度和实践应用上也不断得到发展,按照该领域的代表学者罗伯特·吉尔平的划分方法,国际政治经济学已基本形成了现实主义范式、自由主义范式和马克思主义范式三大理论范式。吉尔平的这一划分方法,已基本得到了学界较为普遍的认同,正如本杰明·科恩所说:"在今天的国际政治经济学教科书中,吉尔平的三种'模式'——也可称作是范式或者视角——即便做出修改或者在许多方面加以重新组合,也仍然是绝大多数严肃探讨的起点。"[1] 因此,本书的研究也主要是基于这三大范式的划分方法。这三大范式之间虽然有交

---

① 科恩. 国际政治经济学:学科思想史 [M]. 杨毅,钟腾飞,译. 上海:上海人民出版社,2010:37.

叉和融合，尤其是前两个范式之间发生过多次论战和对话，但在最基本的价值观和核心假定上却有着根本的区别。因此，国际政治经济学的发展也表现为三大范式各自的丰富和完善。

三大范式中，现实主义范式属于比较经典的一种范式。现实主义认为，在国际关系和国与国之间的经济贸易中，国家的利益是首要且根本的，经济全球化固然使世界各国和各地区逐渐成为不可分割的整体，但这并不意味着一国的利益要服从于全球的利益，在全球化的背景下，竞争还是十分明显且激烈的，全球化并没有从根本上改变经济行为的民族国家性质。例如，虽然跨国公司在国际事务中的影响力日益提升，以至于呈现出和主权国家分庭抗礼的局面，但事实上，所有跨国公司都是属于某一主权国家的公司，其行为和战略都深深地受到母国的政策、法律等多方面的限制。因此，现实主义认为，并不存在一个目的论意义上的"世界经济"，或者说经济全球化只是民族国家实现自身利益的手段，其利益也具有根本性。在此基础上，现实主义进一步提出了"国际公共产品理论"和"霸权稳定理论"，其代表人物包括金德尔伯格和罗伯特·吉尔平。有必要进一步指出的是，现实主义对美国的国际政策影响深远，在美国的政界和学界均拥有巨大的影响力。

如果说现实主义范式将"国家"置于中心的位置，那么自由主义范式则将"市场"置于和"国家"同等重要的位置，并且在目的论意义上更看重"市场"的位置。在自由主义范式看来，全球性市场的形成极大地提高了资源在世界范围内的配置效率，国际分工的深化和全球产业链的形成，使各国都能通过开放经济使自身的要素禀赋得到最优化配置，从纯粹经济学角度来看，经济全球化和全球性的市场能使整体福利得到提升，并且现实地看，跨国公司、国际机构等一系列非国家组织已越来越成为一种独立于国家主权之外的力量，在国际经济、政治舞台上起着重要作用。自由主义的代表人物包括基欧汉（Robert Keohane）和约瑟夫·奈（Joseph Nye），其代表性理论有复合相互依存论、"敏感性"和"脆弱性"理论等。自由主义的国际秩序观认为国与国之间是相互依存、密不可分的利益共同体，这和现实主义有着明显的不同，在现实主义看来，国与国之间是竞争性的对立关系，在国际关系中更强调冲突的一面。自由主义范式在与现实主

第 7 章
经济全球化的未来展望：构建新型经济全球化

范式的论战中脱颖而出，并且在实践领域深深地影响了美国自 20 世纪 80 年代以来的国际政策。可以说，美国的主要国际政治经济行为，其背后的主导思想就是自由主义与现实主义的混合体，两者呈现出此消彼长和相互融合的关系。

与现实主义和自由主义不同，作为国际政治经济学的三大范式之一，马克思主义范式有着不同的发展演变路径。这一方面表现在马克思主义范式在第二次世界大战之后主要产生在拉丁美洲、非洲等"外围"或者"边缘"地区，对现实主义和自由主义主导的资本主义世界体系持批判态度，因此在资本主义的"中心"国家并未得到同等分量的重视，也并未在政策层面产生足够的影响力；另一方面表现在马克思主义范式在一定程度上都继承了马克思关于劳动价值论、价值创造和剥削、生产地位的不平等等分析方法和思想，但又根据时代和环境的不同有所发展和创新。在马克思主义范式看来，国际经济关系在本质上也是冲突的，但这种冲突并非来自不同国家之间的利益，而是来自不同阶级之间的利益，经济活动的目标在于对本阶级利益的争取，这种结果就导致了国际关系是一种不平衡、有层次的非均衡结果。

关于这三大范式之间的联系和区别，吉尔平曾作了一个经典的比较，如表 7-1 所示。

表 7-1 国际政治经济学三大范式的比较

项目	新自由主义 相互依存论	新现实主义 霸权稳定论	新马克思主义 依附论
国际经济关系的性质	和谐的	冲突的	冲突的
行为主体	个人和企业	民族国家	阶级
经济活动目标	最大限度地促进 全球的福利	最大限度地促进 民族国家的利益	最大限度地促进 本阶级的利益
政治和经济的相互关系	经济应该决定 政治	政治权力决定 经济利益分配	经济是基础， 政治是上层建筑
经济变动理论	动态地扩大均衡	政治权力的转移决定 经济利益的分配	走向不平衡的 必然趋势

资料来源：Robert Gilpin, U.S. Power and Multinational Corporation. London: The Macmillan Press Ltd., 1975: 27.

不过，整体上而言，"二战"之后——尤其是20世纪90年代以来，马克思主义范式在现实的政策实践中并未像自由主义范式或现实主义范式那样得到积极的贯彻和实施，因此在政策的具体操作方面还存在很大的探索空间，同时，自"依附论"和"世界体系"理论之后，与新的实践相比，马克思主义范式的发展速度相对缓慢，原有的以拉丁美洲和非洲地区为分析对象的理论，可以很好地解释外围和边缘国家为什么会陷入资本主义全球化的"魔咒"之中，但是却无法有效地解释东亚地区尤其是中国为何可以借助资本主义的世界体系得到自身的提升和不断发展。即便有巴西学者卡多佐提出的"联系性依附发展战略"和日本学者渡边利夫提出的"从依附到自主"的理论，为部分后发国家的赶超发展做出了理论上的说明，但面对中国这样一个巨大的非资本主义经济体长期高速、稳定的增长，仍缺乏足够的解释力度。

因此，这就为我们提出了一个发展马克思主义国际政治经济学的理论任务，如果我们不能把国际政治和经济中新的实践、新的变化融入马克思主义国际政治经济学的分析框架内，就无法对现实做出符合马克思主义范式的理论解释。就当下来看，一向由资本主义国家主导的国际政治经济秩序正值自由主义范式式微和现实主义思潮弊端重现的关键时期，全球资本主义体系面临着诸多新的问题，需要新的思想提供理论上的借助。在此背景下，继承马克思主义范式的分析传统，结合中国特色社会主义的建设成就和经验，发展马克思主义国际政治经济学，为全球治理注入新血液、增添新动力，具有重要的理论及实践意义。

7.3.2 马克思主义国际政治经济学的演进脉络

马克思主义国际政治经济学从理论的发展史来看，大概经历了萌芽、形成、发展几个阶段。萌芽期以马克思、恩格斯著作中关于国际政治经济学的论述为代表，理论上主要体现为世界市场理论以及马克思"六册计划"中的"国家""对外贸易""世界市场"等未写就的著作中所展现的理论构想；形成期以列宁及其《帝国主义论》为代表，理论上主要体现为帝国主义论、垄断资本论等；发展期以西方新马克思主义学者如弗兰克、阿明、沃勒斯坦、多斯桑托斯等为代表，理论上主要体现为依附论、中心—外围理论以及世界体系理论等。

1. 萌芽期：马克思和恩格斯

马克思、恩格斯所在的年代，国际政治经济学尚未形成一门独立的学科，所以在其著作中也不可能出现专门论述此学科的章节，这一时期的马克思主义国际政治经济学更多的是作为片段式的思想体现在马克思、恩格斯的著作中。在《共产党宣言》中，马克思、恩格斯论述了资本主义社会化大生产必然会带来的经济全球化："资产阶级，由于开拓了世界市场，使一切国家的生产和消费都成为世界性的了。"① 这种生产和消费成为"世界性"的基础，是资产阶级推动的资本主义生产方式的全球化："资产阶级，……把一切民族甚至最野蛮的民族都卷到文明中来了。……它迫使一切民族——如果它们不想灭亡的话——采用资产阶级的生产方式；……它按照自己的面貌为自己创造出一个世界。"② 由此而来的，是无产阶级运动的全球性："在无产者不同的民族的斗争中，共产党人强调和坚持整个无产阶级共同的不分民族的利益。"③ 在马克思、恩格斯描述的这样一幅图景中，基本具备了国际政治经济学要分析的主要对象：全球流动生产要素、民族国家、国际组织以及国际联合等。

《共产党宣言》中的部分论述也为后来的依附论提供了思想来源："资产阶级……使未开化和半开化的国家从属于文明的国家，使农民的民族从属于资产阶级的民族，使东方从属于西方。"④ 除此之外，马克思后来还对世界市场所带来的国际间不平等交换做了阐述："两个国家可以根据利润规律进行交换，两国都获利，但一国总是吃亏……一国可以不断攫取另一国的一部分剩余劳动而在交换中不付任何代价。"⑤ 这些思想为后来提出依附论和国际不平等交换理论的新马克思主义学者提供了丰富的理论借助。

---

①②③④ 共产党宣言［M］. 中共中央马克思恩格斯列宁斯大林著作编译局编译. 北京：人民出版社，2009：31-32.

⑤ 马克思恩格斯全集（第四十六卷下册）［M］. 中共中央马克思恩格斯列宁斯大林著作编译局编译. 北京：人民出版社，1980：401-402.

马克思对于国际政治经济学的贡献,还体现在他的"六册计划"中。马克思的"六册计划"在《〈政治经济学批判〉序言》中有较为清晰地表述:"我考察资产阶级经济制度是按照以下的顺序:资本、土地所有制、雇佣劳动、国家、对外贸易、世界市场。在前三项下,我研究现代资产阶级社会分成的三大阶级的经济生活条件,其他三项的相互联系是一目了然的。"① 可以看出,马克思的这一计划是具备逻辑上的先后性的,即从一般到具体、从国内到国际,而且马克思明确指出,后三项"国家""对外贸易""世界市场"之间的相互联系是"一目了然的",这说明,在马克思的理论架构中,对这三项的研究并不是孤立分开的,而是作为一个有机的整体在联系中展开的。"六册计划"虽然在马克思的有生之年没有完成,但为我们理解马克思的研究思路提供了一个认识框架,我们完全可以设想,如果马克思有足够的时间展开其写作计划,后三册将会从整体上构建出一个完整意义上的"国际政治经济学"理论"大厦"。因此,这一计划不仅为我们理解马克思的研究逻辑提供了资助,也为我们发展马克思主义国际政治经济学提供了方向指导。

2. 形成期:列宁

马克思主义国际政治经济学的形成,大约在 19 世纪末 20 世纪初,其主要代表人物是列宁,成熟的理论是帝国主义论。在先前研究者尤其是霍布森对帝国主义和希法亭对金融资本的研究基础上,列宁运用马克思主义的基本分析方法,结合资本主义新变化,揭示了资本主义发展到帝国主义之后的新特征,为落后国家的无产阶级革命建立了比较成熟的理论基础。当然,这一时期,除列宁外,还有其他的马克思主义者也发展了马克思主义国际政治经济学的内容,如卢森堡的"第三市场"理论,同样把对资本主义的分析置于一个更为广阔的世界范围之中,发达国家和落后国家、资本主义国家与非资本主义国家都在资本积累的这一目的活动中联系在了一起。不过,列宁的帝国主义论所具有的在理论和实践双重层面的深远影

---

① 马克思恩格斯文集(第二卷)[M]. 中共中央马克思恩格斯列宁斯大林著作编译局编译. 北京:人民出版社,2009:588.

响，是其他理论所无法相比的，正如吉尔平所说："列宁其实已经从根本上将马克思主义从一种国内经济理论改变为一种阐述资本主义国家之间国际政治关系的理论。"①

在《帝国主义是资本主义的最高阶段》中，列宁指出，垄断是帝国主义区别于自由竞争资本主义的主要特征，垄断资本为了获得超额利润，必然会通过全球扩张对落后国家进行资本输出，同时，资本的输出又带来国际间垄断的形成，各个资本主义国家为了争夺国际市场而瓜分世界，并通过各种手段对殖民地国家进行剥削和压迫，这样一来，帝国主义就成了一个从宗主国到殖民地、从金融资本到产业资本等各个方面结构严密的剥削体系，这种剥削体系一方面使经济全球化更加深化、国与国之间的经济依赖关系越来越紧密，另一方面也使落后国家所受的压迫和剥削日益严重，最终将导致资本主义体系的总危机，"资本输出导致资本主义生产的国际化和资本主义生产关系向世界最远角落的延伸，而另一方面权力集中到大的金融集团手中，财富流向寄生的食利者阶级。"② 因此，列宁认为，帝国主义是腐朽的、寄生的和垂死的，并且由于资本主义发展的不平衡，帝国主义为社会主义在一国取得胜利创造了条件。

列宁帝国主义论的深刻意义在于：第一，它将分析资本主义的视野真正意义上扩大到世界范围，从整体上考察了资本主义全球化对世界各国政治和经济的影响；第二，它凸显了资本主义各个国家之间、宗主国与殖民地之间的冲突，这些根源于经济利益的冲突导致了国家间不同的政治行为，而政治行为又反过来加剧了经济层面的冲突，因此，国家的政治行为被赋予了新的重要性；第三，它为社会主义革命在落后国家率先取得胜利奠定了理论基础，打破了传统认为的社会主义革命将首先在高度发达的资本主义国家建立的理论迷思。

3. 发展期：新马克思主义学者

列宁的理论直接引导俄国革命取得胜利并建立了第一个社会主义国

---

① 罗伯特·吉尔平. 国际关系政治经济学 [M]. 杨宇光等译. 北京：经济科学出版社，1989：48.
② 布鲁厄. 马克思主义的帝国主义理论：一个批判性的考察 [M]. 陆俊，译. 重庆：重庆出版社，2003：125.

家。二战后，苏联、中国等社会主义国家蓬勃发展，发达资本主义国家则通过制度调整和技术革命获得了新一轮的发展机会，与此同时，卷入发达资本主义国家所主导的全球化进程中的拉丁美洲和非洲国家，却在短暂的黄金期之后频频遭遇发展的"瓶颈"和"陷阱"，这促使一些学者不得不寻找背后的原因和症结，西方新马克思主义学者正是在这一背景下兴起的，他们主要研究分析的对象也对准了自己所在地区的发展问题，代表性理论主要有中心—外围理论、依附论和世界体系理论。

中心—外围理论最早由阿根廷经济学家劳尔·普雷维什提出，该理论的核心主旨是将世界经济看作一个有结构、有层级、非均衡的运动体系，中心国家和外围国家不仅在生产结构和经济结构方面存在巨大的差异，而且两者之间存在着技术、贸易和经济剩余掠取等各方面的不平等，这就导致外围国家几乎无法靠复制中心国家的模式取得成功。

依附论在很大程度上借鉴了中心 外围理论的思想，其主要代表人物特奥托尼奥·多斯桑托斯认为，历史上曾经存在殖民地依附和工业—金融依附两种依附形式，而二战后则出现了第三种依附形式——工业—技术依附。在这种依附形式下，落后国家的工业发展严重受制于中心国家，一方面在技术方面受中心国家控制，另一方面自身的工业结构和生产结构也不得不受制于中心国家的需要而与本国的实际需要脱节，从而使外围国家与中心国家的差距越拉越大，陷入一种依附性发展。只要世界资本主义体系的中心—外围结构不改变，外围国家除了处于依附地位别无选择，而只有通过社会主义革命，外围国家才能真正从这样一种剥削结构中脱离出来。

和依附论所展示的静态结构和宿命观点不同，世界体系理论赋予了资本主义世界经济体系以更多的灵活性和演化的可能，通过将"中心—外围"的二级结构扩展为"中心—半外围—外围"的三级结构，伊曼纽尔·沃勒斯坦认为，处于最底层的生产低利润、低技术的外围国有可能上升为半外围国家，而处于中间层的兼具剥削与被剥削角色的半外围国家则也有可能上升为中心国家。不过，世界体系理论虽然赋予了体系内部角色转换的灵活性，但并没有对体系本身的包容性给予过多的乐观，在沃勒斯坦看来，"资本主义世界经济体系最终将由于它彻底统治世界而失去其发展的空间，从而陷入全面的危机，而取代这一体系的将是一个新的世界体系，即社会主义世界体系政府。"①

纵观马克思主义国际政治经济学的演进脉络可以看到，每个历史时代的马克思主义者们都通过对新的现实和新的实践的考察，运用马克思主义的基本分析方法，为马克思主义国际政治经济学的理论大厦贡献了智识，这些理论成果不应成为僵化的教条，而应该成为我们认识新现实的活的方法。发展马克思主义国际政治经济学的主要原因在于旧有的理论对新的现实的解释力度不足，无论是帝国主义论还是依附论，都是针对当时国际形势所提出的理论，二战后资本主义世界的发展在一定程度上冲击了帝国主义论，20世纪90年代以来韩国、新加坡和中国等经济体的崛起冲击了依附论。我们必须对中国在资本主义世界体系中何以能够取得长足发展做出理论上的说明——世界体系理论虽然对依附论有了修正，但现实地看，中国的发展和世界体系所揭示的霸权兴衰规律有着根本的不同，中国对自身未来的期许，也绝对不是以新的霸权替代旧的霸权，而是在探索一种对新型的和平、开放、互利共赢的国际关系秩序。因此，从学科本身发展需要出发，我们有必要对马克思主义国际政治经济学做出与时俱进的探索和发展，而这种理论任务的第一步，即是回到中国的实践，从实践中获得理论上的启发。

7.3.3 国际政治经济学三大理论范式视角下的"中国道路"

针对中国经济在过去40多年中取得的卓越成就，理论界冠之以"中国奇迹"，并将过去中国的经验总结为"中国模式"，尽管对这一模式的具体内容理论界尚存在不同的看法，但毫无争议的是，即使在世界范围内来看，中国经济的增长也确实称得上一个"奇迹"。国内学者史正富称之为"超常规的经济增长"，在史正富看来，改革开放以来中国的经济增长呈现出两大明显特征：一是经济增长率前所未有；二是经济增长的稳定程度显

---

① 张宇. 马克思主义的全球化理论及其从经典到现代的发展 [J]. 政治经济学评论，2004 (3)：1-26.

著高于同期其他国家。① 总之，不论从哪个角度看，中国经济作为一个整体所取得的成功是举世瞩目的。

不过，与"中国模式"的提法相比，笔者倒更倾向于将中国过去所取得的成就、经验和正在实践的制度、模式统称为"中国道路"，因为所谓"模式"，总带有样板、定型、供人学习等诸如此类的特征，但是我国的经验，很多是其他国家不那么容易学习的，如我们能够集中力量办大事的优良传统，主要得益于我们党能够通过民主集中制高效领导全国各个战线上的工作者们服务于中心目标，这样的经验是国外一些以分权政治制度为传统的国家所不易学习借鉴的。此外，中国发展到现在，所取得的建设经验并没有定型，而是一个开放的体系，我们尚处于社会主义初级阶段，离我们的理想目标还有很远的距离，这个基本的现实表明我们的经验尚未定型，仍在积累和生成中，所以不宜将其模板化、静态化。

"中国道路"提法的更为贴切之处在于以下几个方面。首先，"道路"意味着进行之中，说明我们的建设和发展并不是"完成时"，而是"进行时"，这和我们的现实实践是比较吻合的，我们一步步地接近我们的目标，我们在"中国道路"上不断前进。其次，"道路"还有方向性的指向，一条道路总会通向一个终点，不同的道路所要追求的目的也不同，"中国道路"意味着我们走的是中国特色的社会主义道路，这条道路不同于西方资本主义国家所走的道路，因为在最终目的的设定上，两者有着明显的区别：社会主义以最广大人民群众的根本利益为旨归，资本主义以资本的利益为主要目的。"中国道路"这一说法，能更好地表明我们自身所具有的独特特征。最后，"中国道路"的概念能够把"中国模式""中国经验"等概念一并包含进来。所谓"道路"，即我们行进的轨迹，只要往前行进，就一定会形成一些"模式"和"经验"，但是"道路"本身又比"模式"和"经验"更具动态性和开放性，其涵盖的范围也更为宽泛。国内已有不少学者提出"中国道路"这个概念，而周文、李超（2019）在比较了"中国模式"和"中国道路"两个概念之后认为，"相对于中国模式，中国道

---

① 史正富. 超常增长：1979—2049年的中国经济［M］. 上海：上海人民出版社，2013：9.

第7章
经济全球化的未来展望：构建新型经济全球化

路更适合描述新时代下中国特色社会主义的伟大实践"[①]。本书在借鉴以上学者们研究的基础上做了新的总结。

那么，改革开放以来我们所实践的"中国道路"有哪些特征呢？笔者认为主要有以下两个方面。

第一，中国逐步融入了现存的资本主义世界政治—经济体系中。这个表述首先意味着现存的世界政治—经济体系是资本主义主导的，因为自20世纪90年代苏联解体之后，原来并行的社会主义和资本主义两大世界体系以资本主义体系的暂时胜出而告终，二战后成立的关税贸易总协定（后来的WTO）、世界银行、国际货币基金组织等国际机构，也都是资本主义世界的产物。改革开放之后，中国并没有对这样一个资本主义体系持完全排斥的态度，而是采取了一种实用主义的态度，对传统的计划经济模式做出一定的调整，同时吸取了市场经济模式中有利于解放和发展生产力、有利于提高广大人民群众根本利益的经验。当然，这种融入并不是一蹴而就的，而是逐步地、有层次地展开的。以对外开放为例，我国从改革开放以来大致经历了从设立经济特区到加入世贸组织、再到提出"一带一路"倡议三个阶段，这三个阶段从个别试点到整体融入、从被动接受到主动引导，较为全面地展现了中国融入资本主义世界政治—经济体系的具体路径。

第二，中国在融入资本主义世界的政治—经济体系中时，采取了一种谨慎的态度，多次抵制住了资本主义自由化、私有化的浪潮，坚持住了社会主义的发展方向。首先，当中国以一个社会主义国家的身份逐渐融入资本主义世界的游戏规则中时，并没有贸然急进，而是在审时度势之后选择了一条十分谨慎的改革开放道路，这种谨慎首先就表现在对"四项基本原则"的坚守上，这保证了我们的社会主义道路不会在融入资本主义世界的过程中发生"变道""改轨"等颠覆性错误，牢牢地坚守住了"中国道路"的行进方向。其次，从历史经验来看，20世纪80年代之后，西方新自由主义大有席卷全球之势，我国在改革开放过程中多次抵制住了新自由

[①] 周文，李超. 中国特色社会主义政治经济学：概念辨析与话语建构[J]. 教学与研究，2019（8）.

主义思潮试图主导我国改革进程的企图，这不仅令西方国家的一些新自由主义信徒大失所望，更使他们对中国这样一个基本不符合新自由主义发展政策的国家何以能取得如此巨大的发展在理论上感到困惑。

正因为以上两个特征的存在，使我们从表象上看，现阶段的中国具有两面性甚至多面性。对于这种表象上的两面性或多面性，我们很难用某种单一的理论来进行恰当的、全面的解释。近年来，针对西方国家主导的经济全球化出现的"逆流"，中国在国际上开始提出自己的经济全球化方案，这一方案以"一带一路"倡议为具体的实践依托，以"人类命运共同体"思想为指导思想，不断取得越来越丰厚的成果。这些内容都可以置于"中国道路"的框架内理解，而借助于国际政治经济学的三大范式，我们可以看到，"中国道路"在表象上兼具了三个范式的多种特征，如表7-2所示。

表7-2　　　　　"中国道路"在表象上的多面性

项目	新自由主义 相互依存论	新现实主义 霸权稳定论	新马克思主义 依附论
国际经济关系的性质	和谐的	冲突的	冲突的
行为主体	个人和企业	民族国家	阶级
经济活动目标	最大限度地促进 全球的福利	最大限度地促进 民族国家的利益	最大限度地促进 本阶级的利益
政治和经济的相互关系	经济应该决定政治	政治权力决定 经济利益分配	经济是基础， 政治是上层建筑
经济变动理论	动态地扩大均衡	政治权力的转移决定 经济利益的分配	走向不平衡的 必然趋势

注：划双横线的为"中国道路"所表现出的较为明显的特征，划单横线的为次明显的特征。

从表7-2来看，就国际关系的性质而言，无论是中国目前的倡导还是未来的愿景，都提倡一种和谐的国际秩序。中国倾向于认为国与国之间的经济合作会使相互的依存加深且各国都能从中获得利益；就行为主体而言，中国则比较强调民族国家作为国际经济活动的主体，并在实践中更多地遵循国家利益至上的原则；就经济活动目标而言，中国认为经济全球化能够最大限度地促进全球的福利，同时也能够最大限度地促进民族国家的利益；就政治和经济的相互关系而言，中国坚持经济是基础、政治是上层建筑的唯物史观观点；就经济变动理论而言，中国更倾向于认为经济全球化能够动态地扩大均衡。

可以看出，"中国道路"中的经济全球化方案和实践，兼容了三大范式的部分特点，因此，如果我们要对"中国道路"的国际政治经济方面做出理论上合乎统一逻辑的说明，就不得不面临如何解释这一现实复杂性的问题。同时我们也看到，三大范式中的任何一个都无法单一地解释"中国道路"所体现的丰富性，尤其是，作为实践马克思主义的国家，马克思主义国际政治经济学却在解释现实时不得不面对"中国道路"所表现出来的自由主义和现实主义特征，这更令马克思主义范式在解释的一致性上受到挑战。

因此，既然单一的理论解释各有其局限，面对并不"单一"的现实，如果要保持理论解释的统一性，就有必要对原有的理论进行"扩容"或者"升级"。对理论"扩容"的途径通常是一种范式吸收另一种范式的部分内容，在保持前一理论"内核"不变的同时扩容其"保护带"，这样就使理论的解释力更广泛。例如，列宁结合垄断资本主义和帝国主义的新发展对经典马克思恩格斯的理论进行了拓展，依附论者则结合拉丁美洲以及非洲和阿拉伯世界的实践对列宁的帝国主义论做了发展，这些都是理论"扩容"的成功经验，继承和发展马克思主义国际政治经济学的分析范式，就应当首先结合"中国道路"作理论上新的思考。

7.3.4 "中国道路"对发展马克思主义国际政治经济学的启示

通过以上的分析可以看出，"中国道路"在表象上融合了三大范式的多种特征，因此，如果要通过"扩容"马克思主义范式以解释新的实践，进而推进马克思主义国际政治经济学的发展，关键要回答的问题是：马克思主义范式能够在理论的"保护带"上容纳中国在实践中所"表现"出的新自由主义和新现实主义特征吗？要回答这个问题，有必要对马克思主义经济全球化的理论逻辑作一梳理。马克思主义看待经济全球化有以下几个主要内容：首先，经济全球化是历史发展的必然趋势，是社会生产力不断进步和社会分工不断深化的必然结果;其次,由于经济全球化一开始打上了资本主义的烙印,是由"资本"这一力量推动而形成的,因此经济全球化在现实中就表现为资本主义的全球化,并最终导致"世界市场"的全面形成;再其次,资本主义的全球化使资本主义生产关系也在全球建立起来,这就使资本积累的危机也表现为全球性的危机,在这一危机的具体演进和展开中,不同的历史阶段呈现出不同的时代特征,帝国主义、中心—外围结构、世界体系结构等,都是全球资本主义最终危机到来之前所具备的阶段性特征;最后,当资本主义的发展达到了其空间的极限时,资本积累的"空间修复"便再无可能,最终的危机使工人运动在全球范围内展开,资本主义积累的困境和局限导致其被新的社会制度所代替。

以上便是马克思主义经济全球化的理论逻辑,也构成了马克思主义国际政治经济学的主要内容,如图7-1所示。直观地看,这一逻辑与现实主义、自由主义有着明显的不同,也与"中国道路"所呈现出的一些特征有所不同,似乎无法兼容两者并对现实做出逻辑一致的解释。事实上,我们通过对这一逻辑所揭示的特点的分析,可以对其进行"扩容"进而将"中国道路"的现实主义和自由主义特征纳入这一范式当中。

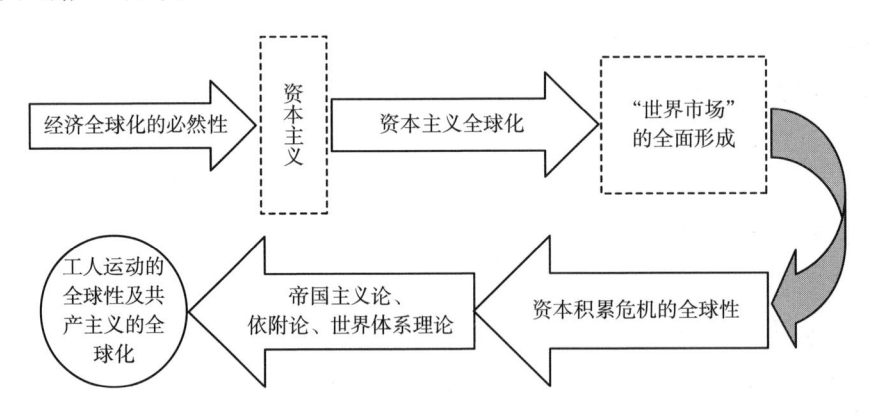

图7-1 马克思主义经济全球化的理论逻辑

马克思主义经济全球化的理论逻辑揭示了以下几个特点。第一,马克思主义国际政治经济学的一个理论特质即"全球性"。这点从早期的无产阶级运动中也可以看出来,早期的工人运动组织是以"第一国际""第二国际"这样明显具有全球性特征的称谓来命名的,并且在实践中确实是以全球性的阶级联合为斗争手段,在这点上,马克思主义范式跟自由主义范式有着共同点,并一致反对现实主义对民族国家的推崇。众所周知,自由主义范式推崇全球性的市场,并认为全球市场的形成和发展使国家的地位遭到削弱,一个全球范围内越来越密切联系的市场,如同全球范围内的阶级联合一样,都会弱化国家的重要性。

第二,马克思主义经济全球化理论逻辑中的"资本主义全球化""世界市场"的全面形成,在现实意义上意味着自由市场在全球的形成和深化。其实我们只要对国际政治经济学的马克思主义范式和自由主义范式略作比较就会看出,自由主义范式可以看作马克思主义范式的一个阶段,自由主义范式强调全球市场的作用,强调经济全球化的不可逆性,这些其实和马克思主义经济全球化理论中的"世界市场"的全面形成有着共同的内涵,只是两者对"世界市场"形成之后的看法有所不同:自由主义范式认为全球经济可以在相互依存的关系下取得和谐发展、互利共赢的结果,而马克思主义范式则看到了经济全球化下的阶级矛盾和冲突。现实地看,马克思主义范式相比较而言更接近经济全球化的真实图景,因为自由主义范式对经济全球化的愿景其实包含着诸多理想性的成分,当所有的要素都可以同等程度地在全球自由流动时,确实会达到自由主义所期望的理论结果,但现实中的经济全球化却是资本偏向型的,一个最明显的特征即是资本的流动性要远远高于工人的流动性,而对知识产权、高科技技术的保护也大大降低了技术要素的全球流动性,因此就导致了一种"不对称"的经济全球化[1],这样一种全球化在理论上更接近国际政治经济学的马克思主义范式。因此,自由主义范式可以看作马克思主义范式发展中的一个阶段,不可逾越,但也绝不是终点,这其中的逻辑正如马克思所言:"一个社会即使探索到了本身运动的自然规律,……它还是既不能跳过也不能用法令取消自然的发展阶段。"[2]

第三,"中国道路"所表现出来的现实主义的民族国家特征也可以融

---

[1] 贾根良.不对称全球化:历史、理论与当代中国[N].企业家日报,2019-01-07.
[2] 资本论(第一卷)[M].中共中央马克思恩格斯列宁斯大林著作编译局编译.北京:人民出版社,2004:9-10.

入马克思主义范式中予以解释。在现实主义范式看来,即便是在经济全球化时代,国家的利益依然至上,民族国家的利益依然是一切行为的目的。而在马克思主义范式看来,民族国家的利益固然重要,但并不构成目的,追求民族国家的利益只是最终实现共产主义全球化的手段,对国家利益的强调最终要落脚到共产主义的理想愿景上,这点历史上也有过类似的先例,如列宁时期的苏联、新中国成立后的对外关系,都是在强调民族国家利益的同时,兼顾了国际上同一社会主义阵营的其他国家的利益,这些经验都足以说明,强调民族国家的利益,并不会必然地陷入国家主义行为的膨胀后果中,民族国家的利益和阶级利益是可以共存共生的。所以,"中国道路"所呈现出的带有现实主义色彩的国家主义特征,可以看作行进过程中的插曲和必要借助,这种借助有利于我们更快地实现中华民族的伟大复兴,进而更快地进入社会主义的更高级阶段,也就是说,国家主义并非目的,"中国道路"所表现出来的国家主义特征也不会因此导致一种民族自大、保护主义等现实主义常见的弊病。

综上所述,"中国道路"的自由主义范式特征和现实主义范式特征都可以融入马克思主义范式中加以解释,这样就在不影响马克思主义范式的理论"内核"基础上,对其"保护带"做出了符合现实实践的"扩容",从而在理论上继承并发展了国际政治经济学的马克思主义范式,具体逻辑如图7-2所示。其内涵在于:"世界市场"的全面形成使相互依存的国际关系得到建立,这也是自由主义所揭示的规律,而社会主义通过在一个或多个民族国家率先得到实现,又使国际范围内的社会主义运动表现出了一些现实主义的特征,这样就产生了社会主义和资本主义并存的局面,而资本积累危机虽然具有全球性,但当资本主义的发展空间已完全穷尽,使资本"空间换时间"的修复技术(大卫·哈维,1975)不再有效时,马克思主义范式所预言的关于国际政治经济的最终图景就会全面到来。

这样一来,我们就把"中国道路"所呈现出的复杂性纳入国际政治经济学的马克思主义范式中得到了说明,这就使:第一,在继承马克思主义范式的基础上,根据新的实践对其进行了理论上的发展;第二,将"中国道路"在现实表现中的复杂性纳入一个理论框架下得到了说明,保持了理论上的一致性;第三,回答了近年来国际上对中国崛起所持有

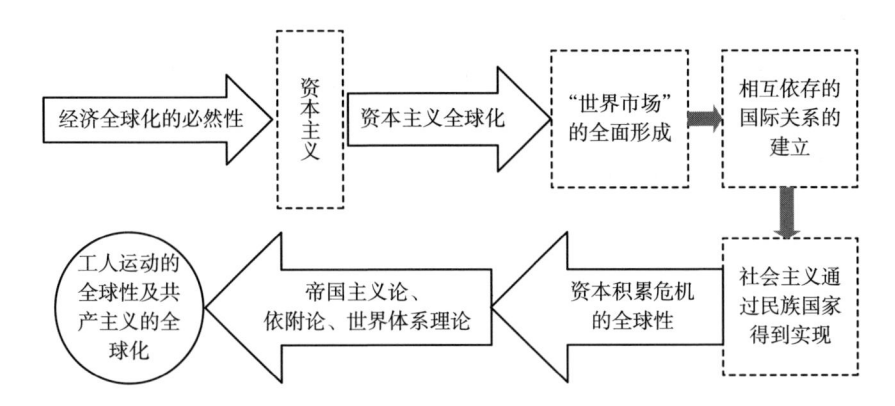

图 7-2　兼容自由主义和现实主义特征的马克思主义国际政治经济学范式

的现实主义的种种疑虑。近年来国际上不断有类似"中国威胁论"之类的论调，这明显是在用一种现实主义的思维看待中国的发展，而这种认识并不符合中国的实际，中国所期望并努力构建的也绝非一个霸主易位的新霸权主义体系，而是一个合作共赢、开放包容、平等民主的国际政治经济秩序。

7.3.5　结论及展望

本部分针对马克思主义国际政治经济学需要发展的理论要求，结合中国的具体实践，以马克思、恩格斯对经济全球化的分析逻辑为理论内核，在帝国主义论和依附论的基础上，以"中国道路"为概念借助，吸收了自由主义范式和现实主义范式的部分内容，从而使马克思主义国际政治经济学在理论内容上更为丰富，使依附论所无法解释的现实在马克思主义范式下重新得到说明，为发展马克思主义国际政治经济学提供了可供参考的逻辑路径。

进一步推进马克思主义国际政治经济学的研究，需要充实的内容包括以下两个方面。第一，"中国道路"的形成和运行逻辑。本部分只对"中国道路"的结果表现做了粗线条的总结，对于其内在形成逻辑和具体的运行机制，并未做相关的分析。第二，新型经济全球化的构建，涉及国际政治经济的新发展和国际关系的新走向，也是推进马克思主义国际政治经济学研究的重要环节，限于文章主旨，本部分对中国在这方面的理论和实践贡献并未进行足够全面的论述。这两方面的内容，也是笔者后续研究需要挖掘的地方。本部分的目的在于提出一种发展马克思主义国际政治经济学的思路，为进一步的研究提供一种探索性的方向。

参 考 文 献

一、中文部分

[1] 安格斯·麦迪森. 中国经济的长期表现 [M]. 伍晓鹰, 马德斌, 译. 上海: 上海人民出版社, 2016.

[2] 包群. 经济全球化可逆吗 [J]. 中国工业经济, 2017 (6): 19-26.

[3] 本·阿格尔. 西方马克思主义概论 [M]. 慎之等译. 北京: 中国人民大学出版社, 1991.

[4] 布鲁厄. 马克思主义的帝国主义理论: 一个批判性的考察 [M]. 陆俊, 译. 重庆: 重庆出版社, 2003.

[5] 蔡昉. 全球化的政治经济学及中国策略 [J]. 世界经济与政治, 2016 (11): 4-24.

[6] 陈伟光, 郭晴. 逆全球化机理分析与新型全球化及其治理重塑 [J]. 南开学报, 2017 (5): 58-70.

[7] 程永林, 黄亮雄. 霸权衰退、公共品供给与全球经济治理 [J]. 世界经济与政治, 2018 (5): 131-148.

[8] 达尔. 论民主 [M]. 李柏光, 林猛, 译. 北京: 商务印书馆, 1999.

[9] 大卫·哈维. 资本的限度 [M]. 张寅, 译. 北京: 中信出版社, 2017.

[10] 董亮. 逆全球化事件对巴黎气候进程的影响 [J]. 阅江学刊, 2018 (1).

[11] 芬巴尔·利夫西. 后全球化时代: 世界制造与全球化的未来 [M]. 王吉美, 房博博, 译. 北京: 中信出版社, 2017.

[12] 弗里德里希·李斯特. 政治经济学的国民体系 [M]. 陈万煦, 译. 北京: 商务印书馆, 1961.

[13] 甘子成, 王丽荣. 逆经济全球化现象研究: 理论基础、本质透

视及应对策略［J］.经济问题探索，2019（2）.

［14］高柏，草苍.为什么全球化会发生逆转——逆全球化现象的因果机制［J］.文化纵横，2016（6）：22-35.

［15］高峰.资本积累理论与现代资本主义：理论的和实证的分析［M］.北京：社会科学文献出版社，2014.

［16］顾海良.奥康纳和他的"国家的财政危机"理论［J］.世界经济，1990（7）.

［17］关立新，王博，郑磊.马克思"世界历史"理论与经济全球化指向［M］.北京：中央编译出版社，2013.

［18］郭朝先.改革开放40年中国工业发展主要成就与基本经验［J］.北京工业大学学报（社会科学版），2018（11）.

［19］哈伯德，凯恩.平衡［M］.陈毅平，余小丹，伍定强，译.北京：中信出版社，2015.

［20］哈维.新自由主义简史［M］.王钦，译.上海：上海译文出版社，2016.

［21］何畏.国家职能的嬗变与资本主义的国家调节——詹姆斯·奥康纳的国家财政危机理论［J］.学术研究，2010（6）.

［22］洪银兴主编，张宇副主编.马克思主义经济学经典精读·当代价值［M］.北京：高等教育出版社，2012.

［23］洪邮生，孙灿."一带一路"倡议与现行国际体系的变革——一种与"马歇尔计划"比较的视角［J］.南京大学学报（哲学·人文科学·社会科学），2016（6）.

［24］胡鞍钢，王蔚.从"逆全球化"到"新全球化"：中国角色与世界作用［J］.学术界，2017（3）.

［25］胡建雄.本轮逆全球化和贸易保护主义兴起的经济逻辑研究［J］.经济体制改革，2017（6）.

［26］郇庆治.重聚可持续发展的全球共识——纪念里约峰会20周年［J］.鄱阳湖学刊，2012（3）.

［27］黄景贵，高莹.经济特区的发展成就、主要挑战与改革新使命［J］.中共党史研究，2010（11）.

[28] 黄仁伟.从全球化、逆全球化到有选择的全球化［J］.探索与争鸣,2017（3）.

[29] 金德尔伯格.1929-1939年世界经济萧条［M］.宋承先,洪文达,译.上海:上海译文出版社,1986.

[30] 金玲."一带一路":中国的马歇尔计划?［J］.国际问题研究,2015（1）.

[31] 克拉克.经济危机理论:马克思的视角［M］.杨健生,译.北京:北京师范大学出版社,2011.

[32] 李大巍,魏燕妮,刘晓颖.中国将引领新一轮全球化浪潮——访英国《金融时报》首席经济评论员马丁·沃尔夫［J］.中国经济报告,2017（4）:30-32.

[33] 李丹.论全球治理改革的中国方案［J］.马克思主义研究,2018（4）:52-62.

[34] 李其庆主编,刘元琪副主编.全球化与新自由主义［M］.桂林:广西师范大学出版社,2003.

[35] 李慎明.另一种全球化的替代:社会主义在21世纪发展前景的展望［J］.马克思主义研究,2006（1）:23-26.

[36] 列宁.帝国主义是资本主义的最高阶段［M］.中共中央马克思恩格斯列宁斯大林著作编译局编译.北京:人民出版社,2015.

[37] 林川,杨柏,陈伟.论与"一带一路"战略对接的六大金融支持［J］.西部论坛,2016（1）:19-26.

[38] 林德山.民粹主义是西方民主的伴生物——对欧洲民粹主义与民主关系的辨析［J］.当代世界,2017（3）.

[39] 刘瑜.经济发展会带来民主化吗?——现代化理论的兴起、衰落与复兴［J］.中国人民大学学报,2011（4）.

[40] 刘瑜.民粹与民主:论美国政治中的民粹主义［J］.探索与争鸣,2016（10）.

[41] 刘志广.财政社会学研究评述［J］.经济学动态,2005（5）.

[42] 刘志礼.习近平新型经济全球化理念的时代价值［J］.马克思主义研究,2017（8）.

[43] 鲁品越."构建人类命运共同体"伟大构想：马克思"世界历史"思想的当代飞跃[J]. 哲学动态, 2018 (3).

[44] 吕薇洲."中心—外围"资本主义理论及其社会影响[J]. 中共云南省委党校学报, 2009 (3).

[45] 罗伯特·吉尔平. 全球政治经济学：解读国际经济秩序[M]. 上海：上海人民出版社, 2013.

[46] 罗德里克. 全球化的悖论[M]. 廖丽华, 译. 北京：中国人民大学出版社, 2011.

[47] 罗珀. 民主的历史：马克思主义解读[M]. 王如君, 译. 北京：人民日报出版社, 2015.

[48] 共产党宣言[M]. 中共中央马克思恩格斯列宁斯大林著作编译局译. 北京：人民出版社, 2009.

[49] 马克思恩格斯全集（第二十六卷第三册）[M]. 中共中央马克思恩格斯列宁斯大林著作编译局编译. 北京：人民出版社, 1974.

[50] 马克思恩格斯全集（第三十卷）[M]. 北京：人民出版社, 1995.

[51] 马克思恩格斯全集（第四十六卷下册）[M]. 中共中央马克思恩格斯列宁斯大林著作编译局编译. 北京：人民出版社, 1980.

[52] 马克思恩格斯文集（第二卷）[M]. 中共中央马克思恩格斯列宁斯大林著作编译局编译. 北京：人民出版社, 2009.

[53] 马克思恩格斯选集（第一卷）[M]. 北京：人民出版社, 1995.

[54] 资本论（第一卷）[M]. 中共中央马克思恩格斯列宁斯大林著作编译局编译. 北京：人民出版社, 2004.

[55] 资本论（第二卷）[M]. 中共中央马克思恩格斯列宁斯大林著作编译局编译. 北京：人民出版社, 2004.

[56] 资本论（第三卷）[M]. 中共中央马克思恩格斯列宁斯大林著作编译局编译. 北京：人民出版社, 2004.

[57] 孟捷. 马克思经济学与历史唯物论[M]. 北京：社会科学文献出版社, 2016.

[58] 孟捷. 战后黄金年代是怎样形成的——对两种马克思主义解释的批判性分析[J]. 马克思主义研究, 2012 (5).

[59] 潘建伟，王艳萍．全球化、不平等与制度改革——评阿马蒂亚·森的全球化观点［J］．当代经济研究，2009（7）．

[60] 逄锦聚，林岗，刘灿．现代经济学大典（政治经济学分册）［M］．北京：经济科学出版社，2016．

[61] 逄锦聚．把握"根"与"魂"开拓新境界［J］．中国社会科学，2016（11）．

[62] 逄锦聚．改革开放的基本经验［J］．前线，2018（10）．

[63] 逄锦聚．改革开放与中国特色社会主义［J］．当代世界与社会主义，2018（4）．

[64] 逄锦聚．坚定不移将改革开放推向前进 为建设现代化强国提供持续强大动力［J］．当代经济研究，2019（1）．

[65] 逄锦聚．马克思生产、分配、交换和消费关系的原理及其在经济新常态下的现实意义［J］．经济学家，2016（2）．

[66] 逄锦聚．深刻认识和把握新时代我国社会主要矛盾［J］．经济研究，2017（11）．

[67] 逄锦聚．为构建人类命运共同体作出更大贡献［N］．解放日报，2017－10－13．

[68] 逄锦聚．习近平新时代中国特色社会主义经济思想的时代价值和理论贡献［J］．社会科学辑刊，2018（6）．

[69] 裴长洪，刘洪愧．习近平经济全球化科学论述的学习与研究［J］．经济学动态，2018（4）．

[70] 皮凯蒂．21世纪资本论［M］．巴曙松等译．北京：中信出版社，2014．

[71] 塞缪尔·鲍尔斯，赫伯特·金蒂斯．民主与资本主义［M］．韩水法，译．北京：商务印书馆，2013．

[72] 山冰，刘晓蕾，余淑秀．中国"一带一路"投资战略与"马歇尔计划"的比较研究［J］．人文杂志，2015（10）．

[73] 施特雷克．购买时间：资本主义民主国家如何拖延危机［M］．常晅，译．北京：社会科学文献出版社，2015．

[74] 史正富．超常增长：1979－2049年的中国经济［M］．上海：上

海人民出版社, 2013.

[75] 斯蒂格利茨. 不平等与经济增长 [J]. 周建军, 张晔, 译. 经济社会体制比较, 2017 (1).

[76] 斯蒂格利茨. 对全球化的抗议及金融援助的内幕——抗议全球化的目的是推动国际金融机构的变革 [J]. 陈卫东, 译. 国际金融研究, 2002 (1).

[77] 斯克莱尔. 资本主义全球化及其替代方案 [M]. 梁光严等译. 北京: 社会科学文献出版社, 2012.

[78] 斯威齐. 资本主义发展论 [M]. 陈观烈, 秦亚男, 译. 北京: 商务印书馆, 2013.

[79] 唐纳德·托马斯科维奇-迪维, 林庚厚. 收入不平等、经济租金和美国经济的金融化 [M]. 刘沆, 译. 政治经济学报, 2015 (2).

[80] 田世锭. 戴维·哈维的新帝国主义理论探析 [J]. 江海学刊, 2010 (4).

[81] 佟家栋, 刘程. "逆全球化"的政治经济学分析 [J]. 经济学动态, 2018 (7).

[82] 佟家栋, 刘程. "逆全球化"浪潮的源起及其走向: 基于历史比较的视角 [J]. 中国工业经济, 2017 (6).

[83] 王栋, 曹德军. 再全球化: 理解中国与世界互动的新视角 [M]. 北京: 社会科学文献出版社, 2018.

[84] 王绍光. 民主四讲 [M]. 北京: 生活·读书·新知三联书店, 2008.

[85] 王湘穗. 美式全球化体系的衰变与前景 [J]. 文化纵横, 2016 (12): 36-41.

[86] 沃尔夫冈·斯特里克. 民主资本主义的危机 [M]. 温敏编, 译. 当代世界与社会主义, 2012 (4).

[87] 希法亭. 金融资本——资本主义最新发展的研究 [M]. 福民等译. 北京: 商务印书馆, 1994.

[88] 习近平. 共担时代责任 共促全球发展 [N]. 人民日报, 2017-01-18.

[89] 习近平. 共同构建人类命运共同体 [N]. 人民日报, 2017-01-20.

[90] 习近平. 决胜全面建成小康社会 夺取新时代中国特色社会主义伟大胜利 [N]. 人民日报, 2017-10-28.

[91] 习近平. 决胜全面建成小康社会 夺取新时代中国特色社会主义伟大胜利——在中国共产党第十九次全国代表大会上的报告 [J]. 前进, 2017 (11).

[92] 习近平. 开辟合作新起点 谋求发展新动力 [N]. 人民日报, 2017-05-16.

[93] 习近平. 携手共命运 同心促发展 [N]. 人民日报, 2018-09-04.

[94] 习近平. 携手构建合作共赢新伙伴 同心打造人类命运共同体 [N]. 人民日报, 2015-09-29.

[95] 习近平. 携手推进"一带一路"建设 [N]. 人民日报, 2017-05-15.

[96] 习近平. 在庆祝改革开放40周年大会上的讲话 [N]. 人民日报, 2018-12-19.

[97] 谢长安, 丁晓钦. 逆全球化还是新全球化?——基于资本积累的社会结构理论 [J]. 毛泽东邓小平理论研究, 2017 (10).

[98] 杨鹏飞. 拉扬：民粹民族主义为何现在崛起 [J]. 社会科学报, 2017-10-19.

[99] 杨瑞龙. 我国制度变迁方式转换的三阶段论——兼论地方政府的制度创新行为 [J]. 经济研究, 1998 (1).

[100] 杨圣明, 王茜. 马克思世界市场理论及其现实意义——兼论"逆全球化"思潮的谬误 [J]. 经济研究, 2018 (6).

[101] 杨玉生. 不平等交换和国际剥削——伊曼纽尔不平等交换理论评述 [J]. 当代经济研究, 2004 (12): 17-22.

[102] 俞可平. 马克思论民主的一般概念、普遍价值和共同形式 [J]. 马克思主义与现实, 2007 (3).

[103] 约翰·B. 福斯特. 重新发现帝国主义 [J]. 王淑梅, 摘译.

国外理论动态，2004（1）：4-10.

［104］约瑟夫·G. 马奥尼. 美国价值观发生了民粹主义转向？——来自马克思主义的分析［J］. 张永红，译. 国外理论动态，2017（7）：73-85.

［105］张茉楠."特朗普主义"下的逆全球化冲击与新的全球化机遇［N］. 中国经济时报，2017-02-16.

［106］张森林. 经济全球化与世界社会主义价值的思考［M］. 北京：人民出版社，2011.

［107］张宇. 马克思主义的全球化理论及其从经典到现代的发展［J］. 政治经济学评论，2004（3）：1-26.

［108］张宇燕，冯维江. 中国的和平发展道路［M］. 北京：中国社会科学出版社，2017.

［109］张宇燕. 全球治理的中国视角［J］. 世界经济与政治，2016（9）：4-9.

［110］张原，刘丽."一带一路"沿线国家劳动力市场比较及启示［J］. 西部论坛，2017（5）：93-110.

［111］郑一明，张超颖. 从马克思主义视角看全球化、反全球化和逆全球化［J］. 马克思主义与现实，2018（4）：8-15.

［112］郑永年. 当代民主出现了什么问题？［J］. 领导文萃，2014（9）（下）.

［113］周穗明. 2016年西方民粹主义政治的新发展［J］. 当代世界，2017（2）.

［114］周穗明.《帝国》：全球化时代的无政府主义思潮与战略［J］. 国外社会科学，2007（1）.

二、英文部分

［115］Amy Freeman. Commentary: In the Shadow of Liberalism? Comments on Neil Smith's "The Endgame of Globalization"［J］. Political Geography, 2005.

［116］Dani Rodrik. Globalization, Structural Change, and Productivity Growth, with an Update on Africa［J］. World Development, 2014, 63（11）.

[117] Dani Rodrik. How Far will International Economic Integration Go? [J]. Journal of Economic Perspectives, 2000, 14 (1): 177-186.

[118] Douglas Kellner. Donald Trump, Globalization, and Modernity [J]. Fudan Journal of the Humanities and Social Sciences, 2018.

[119] Evan E. Hillebrand. Deglobalization Scenarios: Who Wins? Who Loses? [J]. Global Economy Journal, 2011.

[120] Francis Fukuyama, America in Decay: The Sources of Political Dysfunction [J]. Foreign Affairs, 2014, 93 (5): 3-26.

[121] Francis Fukuyama. Will Socialism Make a Comeback? Globalization Protests Show New Potential [J]. http://www.net4dem.org/cyrev/archive/issue7/articles/Fukiyama/fukiyama.pdf.

[122] George F. DeMartino. Reconstructing Globalization in an Illiberal Era [J]. Ethics & International Affairs, 2018.

[123] Harold James. Deglobalization: The Rise of Disembedded Unilateralism [J]. Annual Review of Financial Economics, 2018.

[124] Harold James. The End of Globalization: Lessons from the Great Depression [M]. Harvard University Press, 2001.

[125] Janusz Miśkiewicz, Marcel Ausloos. Has the world economy reached its globalization limit? [J]. Physica A: Statistical Mechanics and its Applications, 2009.

[126] Jeanne Hoffman. China's Search for the Future: A Genealogical Approach [J]. Futures, 2013, 54: 53-67.

[127] Joseph E. Stiglitz, Making Globalization Work [M]. London: Penguin Books, 2006.

[128] Madras Sivaraman. Grave New World: The End of Globalization, the Return of History [J]. International Journal of Environmental Studies, 2018, 75 (4): 688-697.

[129] Neil Smith. The Endgame of Globalization [J]. Political Geography, 2006, 25: 1-14.

[130] Stephen John Hartnett. Notes on, Confessions about, and Hopes

for Globalization [J]. Journal of Intercultural Communication Research, 2018, 47 (5): 434-438.

[131] Ton, Smith. The Place of the World Market in Marx's Systematic Theory [J]. Review of Political Economy, 2005 (9): 162-182.

[132] Weidong Liu, Michael Dunford, Boyang Gao. A discursive construction of the Belt and Road Initiative: From neo-liberal to inclusive globalization [J]. Journal of Geographical Sciences, 2018.

[133] William A. Callahan. China 2035: From the China Dream to the World Dream [J]. Global Affairs, 2016 (3): 247-258.

图书在版编目（CIP）数据

逆全球化的发生机制与新型经济全球化研究/葛浩阳著.—北京：经济科学出版社，2020.12
（马克思主义政治经济学青年论丛）
ISBN 978-7-5218-2185-7

Ⅰ.①逆…　Ⅱ.①葛…　Ⅲ.①经济全球化-研究　Ⅳ.①F114.41

中国版本图书馆CIP数据核字（2020）第248122号

责任编辑：宋艳波　初少磊
责任校对：刘　昕
责任印制：李　鹏　范　艳

逆全球化的发生机制与新型经济全球化研究

葛浩阳　著

经济科学出版社出版、发行　新华书店经销
社址：北京市海淀区阜成路甲28号　邮编：100142
总编部电话：010-88191217　发行部电话：010-88191540
网址：www.esp.com.cn
电子邮箱：esp@esp.com.cn
天猫网店：经济科学出版社旗舰店
网址：http://jjkxcbs.tmall.com
北京季蜂印刷有限公司印装
710×1000　16开　13印张　210000字
2021年10月第1版　2021年10月第1次印刷
ISBN 978-7-5218-2185-7　定价：66.00元
（图书出现印装问题，本社负责调换。电话：010-88191510）
（版权所有　翻印必究　举报电话：010-88191586
电子邮箱：dbts@esp.com.cn）